AF387953

# Hans Heuer

# 3.500 Tage

## Unfreiheit
### 1. April 1939 – 18. Oktober 1948

Eine Veröffentlichung von EK-2 Publishing GmbH

Friedensstraße 12
47228 Duisburg
Registergericht: Duisburg
Handelsregisternummer: HRB 30321
Geschäftsführerin: Monika Münstermann

E-Mail: info@ek2-publishing.com
Website: www.ek2-publishing.com



Cover: TKpalad
Autor: Hans Heuer
Herausgeber: Rüdiger Heuer (Sohn)
Lektorat: Ulrike Brandhorst, Egelsbach
Buchsatz: Heidi Eichner, www.HEIDIsign.de

2. Auflage, April 2024
ISBN Taschenbuch: 978-3-96403-277-5
Hardcover ISBN: 978-3-96403-278-2

Es ist kein nüchterner und
zackiger Bericht eines Generalstabes,
es ist vielmehr eine Niederschrift
des Tagesgeschehens und Lebens
eines einfachen Landsers

## WIDMUNG

Gewidmet den Kameraden aus Krieg und Gefangenschaft, die mir aus dem Kontakt in Gesprächen und im Dienst in guter Erinnerung sind und wegen Tod oder Krankheit nicht das Glück hatten, die Zeit danach bis heute so bewusst zu erleben, wie es mir vergönnt war. Gemessen an den schrecklichen Tagen des Krieges und der Gefangenschaft erleben wir heute gute und schöne Zeiten, die frei sind vom damaligen Zwang. Das Leben und Sterben der Kameraden darf nicht umsonst gewesen sein. Sie sollen uns Mahnung sein, und meine Schilderungen sollen das unterstreichen. An dieser Stelle möchte ich meinem Freund Friedrich Seegenschmiedt, Erlangen, für seine Unterstützung danken.

Dieser Zeitzeugenbericht basiert auf meinen Erinnerungen und Tagebuchaufzeichnungen. Wenn ich in der folgenden Darstellung gelegentlich die Ich-Form verwende, so aus Gründen der Wahrheit und der genauen Darstellung und nicht deshalb, um im Mittelpunkt zu stehen. Mein Bericht umfasst den Zeitraum vom 1. April 1939, meinem 19. Geburtstag, bis zum 18. Oktober 1948. Zwischen beiden Daten liegen 3.500 Tage, also mehr als neun Jahre in militärischen oder militärähnlichen Verbänden.

Mit Beginn meiner Soldatenzeit begann ich, täglich Eintragungen in kleine Taschenkalender zu machen. Auf meine Art, täglich und gewissenhaft, aber knapp. Ich begann damit nach der Ausbildung ab dem Jahr 1941, dem Jahr, von dem an für mich ein unstetes, sehr bewegtes, aber auch interessantes Leben begann. Anhand meiner Aufzeichnungen von 1941 bis 1943, manchmal banal, manchmal aufregend zu lesen, aber doch recht genau, laufen die Geschehnisse wie ein Film vor mir ab. Sie beschwören bei mir immer noch recht unangenehme Erinnerungen herauf. Leider ist mein Tagebuch 1944 *(Taschenkalender)* mit einigen anderen Gegenständen, wertvollen Fotos und dem Soldbuch in den Tagen der Gefangennahme verlorengegangen. Was man nicht schon vorher bei den beschwerlichen Märschen weggeworfen hatte, haben uns die Russen weggenommen.

Hätten mir die Russen im Januar 1945 bei der Gefangennahme nicht den Kalender von 1944 abgenommen, so würde ich die Aufzeichnungen über fast meine ganze Soldatenzeit besitzen. Es ist überhaupt ein Wunder, das die herübergeretteten Kalender überlebt haben, jeder vollgeschriebene kam zu den Eltern in die Heimat, wo sie viele Jahre, beinahe als nutzloses Papier angesehen, in der Schublade lagen.

Es ist kein nüchterner und zackiger Bericht eines Generalstabes, es ist vielmehr eine Niederschrift des Tagesgeschehens und

Lebens eines einfachen Landsers, das manchmal banal erscheinen mag. Dass diese kleinen Büchlein jemals derartige Bedeutung erlangen würden, hätte ihnen keiner zugetraut; sie stehen am Anfang, oder sogar im Mittelpunkt meines Zeitberichtes, das meiner Person gerecht werden soll, die, ähnlich dem braven Soldaten Schwejk, sich auf besondere Art und Weise durch all die Wirrnisse, Strapazen, Tragödien, Komödien und was sonst noch gemogelt hat. Wie sonst würde ich, Hans Heuer, heute noch leben?

Im Jahr 1981, nach Ende des Berufslebens und dem Beginn von geruhsameren Tagen, habe ich meine Notizbücher wieder hervorgeholt und fein säuberlich abgeschrieben. Man bedenke, dass sie mit Bleistift geschrieben sind und ich sie Tag und Nacht in der Brusttasche getragen habe, d.h. dass sie zum Teil schwer zu lesen sind. Die nunmehr gut lesbare Abschrift der Kalender, die ohne weiteres als Kriegstagebücher gelten können, werden – im Zusammenhang gelesen – den überraschen, der sich von dieser Zeit und dem Soldatenmilieu ein Bild machen will.

Die hier skizzierte, sehr persönliche Charakterisierung dieser Zeit muss derart verstanden werden, dass die Aktivitäten des NS-Staates, die mit jenen in Italien zu vergleichen waren, ihren ganz besonderen Charakter hatten und wie ein Bann über dem Volk lagen. Es ist heute kaum zu fassen, dass – als die versprochenen Siege nach den anfänglichen Erfolgen auf sich warten ließen – die Durchhalteparolen so gut vom Volk aufgenommen wurden. Dass es blindlings bis zu seinem völligen Untergang, materiell und menschlich, mitmachte.

## Wo war der Widerstand?

Zweifel hinsichtlich der politischen und menschlichen Beweggründe für das Verhalten der damals lebenden Menschen, Zweifel daran, ob ihre Handlungsweise richtig war, sind angebracht. All dies ist jedoch nur aus jener Zeit heraus zu verstehen, und über diese Zeit können nur solche Menschen glaubhaft berichten, die in ihr gelebt haben. Diese Menschen werden immer weniger. Auf ihr Urteil sollte man sich verlassen, wenn die Frage nach dem wahrheitsgetreuen Bericht über die NS-Zeit gestellt wird.

Einen gewissen Widerstand gegenüber dem, was dem Volk in immer stärkerem Maße aufgebürdet wurde, gab es schon, wenn auch in den meisten Fällen nur einen sehr zaghaften. Die meisten befanden sich in der Mitte zwischen der Clique der Regierenden mit ihren wenigen und treu Ergebenen auf der einen Seite und der Widerstandsbewegung auf der anderen.

Dass es so etwas wie eine echte Widerstandsbewegung geben könnte, war für uns junge, um die 20 Jahre alten Soldaten im Jahr 1944 nicht vorstellbar – bis das deutsche Volk dann am 20. Juli 1944 von dem Attentat auf Hitler überrascht wurde. Keiner konnte es glauben. Gab es doch die allmächtige Gestapo, die dahintergekommen wäre. Ich lag in diesen Tagen in einem Lazarett in Thüringen; sollte der Krieg mit diesen Geschehnissen ein Ende haben? Ein unglaublich erlösender Gedanke. Ich befand mich in diesem Moment ja bereits in der Heimat. Aber die Diktatur siegte erneut und die Front sollte mich nicht loslassen.

## Das Ende der Diktatur, doch immer noch keine Freiheit

In diesen Julitagen war gerade die Hälfte der Zeit vergangen und das Maß an Opfern für den Staat war für mich voll. Zurückblickend kann gesagt werden: verglichen mit der zweiten Hälfte dieses Zeitraums, erscheint die erste Hälfte noch recht harmlos, wenn ich an Lazarettaufenthalte, Heimaturlaube, ungezwungene Wochen beim Stellungskrieg an der Front während der Waffenpause und Essen nach Herzenslust in den letzten Wochen des Jahres 1944 denke. Es wäre eigentlich ein schöner Übergang zum zivilen Leben gewesen, wenn, ja wenn, die NS-Diktatur am 20. Juli ihren Todesstoß erhalten und nicht gesiegt hätte.
Doch ab diesen Julitagen 1944 sollte es mit der Diktatur steil bergab gehen: Nur noch wenige glaubten an den Sieg. Resignation erfasste die Menschen, auch uns Soldaten, deren schweres Leben an der Front eigentlich von Siegesgewissheit getragen sein sollte. Meine Gefangennahme am 17. Januar 1945 durch

die Russen, so werden es auch die anderen Zeitgenossen empfunden haben, glich einem Sturz aus großer Höhe, bei dem,
unten angekommen, Tage mit noch unbeschreiblicherem Elend
und Entzug von Freiheit begannen, als ich sie vorher erlebt hatte. Eine gute Gesundheit und viel, viel Glück gehörten dazu, um
weiter bestehen zu können.

## Aus der Vergangenheit lernen

Die Aufzeichnungen in meinen Tagebüchern sind Stichworte,
die mir zusammen mit meinem guten Erinnerungsvermögen
geholfen haben, mit Worten genaue Bilder jener Jahre und
Tage zu zeichnen. Eine erste Niederschrift erfolgte im Frühjahr
1981, ich habe sie bis heute, 1991, laufend ergänzt und verbessert. Alle Feststellungen haben auch heute noch ihre Gültigkeit.

Und noch etwas: Hier sind keine besonderen Heldentaten oder
großartige militärische Einsätze beschrieben, *(wie sie heute zu
Hunderten – meist in ganz einfacher Form erscheinen)*. Hier
ist etwas anderes beabsichtigt: Es soll aufgezeigt werden, welche Folgerungen aus einem Leben gezogen werden können, das
über Jahre hinweg in äußerster Unfreiheit verlief. Folgerungen,
die für die heutige Zeit von Nutzen sein können. Meine Erlebnisse stellen dazu, gewissermaßen, nur den Ausgangspunkt dar,
von dem aus der Leser sich seine eigene Meinung bilden kann.

1939:
Es fing alles ganz
harmlos an, dann jedoch...

Dieser Bericht beginnt im April 1939 mit meinem sechsmonatigen Arbeitsdienst *(RAD)*. So fing damals bei vielen jungen Menschen ein hoffnungsvoller Lebensabschnitt an, der in meinem Fall mit einem Studium der Elektrotechnik an einem Nürnberger Technikum fortgesetzt wurde. Der Arbeitsdienst war nicht militärischer Art, doch weil ich ihn in Nürnberg, der Stadt der „Reichsparteitage", leistete, war schon in dieser Zeit die militärische Stimmung spürbar.

## Der Krieg wirft seine Schatten

Die großen Veranstaltungen und Aufmärsche in Nürnberg wurden durch den Kriegsbeginn am 1. September 1939 unterbrochen; die Prachtbauten und Aufmarschfelder auf dem Parteitagsgelände lagen verwaist da – und strahlten dennoch Macht und Siegesgewissheit aus. Das Großdeutsche Reich hatte in der Zeit, die ich hier beschreibe, gerade seinen ersten Sieg über Polen errungen und weitere Feldzüge und Siege sollten folgen. Ich fühlte mich in den sechs Monaten Arbeitsdienst immer noch als Zivilist, aber als fast zwanzigjähriger Mann in einem Land mit ständig wachsendem Bedarf an Soldaten wurde mir immer bewusster, dass ich bald vom Zivilistenleben Abschied würde nehmen müssen.

Mit Beginn des Krieges kam die große Zeit der Soldaten, der Offiziere, der Generäle und, nicht zuletzt, die Zeit des „Führers". Das zivile Leben, wie ich es in diesen Herbsttagen des Jahres 1939 in Nürnberg noch erlebte, glitt immer mehr in ein Leben mit Einschränkungen und Verordnungen ab. Immer mehr lastete auf den Menschen das Gefühl, weniger sich selbst, als vielmehr dem Staat zu gehören.

## Letzte Tage jugendlicher
Freiheit

Für mich war der Verlust der zivilen Freiheiten handgreiflich
nahegekommen und die Reaktion darauf so, dass ich das Studium schon etwas vernachlässigte und an seine Stelle Tätigkeiten
traten, die mehr dem jugendlichen Freiheitsdrang entsprachen.
An sich recht harmlose Tätigkeiten: Mit meinem Nürnberger
Freund wurde die Gegend um die Stadt mit dem Fahrrad bis in
die letzten Winkel ausgefahren und mir persönlich war es ein
besonderes Vergnügen, die ebenen Straßen des Reichspartei-
tagsgeländes entlang zu radeln, wobei die Architektur der dortigen Prachtbauten, griechisch-römischen Tempeln ähnlich, ihre
Wirkung auf mich nicht verfehlten.

Sollte aus dem Großdeutschen Reich bald ein Weltreich werden? Das fragte ich mich, noch als Zivilist. Und dann: Müsste
man da nicht beim Siegen dabei sein? Tatsächlich, das Siegen
ging weiter; bald waren Frankreich, Belgien und Holland besiegt. Das Land benötigte Soldaten in Mengen und meine nicht
mehr zu umgehende Einberufung zur Wehrmacht empfand ich
eigentlich schon gar nicht mehr als so einschneidend in mein
Leben, wie ich es befürchtet hatte.

## Die Propaganda entfaltet
ihreWirkung

Das mit Propagandaparolen gefütterte deutsche Volk sah den
Gesamtsieg schon in greifbarer Nähe. Ich sah es auch so. Man
ging davon aus, es gäbe nur Siege und der Glaube und der
Drang wuchsen, dabei sein zu müssen. Man glaubte an eine
große Zukunft.

Aber als sich dann im weiteren Verlauf der Geschehnisse ab-
zeichnete, dass der Endsieg nicht so schnell zu erreichen war,
als ungeahnte Einschränkungen der Freiheiten, als nicht für
möglich gehaltene Strapazen und vieles mehr dem deutschen
Volk aufgebürdet wurden, bedauerten viele Menschen im Land
das leichtsinnige Denken zu Beginn dieser dramatischen Tage.

Die Einsicht dämmerte, dass man, sich gegen mitreißende Parolen stemmend, alles hätte tun müssen, um diesen Verwicklungen zu entgehen.

## Ende des freien Lebens

Wie bereits erwähnt, war ich vor meiner Einberufung ein absolut unsoldatischer Mensch gewesen. Die ersten soldatischen Erlebnisse und Erfahrungen sammelte ich beim damaligen Reichsarbeitsdienst in einem Lager in der Gegend zwischen Rosenheim und Kolbermoor. Es handelte sich um die RAD-Abteilung 5/303, zu der ich an meinem 19. Geburtstag am 1. April 1939 beordert wurde. An diesem landschaftlich so reizvoll gelegenen Ort sollte mein Leben als Zivilist für lange Zeit zu Ende gehen.

Neben der Landschaft erleichterte auch der abwechslungsreiche Dienst innerhalb und außerhalb des Lagerbereiches den militärischen Drill, der in diesem Lager besonders streng herrschte und fast unüberwindlich schien. So wechselten sich militärische Ausbildung, Arbeitskommandos an der Autobahn, Trockenlegung der nahegelegenen Moore und die Erntehilfe bei den Bauern ab.

# Aufbruchstimmung im Sommer 1939

Die Erntehilfe, die Arbeit in freier Natur und die schönen Sommertage des Jahres 1939 sind mir bis heute unvergessene Erlebnisse im bayrischen Alpenvorland. Dabei war die Arbeit bei den Bauern in Weitnau im Allgäu, in der Nähe von Mühldorf am Inn und in der Gegend um Ebersberg bei München nach dem vorangegangenen Schüler- und Praktikantendasein nicht leicht und es konnte sein, dass am Abend, nach getaner Feld- und Hofarbeit bei den Bauern, noch eine militärische Schulung folgte.

Der NS-Staat befand sich zu dieser Zeit auf seinem Höhepunkt. Dabei war gerade einmal die Hälfte seiner zwölfjährigen Dauer vergangen, lumpige sechs Jahre des angekündigten Tausendjährigen Reichs. Seine Stärke drückte sich auch in der Aufrüstung aus, der Wehrmacht und, nicht zu vergessen, in dem großen Heer der Arbeitsdienstleistenden.

## Die Kriegsmaschinerie läuft an

Kurz vor Kriegsausbruch, Ende August 1939 – der Krieg mit Polen war für die Führung des Reiches sicher bereits fest eingeplant - wurde unsere RAD-Abteilung in einen der Wehrmacht gleichgestellten Verband umgewandelt. Da gab es plötzlich für jeden ein Gewehr, der militärische Drill wurde weiter ausgeweitet und schon im September hieß es, dass wir hinter die Front in Polen verlegt werden sollten. Eine ungewisse Zukunft wäre uns damit beschieden gewesen, wären wir nicht stattdessen an einen militärisch wichtigen Punkt im Reich beordert worden, auf den Flugplatz Ainring bei Bad Reichenhall. Es hieß, der Flugplatz sei wegen der Nähe zu Hitlers Amtssitz oberhalb von Berchtesgaden als Landeplatz für den Führer und seine Begleiter auserkoren worden.

Für uns Arbeitsdienstler gab es genug zu tun: Baracken wurden erstellt, Erdarbeiten ausgeführt, um den, am Alpenrand versteckt gelegenen Behelfsflughafen weiter auszubauen. Flugbewegungen gab es in diesen Septembertagen nur wenige, aber es landete oder startete schon mal eine Me 109 (*Messerschmitt Bf*

*109)*, ein für die damalige Zeit sensationelles Flugzeug. Wenn der Pilot erzählte, dass er in einer Stunde von einem Flugplatz nahe der Nordseeküste hierher nach Ainring geflogen sei, war das beeindruckend.

## Die technische Revolution auf Abwegen

Die Führung des Reiches konnte sich stark fühlen dank derartiger technischer Errungenschaften, die es auf vielen Gebieten gab und die jetzt leider zum Einsatz im Krieg vorgesehen waren. Irgendwie beschlich uns das dumpfe Gefühl, dass mit dem Krieg etwas begonnen wurde, aus dem die Nation so schnell nicht wieder herauskommen würde und dass damit die Aussicht, bald wieder Zivilkleider tragen zu können, für lange Zeit verstellt werden könnte.

Meine freiwillige Meldung zum RAD sollte sich jetzt als vorteilhaft erweisen: Ich wurde zum Studium entlassen und gewann so ein Jahr guttuender, wenn auch in vielen Bereichen eingeschränkter, Freiheit. Die Stadt Nürnberg und eine gemütliche Unterkunft bei einer Nürnberger Familie wurden für ein Jahr mein zu Hause. Aus der Provinz kommend, erlebte ich das erste Kriegsjahr in einer Großstadt. In Nürnberg, der „Stadt der Reichsparteitage", die wegen dieser Benennung, und wegen der bereits erwähnten Bauten am Rande der Stadt, doch eine besondere Beziehung zur Führung des Reiches hatte. Es schien, als wären die Menschen dort geradezu begeistert gewesen von dem, was der „Führer" unternommen hatte.

# Kapitel 2

# Das erste Kriegsjahr 1939/40: Breite Unterstützung in der Bevölkerung

**R**ationierung, Verdunkelung und viele andere Einschränkungen wegen des Krieges wurden bereitwillig hingenommen; uns Zwanzigjährigen machte das sowieso nichts aus, uns erfüllte mehr die Sorge, das Studium unterbrechen zu müssen für den Dienst bei der Wehrmacht. Von solchen, die sich dazu geradezu drängten, war wenig zu sehen, jedenfalls nicht in meiner Umgebung.

Im 2. Semester wurde die Sache für die, die jetzt 20 Jahre alt waren, kritisch, so auch für mich. Nach einem noch recht zivilen Jahr im Land hatte uns die Zeit eingeholt, im Oktober 1940 musste eine größere Anzahl von uns Studenten einrücken. Auch ich wurde, wie beim RAD, wieder eingezogen, aber jetzt endgültig und für sehr lange Zeit.

Aus der „Stadt der Reichsparteitage" wurde ich zur militärischen Ausbildung nach München, in die „Hauptstadt der Bewegung", geschickt. Die Beinamen der beiden Städte konnten meine Begeisterung für das Militär ebenso wenig heben, wie das großstädtische Leben in München, das nach einem Jahr Krieg schon so manchen Knacks erhalten hatte. Wollte man sich beim Ausgang in den Münchner Lokalen etwas Abwechslung von dem eintönigen Kasernenessen verschaffen, wurde man enttäuscht.

## Die fetten Jahre sind vorbei

Die Rationierung hatte bereits voll durchgeschlagen, Lebensmittelmarken hatten wir keine, so musste man sich mit den recht dürftigen Mahlzeiten, die es ohne Marken gab, begnügen. Kulturell bot die Stadt München eigentlich noch ihr volles Programm, aber als Soldat hatte man kaum Zeit, es auszuschöpfen.

Im „Deutschen Theater" traten zum Beispiel allabendlich Karl Valentin und Liesl Karlstadt vor vollem Haus auf. Es war mir vergönnt, einige ihrer Kurzstücke und Sketche bei einem solchen vergnüglichen Abend mitzuerleben; so war man doch für

das herbe Soldatenleben in der Kaserne etwas entschädigt. Der
Krieg hatte das Urbayerische schon etwas verwischt, der Austausch zwischen den Südländern und den Nordländern des Reiches vollzog sich unablässig, auch bei den militärischen Einheiten.

## Falsche Versprechen

Unsere aus Nord- und Süddeutschen gemischte Einheit in der
Schwere Reiter-Kaserne, erhielt am Rande des Oberwiesen-
felds ihre Grundausbildung. Keiner von uns Soldaten, die wir
im Herbst 1940 dort gedrillt wurden, hätte es sich träumen
lassen, dass an dieser Stelle einmal ein 291 Meter hoher Fern-
sehturm und drum herum großartige Sportanlagen entstehen
würden.

Das Beispiel des am Münchner Nordrand gelegenen Oberwie-
senfeldes zeigt, wie sich Gegenden oder Stadtteile im Laufe
weniger Jahrzehnte ständig verändern: Ursprünglich Flugplatz,
dann Exerzierplatz erfuhr das nur wenige 100 Meter von unserer Kaserne entfernte Oberwiesenfeld zu Beginn der 1970er
Jahre die berühmteste Umwandlung, nämlich die zum Austra-
gungsort der Olympischen Spiele 1972.

Aber zurück in den Sommer 1940: Damals bot München, obwohl bereits mitten im Krieg, immer noch das Bild einer leben-
digen Großstadt, die noch keine Zerstörung durch Luftangriffe
erfahren hatte oder befürchtete. „Ich will Meier heißen" hatte
Göring gesagt, „wenn ein feindliches Flugzeug deutsche Grenzen überfliegt".

## Der Krieg kommt nach
## Deutschland

Im Frühling des Jahres 1940 wurde er eines Besseren belehrt.
Am 10. März kam es zu einem ersten Luftangriff auf München,
bei dem aber noch keine Bomben abgeworfen wurden. Seelen-
ruhig beobachteten wir vom Kaserneneingang aus die Opera-

tion der Flugzeuge. Wir kamen gar nicht auf den Gedanken, dass sie unsere Kaserne bombardieren könnten. Wie konnten sie überhaupt bis hierher gelangen? Hatte Göring die Luftabwehr an den deutschen Grenzen nicht als unüberwindlich bezeichnet? Noch wiegten wir uns in diesem sicheren Gefühl, auch deshalb, weil die Machthaber Deutschlands es nie versäumt hatten, auf die militärische Überlegenheit, besonders bei der Luftwaffe, hinzuweisen.

# Kapitel 3

# Erster Einsatz im „Feindesland"

Doch die militärische Ausbildung inmitten des Reiches – während der unser Kontakt zum Elternhaus brutal unterbrochen wurde – sollte nicht von Dauer sein: Die inzwischen auf tausende von Kilometern Länge angewachsene Front um Deutschland herum, die besetzten Gebiete dazugerechnet, benötigte Soldaten noch und noch.

Für mich und meine Kameraden von der Einheit aus der Schwere Reiter-Kaserne war es fast beruhigend zu wissen, dass es zunächst einmal in die Halbetappe nach Belgien ging. Dass allerdings ausgerechnet um die Weihnachtstage 1940, als der Militärtransport im Schneckentempo sein Ziel in der Nähe von Mons zu erreichen versuchte.

Anders als andere hatte ich den Vorteil, dass mein Soldatenleben stufenweise, und nicht, wie in vielen Fällen, abrupt, in immer frontgemäßere und entbehrungsreichere Kommandos ging. Wenn es in Belgien auch noch recht „gemütlich" zuging, so hieß es doch, wir befänden uns jetzt in Feindesland und das bedeutete Abstand halten von der Bevölkerung und die Augen offen halten. Meine Einweisung ins Privatquartier zu einem älteren Ehepaar war ein Glücksfall und ich konnte nicht verstehen, weshalb ich gerade bei diesen Leuten, die mir fast zu Eltern wurden, Abstand halten sollte.

## Beginn der Aufzeichnungen

Als „Kriegstagebuch des einfachen Landsers" könnte man das bezeichnen, was ich in diesen Tagen begann in kleinen Taschenkalendern aufzuzeichnen. Von meiner Stellung als Soldat, meiner Veranlagung und den wenigen Freiheiten her gesehen, wäre es mir unmöglich gewesen, ein Tagebuch im üblichen Sinn, mit wortreichen Darlegungen und Erkenntnissen, ausführlichen Kampfhandlungen und Aufzeichnungen über Personen und Orte, zu führen.

Der einfachste Taschenkalender diente mir für meine Aufzeichnungen, die nicht selten banal zu lesen sind, aber doch viele, viele Vorkommnisse aus meinem Soldatenleben enthalten. Jedes Jahr füllte sich ein Kalender. Zuletzt der von 1944, der, wahrscheinlich bei der Gefangennahme durch die Russen Mitte Januar 1945, verlorenging. Als welch ausgezeichnete Erinnerungsstützen sich meine stichwortartigen Eintragungen erweisen sollten, wird sich in den folgenden Abschnitten zeigen.

## Rückzug nach Innen

Die militärische Ausbildung, den Drill, die Kommandos, ganz allgemein das Leben als Soldat sah ich, mehr oder weniger, als den Rahmen für ein zweites Leben an, wie ich es bezeichnen möchte, bei dem ich meinen fast etwas romantischen Vorstellungen, hinter welche ich mich oft zurückzog, frönen konnte.

Diese Abwehrstellung gegenüber den Unbilden der Zeit nahm ich, der ich dem Soldatensein wahrlich nicht zugeneigt war, gleich in München ein und verharrte darin über alle Stationen hinweg fast neun Jahre lang. Meine Gefühle wollte ich mir nicht nehmen lassen, so sehr es der Drill und das raue Soldatenleben auch versuchten, mir diese auszutreiben.

Die Truppe, in der ich diente, eine der Artillerie zugeordnete Beobachtungsabteilung, bestand zum großen Teil aus Leuten mit höherer Bildung, z.B. Technikern, Mittelschülern, Abiturienten, Lehrern, Beamten und Geschäftsleuten, was die Atmosphäre von der sonst in der Truppe herrschenden Sturheit zu etwas mehr Toleranz hin auflockerten.

## Gemeinschaft gegen
## Abstumpfung und Verrohung

Dieses Milieu und meine, vom Verständnis eines Soldaten etwas abweichende, Einstellung bewahrten mich davor, in die Abgestumpftheit eines Lebens in der Masse zu versinken. Ich fand auch Kameleben noch einige davon, und es hat Jahrzehnte gedauert, bis ich zu ihnen fand, Existenzgründung und Beruf

haben mich an etwas anderes denken lassen, vielleicht wollte
man auch die Zeit dieser schlimmen 1940er-Jahre vergessen.
Das nach all den Jahren übriggebliebene kleine Häuflein könnte schon dazu ausersehen sein, der heutigen Generation Ideen
zu vermitteln, zukunftsweisende, die in einem bewegten Leben
herangereift sind.

## Freundschaft im Feindesland –
## Neujahr 1941 in Belgien

Meine Aufzeichnungen beginnen also am 1. Januar 1941, als
unsere Einheit in Belgien als Besatzungstruppe zu fungieren
hatte und für die kommenden drei Jahre hat es keinen Tag gegeben, der nicht festgehalten wurde. Es steht also manch Banales
auf den Seiten der Kalender, das ich mir vielleicht hätte sparen
können zu vermerken. Aber, vielleicht sind es auch gerade die
lückenlosen Aufzeichnungen, die recht gute Einblicke in die
damalige Zeit vermitteln können und vor dem geistigen Auge
des Lesers eine Art Film ablaufen lassen.

In Belgien kam ich, wie schon erwähnt, zu einem älteren Ehepaar ins Quartier. Ihr kleines Geschäft ruhte wegen des Krieges,
der Laden war leer. Bei diesen Leuten war ich wie bei Eltern
aufgehoben. Wegen meiner noch guten Französischkenntnisse
aus der Schulzeit, die erst vier Jahre zurücklag, konnte ich mich
ausgezeichnet mit ihnen unterhalten. Ein kleiner Lichtblick für
die Leute, die sich infolge der Kriegsereignisse sehr einschrän-
ken mussten. Jedenfalls waren sie alles andere als Feinde für
mich. Brachte Monsieur Dehuit, so der Name des Ehepaares,
etwas vom Hamstern nach Hause, bekam ich selbstverständlich auch etwas davon ab, sozusagen als Gegenleistung für die
Zigaretten, die wir Soldaten in der Marketenderei bekamen und
die ich Monsieur Dehuit schenkte. So profitierte er von mir,
dem Nichtraucher, der ich heute noch bin *(ein Wunder für alle
Raucher, die in diesen angespannten Tagen doch stets zur Zigarette griffen)*. Nach gesundheitlichen Regeln zu leben war den
wenigsten möglich, so wurde mancher Nichtraucher in der Be-
drängnis von Aufgabe und Strapazen zum Raucher. Ich komme
darauf noch zurück.

# Fast ein normales Leben

Was ich in Belgien außerhalb des Dienstes alles unternommen habe: Besuche von Kino und Theater, Schwimmen im Schwimmbad Mons, mit der Straßenbahn 70-100 Kilometer fahren *(das dichte Schienennetz zwischen den Städten in Belgien war für mich etwas ganz Neues)*... Hätte ich nicht in der Uniform eines deutschen Landsers gesteckt, so hätte man von einem erträglichen und abwechslungsreichen Leben sprechen können.

Wir lernten auf diese Weise einige belgische Städte, wie z.B. Charleroi, kennen und den Abglanz eines früheren Wohlstands – wenn es in einigen Geschäften noch Süßigkeiten und Weintrauben der feinsten Sorte gab, die in der Heimat längst aus den Auslagen der Geschäfte verbannt waren. Von dem, den Belgiern nachgesagten, leichten Leben war in dieser Gegend wenig zu sehen, es wäre sowieso nicht mein Fall gewesen. Das Milieu von Bordellen und leichten Mädchen blieb für mich während des ganzen Krieges tabu, ich hatte dafür nicht das Gespür, wie das bei vielen anderen der Fall war, die ohne diese Genüsse oder gar Zwänge nicht leben konnten.

## Gemischte Gefühle

Die meisten Belgier, auch meine Quartiersleute, waren den Soldaten gegenüber nicht feindselig, gleichzeitig erhofften sie aber eine Landung der Engländer an der Kanalküste, die ihre Befreiung bedeutet hätte. Die deutsche Besetzung Belgiens brachte dem Land viele Einschränkungen, die man auf diese Weise wieder loszuwerden hoffte. Die Feindseligkeit der Bevölkerung gegenüber den Deutschen wäre sicher wesentlich stärker gewesen, wäre in diesem Gebiet viel zerstört worden; das war nicht der Fall und so hielt sich *(die kriegsbedingte Abneigung)* in Grenzen.

Einladend zeigte sich die waldlose Gegend um Mons mit den unschönen Abraumhalden der Kohlezechen nicht gerade. Die Orte und Städte gingen ineinander über und waren von dem bereits erwähnten, dichten Netz von Straßenbahnlinien durchzogen. Es war diese bereits um 1940 bestehende dichte Besiedelung Belgiens, die uns Soldaten in der Gegend um La Louvière, der nächsten größeren Stadt, besonders ins Auge fiel.

Der Ort, an dem ich in Belgien lebte, hieß Haine St. Paul und ich werde mich immer bestens daran erinnern. Anfang März 1941 musste unsere Einheit Belgien verlassen und es gab einen rührenden Abschied von meinen gütigen Quartiersleuten. Es flossen Tränen auf beiden Seiten. Als ich kurz nach der Entlassung aus russischer Gefangenschaft, im Herbst 1948, etwa drei Jahre später, im Jahr 1951, einen Brief an Madame und Monsieur Dehuit schrieb, wurde dieser sofort beantwortet; es war das Zeichen, dass sie noch lebten.

In überschwänglicher Freude schrieb der alte Herr zurück, immerhin waren seit dem rührenden Abschied 1941 zehn Jahre vergangen und das Ehepaar inzwischen 73 und 75 Jahre alt geworden. Sie wollten, dass ich sie besuche, doch es kam leider nie dazu.

# Kapitel 4

# Ahnungslos ins Abenteuer Afrika

nfang März 1941 stand für unsere Beobachtungsbatterie, der ich seit Weihnachten 1940 zugeteilt war, fest, dass sie in Afrika eingesetzt werden sollte. Der ehrgeizige Batteriechef, Hauptmann Schlicke, ein Offizier mit besonderen Merkmalen, setzte sich bei seinen Oberen sogar dafür ein, dass seine Batterie für eine derart exponierte Frontlage, wie sie sich in Afrika erweisen sollte, ausersehen wird.

## Frühling 1941 - Auf nach Süden

Er hatte Erfolg mit seinen Bemühungen und allmählich packte auch uns Soldaten die Abenteuerlust, wenn wir uns vorstellten, welche Gegenden wir auf dem, für einen Europäer recht geheimnisvollen, Riesenkontinent Afrika zu sehen bekommen würden. Noch konnte man sich die Strapazen und die Unbilden des Klimas dort gar nicht so recht vorstellen, jugendliche Unbekümmertheit setzte sich über alles hinweg, schließlich war es ein Befehl, der uns dorthin rief und Hauptsache, man erlebte einmal ein exotisches Land.

## Beginn einer langen Reise

Im Frühjahr 1941 verließ die Batterie Belgien und machte in der Pfalz nochmal für mehrere Tage Station, bevor es in Etappen dem Einsatz in afrikanischem Kriegsgebiet entgegenging. In Ulmet am Glan und seiner Umgebung erlebten wir herrliche Pfälzer Frühlingstage; saftiges Grün auf Feld und Flur sollte bald von dem eintönigen Braun der Wüste in Afrika abgelöst werden.

Die deutsche Wehrmacht hatte auch in Afrika Fuß gefasst, um den Italienern zu helfen. In nichtabreißendem Strom wurden deutsche Soldaten in diese Wüstenregion verfrachtet. Angesichts des bevorstehenden Einsatzes wurde der Dienst in Ulmet recht locker gestaltet. Übungen auf dem Truppenübungsplatz Baumholder, der dort in der Nähe liegt, wechselten sich mit Urlauben nach Hause und in die nähere Umgebung ab. Schließlich war unsere Heimat von unserem zukünftigen Einsatzort durch den italienischen Stiefel in seiner Nord-Süd-Ausdehnung und das Mittelmeer getrennt, so schnell würde es also nicht wieder Urlaub geben.

## Immer Richtung Süden

Mittlerweile war es April geworden und fast mit Ungeduld erwartete die Batterie die Abfahrt nach Süden, um einem großartigen Ziel entgegenzusteuern, das vorläufig einmal Neapel hieß. Der dortige Hafen spielte für die Verschiffung der deutschen Einheiten nach Afrika eine große Rolle, auch wenn es wohl noch andere Häfen gab, von denen Schiffe mit Soldaten ablegten, aber Italien hatte zu dieser Zeit nur wenige Häfen, die dafür geeignet waren. Bevor wir nach Neapel kamen, erlebten wir noch die Fahrt durch die Alpen und durch Italien – vom frischen Frühling in Deutschland ins sommerliche Italien. Es wurde immer wärmer. Wir durchfuhren die Po-Ebene, den Apennin und Mittelitalien. Landschaften, wovon jede ihren besonderen Reiz hat.

## Zwischenstopp in Neapel

In Neapel angekommen, bezog die Truppe in dem außerhalb der Stadt auf einer Höhe gelegenen „Institut Constanzo Ciano" Quartier. Eine, für italienische Verhältnisse, komfortable Unterkunft. In der südländischen Atmosphäre Italiens, in der wunderschönen Stadt Neapel des Jahres 1941 – was man heute nicht mehr uneingeschränkt von dieser Stadt sagen kann - und in diesen Frühlingstagen hätten wir es monatelang dort aushalten können. Doch unser Batteriechef, eben jener ehrgeizige Offizier aus Sachsen, Hauptmann Schlicke, wollte seine Einheit bald zum Einsatz nach Afrika bringen, wofür er alle Hebel in Bewegung setzte, um es zu erreichen. So dauerte unser Aufenthalt in Neapel nur klägliche 8 Tage, während es andere Einheiten Wochen und Monate aushielten, ehe es weiterging.

Doch auch wir „angehenden Afrikaner" sollten noch Eindrücke der näheren Umgebung von Neapel erhalten. Ein ganzer Tag wurde für eine Fahrt nach Pompeji, auf den noch tätigen Vesuv und an den Golf von Sorrent mit der Stadt Sorrent verwendet, um diese einmaligen Schönheiten und Altertümer Italiens kennenzulernen. Einige Besuche in der Stadt Neapel und in kleinen Weinlokalen, unseren Kneipen ähnlich, rundeten das Bild dieses wunderschönen Flecks Erde ab. Man konnte noch von dem romantischen Neapel sprechen: An vielen Straßenecken und Plätzen agierten Straßensänger und Musikanten – und wer hätte in diesen Tagen nicht auch die Stelle mit Blick auf den noch tätigen Vesuv im Hintergrund und der großen Pinie im Vordergrund sehen wollen: Das Motiv für ungezählte Ansichtskarten.

## Schönheit, Baukunst, Unbeschwertheit

Der Autoverkehr war in diesen Tagen noch schwach und beeinträchtigte kaum die schönen Bilder von dieser südländischen Stadt; man lief, oder fuhr mit der Straßenbahn, es waren die letzten Landserfreiheiten, die man noch auskosten konnte vor dem Einsatz. Durch die Hügel rund um Neapel führten riesige Tunnels, mit denen die Italiener ihre hohe Baukunst auf diesem Gebiet bewiesen. Für mich, der ich immer schon ein offenes Auge für schöne Architektur hatte, eine besondere Erinnerung. Der Ausspruch: „Neapel sehen und sterben" hätte in diesen Apriltagen des Jahres 1941 eine recht makabre Bedeutung für uns Soldaten haben können. Gott sei Dank, dass wir über die vielen Schiffsversenkungen bei der Überfahrt nach Afrika nur so wenig informiert waren, denn um wie viel ängstlicher hätten wir diese Reise sonst antreten müssen. Wenn man bedenkt, welche Täuschungs- und Tarnmanöver angewendet werden mussten, um die Schiffe, meist im Geleitzug, unerkannt über das Meer zu bringen *(wobei auch Abwarten dazugehörte)*, ging es bei uns trotz allem sehr schnell. In ständiger Bereitschaft stündlich verladen zu werden, lagen wir am Hafenkai und konnten beobachten, wie der italienische Frachter, der uns aufnehmen sollte, wenige Stunden vor seinem Auslaufen mit einem völlig neuen Tarnanstrich versehen wurde, eine Maßnahme unter vielen, um die Schiffe noch sicherer über das Mittelmeer zu bringen.

# Ahnungslos durch die Gefahr

Unsere motorisierte Beobachtungsbatterie bestand aus einer Menge von Fahrzeugen, die zusammen mit den Besatzungen auf den italienischen Frachter Rialto verladen wurden. Unbelastet vom Wissen um Schiffsversenkungen, war die Stimmung bestens. Die abenteuerliche Fahrt konnte beginnen. Für unseren Geleitzug war Tripolis, die Hauptstadt Libyens, das Ziel. Nie fuhr ein Schiff allein, es wurden Geleitzüge von fünf und mehr Schiffen zusammengestellt, begleitet und bewacht von deutschen Flugzeugen und italienischen Zerstörern. Dieser recht gut bewachte Schiffskonvoi sah sich fast immer einer englischen Übermacht von U-Booten und Zerstörern gegenüber, die die Organisatoren dieser Übersetzungsaktionen vor fast unlösbare Probleme stellte.

Selten, dass einmal ein Geleitzug vollständig in Tripolis ankam, so wurden ganze Konvois, zumindest Teile davon, von den Engländern versenkt. Wir gingen ganz unvoreingenommen und ahnungslos auf die Schiffsreise. Wären wir länger in Neapel geblieben, hätten wir sicher Kenntnis von dem einen oder anderen Schiffsunglück erhalten und wir hätten die Fahrt mit recht gemischten Gefühlen antreten müssen.

Unser alter Frachter „Rialto" war für die Mannschaften für einige Tage Fortbewegungsmittel und Unterkunft zugleich. Wenn uns in Neapel noch nicht bewusst gewesen war, welch gefährliches Unternehmen das Übersetzen nach Afrika darstellte, so bekamen wir jetzt einen Begriff davon: Nach mehrstündiger Fahrt ging es an einer Anzahl von aus dem Wasser herausragenden Mastspitzen vorbei, die von versenkten Schiffen stammten... Es sei dies vorweggenommen, die „Rialto" erreichte – von unwahrscheinlichem Glück begünstigt – zusammen mit den anderen Schiffen die Küste Afrikas.

## Strategisches Pendeln

Dass die sizilianischen Häfen Messina und Palermo auf der Schiffsroute Neapel-Tripolis lagen, war ein strategischer Vorteil: Wenn es brenzlig wurde, konnte sie als Zufluchtshäfen angelaufen werden. Einer dieser Häfen, meist sogar beide, wurde bei diesen Übersetzungsaktionen fast immer angelaufen, wenn die Bedrohung der Route durch englische Kriegsschiffe oder Flugzeuge zu stark wurde und eine Pause eingelegt werden musste. Dabei versuchte die Heeresleitung, den Feind im Dunkeln darüber zu lassen, wo man Sizilien passierte, ob im Westen bei Palermo oder im Osten bei Messina. Die Meerenge von Messina schien dabei die gefährlichste Passage zu sein.

Es kam nicht selten vor, dass die Konvois, an der Nordküste Siziliens entlangdampfend, mehrmals zwischen den Häfen von Palermo und Messina hin- und herpendelten. In unserer Unvoreingenommenheit erlebten wir diese Schiffsbewegungen unter dem blauen Himmel des Mittelmeeres so recht vergnüglich, besonders dann, wenn einer der Aufenthalte im Hafen länger dauerte und Ausgang in die Stadt genehmigt wurde. Sichtlich genossen wir die, mehr einer Urlaubsreise gleichende Fahrt, ohne zu ahnen, in welcher Gefahr wir uns befanden und welch schreckliches Ende die Reise hätte nehmen können.

## Kennenlernen und Staunen

Italienische Lebensart hatten wir bis jetzt nur wenig erleben und beobachten können, doch das änderte sich jetzt auf dem Frachter mit seiner italienischen Mannschaft. Wir lebten auf engem Raum zusammen und konnten beobachten, wie südländisch geschrien, gearbeitet und gekocht wurde. Wenn der Koch in einer Unmenge von Olivenöl seine Speisen zubereitete, durchzog der Geruch von heißem Öl das ganze Schiff. Es wunderte uns deshalb, weil Öle und Fette zu dieser Zeit in Deutschland bereits streng rationiert wurden, womit sich italienische Mentalität nur schwer abfinden konnte.

Die Zeit auf dem Schiff war so richtig dazu angetan sich vor dem kurz bevorstehenden Fronteinsatz ausruhen zu können, faulenzend lag man entweder unter Deck, besser noch, auf Deck unter den dort abgestellten LKWs, um sich vor der vom blauen Mittelmeerhimmel herabscheinenden Sonne zu schützen.

Fast schon dem afrikanischen Kontinent zugeordnet, konnten wir auf Sizilien vom europäischem Erdteil Abschied nehmen, wozu sich die beiden Hafenstädte Palermo und Messina mit ihren mittelalterlichen Bauwerken und kulturellen Gütern in besonderer Weise anboten. Wer von uns Soldaten ein offenes Auge dafür hatte, kam auf seine Kosten, wenn wir, Urlaubern gleich, die südländischen Stätten von Architektur und Kunst durchstreiften – oft nicht ahnend, welch geschichtsträchtigen Ort wir vor uns hatten; über allem lag ja der Krieg.

Die Zeit für solche gar nicht soldatischen Dinge war verständlicherweise sehr knapp bemessen. Aber in den wenigen Stunden durfte nicht der obligatorische Besuch in einem Lokal fehlen oder z.B. in Palermo die Fahrt mit der Pferdekutsche. Gerade Letzteres fanden wir besonders amüsant, vor allem, wenn die Posten der militärischen Dienststellen, an denen wir vorbeifuhren, vor uns salutierten und wir uns dann wie hohe Offiziere fühlen konnten. In unserer neuen Afrikauniform sahen wir schon recht exotisch und schneidig aus, die Italiener hatten nichts Derartiges dagegen zu bieten.

## Erste Angriffe

Die Erlebnisse in der zweiten Aprilhälfte 1941 waren so schön und beeindruckend, man konnte sich nicht vorstellen, dass sich dies alles von einem Tag auf den anderen ins Gegenteil verwandeln würde, an dem Tag, als wir afrikanischen Boden betreten hatten.

Es ist noch zu erwähnen, dass eine erste Feindberührung in dieser südländischen Region mitten auf dem Mittelmeer stattfand, als englische U-Boote einige Torpedos auf unseren Geleitzug abfeuerten, die, welch ein Glück, keinen Schaden anrichteten, denn damit hätte sich für uns die Lage schlagartig verändert. Von dem Zeitpunkt an musste mit ständiger verstärkter Feindberührung gerechnet werden, sei es aus der Luft, oder wenige Tage später dann, am Ring Tobruk bzw. bei den Artillerieangriffen aus der Festung Tobruk.

Zusammen mit den anderen Schiffen legte die Rialto am 1. Mai 1941 abends um 19.30 Uhr am Hafenkai von Tripolis an. Mannschaften und Fahrzeuge blieben die Nacht über auf den Schiffen und harrten dessen, was da kommen sollte. Am Morgen des 2. Mai betraten unsere Beobachtungsbatterie und deren Einheiten erstmals afrikanischen Boden: Ein Augenblick, den die Kameraden, zumindest die wenigen, die heute noch leben, nicht vergessen werden. Es umfing sie weniger die Atmosphäre der libyschen Großstadt Tripolis, vielmehr ein Gewimmel von Menschen, meist Soldaten, sowie das entladene militärische Gut aus den Schiffen, das auf dem Kai herumlag – und eine Bruthitze.

# Kapitel 5

# Wüstenkrieg
## (Mai bis September 1941)

Hier gab es also, außer den Engländern, noch mehrere Feinde: die gewaltige Hitze, das trostlose Land im Frontgebiet und die große Entfernung von der Heimat. Noch in der letzten Stunde der geglückten Überfahrt erhielt das Unternehmen seinen fast unvermeidlichen Treffer, von dem es bis dahin verschont geblieben war: Ein englisches Flugzeug bombardierte einen der angekommenen Frachter mit Erfolg. Menschenleben waren zu beklagen. Dies sollte im weiteren Verlauf des Feldzuges an Afrikas Nordküste noch viele Male geschehen.

Es war verschwindend wenig, was wir von Tripolis zu sehen bekamen und wir wären doch allzu gerne, wenn auch nur für kurze Zeit, in einem der Lokale der Stadt verschwunden, um den Durst zu löschen, Durst, der uns von da an nicht mehr losließ. Wohl jenen Einheiten, die sich für die Verlegung nach Afrika viel Zeit ließen, Italien, Neapel, Sizilien und die Stadt Tripolis genossen, aber, wie gesagt, der Batteriechef wollte so schnell wie möglich an der Front sein, im Ring um Tobruk.

## Vom Ehrgeiz getrieben

Ja, so handeln richtige Soldaten, wie der Batteriechef von unserer Einheit eben einer war. Schließlich wollte man nicht mehr lange Hauptmann bleiben, höhere Dienstgrade standen in Aussicht. Die exponierte Frontlage im Ring um Tobruk und mehr noch die späteren beweglichen Feldzüge boten eine Menge Chancen sich zu bewähren. Ich war bei dieser Einheit wohl an die falsche Stelle geraten. Ich strebte nach einem ruhigen Dasein und Dienstgrade waren mir ziemlich gleichgültig. Ich interessierte mich vielmehr für Land und Leute, Bauten und kulturellen Einrichtungen.

Was hatte nun dieser Wüstenstreifen, genauer gesagt war es Wüstensteppe, entlang von Libyens Mittelmeerküste in dieser Hinsicht zu bieten? Eine gut ausgebaute Straße *(ein Werk Mussolinis)*, einige Dörfer und Städte wie Agedabia, Bengasi und Derna und die grüne Provinz Cyrenaika, die sich vom eintönigen Ocker der Wüste abhob. Siedlungen, um die herum Ackerbau und Viehzucht in europäischem Stil betrieben wurden, zeigten, dass das faschistische Italien hier besonders viel investiert hatte.

## Zerschossene Fahrzeuge am Straßenrand

Wir fuhren 1.500 Kilometer auf der erwähnten Küstenstraße zwischen Tripolis und Tobruk. Die Straße war für damalige Verhältnisse sehr gut ausgebaut, so dass wir trotz der geologischen und klimatischen Einflüsse und den riesigen Entfernungen unserem Ziel, dem strategischen Ring um Tobruk, zügig entgegenfuhren. Dabei kam es schon einmal vor, dass ein Fahrzeug in den Straßengraben geriet und umkippte. Aber in wenigen Minuten war es aufgerichtet und weiter ging die Fahrt in Richtung Osten. Deprimierender wirkten da schon die am Straßenrand liegenden zerschossenen LKWs, Panzer, Geschütze und sonstigen militärischen Güter, welche die Italiener bei ihrem Rückzug hatten liegen lassen und die wir pausenlos passierten. Alles wies auf einen Eilrückzug hin, den Rommel stoppen musste.

## Zerstörtes Paradies

Libyens Mittelmeerküste und der sich nach Süden hin ziehende Landstreifen sollen dereinst fruchtbares Land gewesen sein, doch es sah aus, als müsse dies viele Jahrhunderte zurückliegen. In den Tagen des Afrikafeldzugs bot sich den Soldaten, wenn man von den Städten absieht, ein trostloses Bild. Heute ist dieses Land wieder sehr wertvoll geworden durch das Öl, das man unter seiner Oberfläche fand. Kaum hatten wir Tripolis verlassen, als wir in ein Gebiet kamen, das wie von Nebel eingehüllt schien, es war die erste Bekanntschaft, die wir mit den dort tobenden Sandstürmen machten. Die bräunliche, nebelartige Masse hatte es in sich, wenn sie sich, aus feinstem Sand bestehend, an den feuchten Stellen des Körpers, an Augen, Lippen und Nase, festsetzte und durch feinste Ritzen der Fahrzeuge und des technischen Gerätes drang.

Bei der Hitze stets in Schweiß gebadet und mit dem Sand, der dann an einem kleben blieb, bedeckt, hatte man das Gefühl am ganzen Körper verdreckt zu sein.

Baden und Waschen fiel in den nächsten Wochen flach: Das Wasser, das wir mitführten, war zu kostbar dafür, wir brauchten es zum Trinken. Nur wenn man das Glück hatte, in einer Stellung in Küstennähe Dienst tun zu müssen, war Baden manchmal möglich. Zwar nicht an einem Sandstrand, aber dafür schützte uns die felsige Küste vor Einblicken – natürlich Einblicken des Feindes.

Die Sandstürme tobten in regelmäßigen Zeitabständen, dabei konnte man sich kaum vorstellen, dass es in Libyen – wenn bei uns Winter ist – auch eine Regenzeit geben könnte, bei der die ausgetrockneten Wadis sich mit Wasser füllen, das zu Strömen anschwellen kann.

## Ein Kriegsschauplatz besonderer Art

Bald sollte also das Ziel, der Ring um Tobruk, erreicht sein, was uns keine Zeit ließ, die am libyschen Küstenstreifen gelegenen Städte Bengasi und Derna näher kennen zu lernen. Schließlich befanden wir uns im Krieg gegen England und nicht auf Urlaubsreise.

Derna hatte wegen seiner Süßwasserquellen, die fast das ganze Korps mit Wasser zu versorgen hatten, große Bedeutung: Wasser, das Strecken von hunderten von Kilometern zu den Stellungen transportiert werden musste. In Derna verabschiedeten wir uns mit einem letzten dürftigen Blick auf die Zivilisation für die nächsten Monate von der Etappe um dann, das Tagebuch hat es genau festgehalten, ab dem 9. Mai 1941 in den Stellungen um Tobruk eingesetzt zu werden.

Der Mittelmeerraum zusammen mit Teilen von Nordafrika bildete damals einen Kriegsschauplatz besonderer Art. Wir Soldaten aus den nördlichen Breiten mussten uns an ein Klima gewöhnen, das die wenigsten heil überstanden. In einer mehr als trostlosen Umgebung, der spärliche Pflanzenwuchs der Sandebenen war um diese Jahreszeit verdorrt, gab es kaum etwas Erfreuliches, was die Natur einem hätte bieten können. Hinzu kam, dass ein großer Teil der Mannschaften durch die völlig unpassende Verpflegung einem Zustand seltsamer Krankheit bzw. Krankheiten entgegensiechte – soweit sie nicht bereits durch Tod oder Verwundung infolge der Kampfhandlungen ausgeschieden waren.

## Überfüllte Lazarette

Massenhaft verbreiteten sich Magen- und Darmstörungen, bei den meisten chronischer Natur und in vielen Fällen in Gelbsucht übergehend, so auch bei mir. Das schwächte die Truppe und die Gesundheit ungemein. Man sprach von der „epidemischen Gelbsucht", einer ansteckenden Krankheit, was nicht wundert, wenn man die Fliegenplage dort erlebt hat, die jeden in den Wahnsinn trieb. Die Kampftätigkeit war in diesen Tagen zum Glück nur verhalten, denn die Einheiten waren durch die vielen Erkrankungen doch sehr geschwächt.

Zu Hunderten, wenn nicht zu Tausenden, fluteten die Gelbsüchtigen in Richtung Tripolis. Das dortige Lazarett konnte sie kaum noch aufnehmen und drängte darauf, diese Scharen von Kranken per Schiff über Neapel, dann Richtung Heimat, wieder loszuwerden. Lange konnte sich das Afrikakorps diese Schwächung nicht leisten und so kam es, dass die Gelbsüchtigen nur zu Beginn in die Heimat verfrachtet wurden, im weiteren Verlauf des Feldzuges aber dann in den Lazaretten des afrikanischen Kriegsgebietes verbleiben mussten, bis sie gesund waren.

## Kampf um Tobruk

Für mich endete der Aufenthalt im September 1941, doch bis dahin hatte ich den Kampf um Tobruk erlebt: Die Italiener hatten die Stadt zusammen mit dem Hafen zu einer Art Festung ausgebaut. Nun war er von den Engländern besetzt, ein waffenstarrender Punkt, den wir im Halbkreis umlagerten. Wir

*Wüstenkrieg 1941 Kamerad Scherer Stabsauswertewagen*

konnten Tobruk bei unserem Einsatz nicht sehen, obwohl um die Stellungen um uns herum alles flach war und auch keine Vegetation die Sicht behinderte, aber wir konnten genau sagen, woher das Granatfeuer kam, denn es gab nur diesen einen Ort.

## Auf dem Präsentierteller

Während Stadt und Hafen Tobruk also von der Hochebene aus nicht eingesehen werden konnten, hatten wir das Gefühl, auf einem riesigen Präsentierteller zu stehen, den diese Hochebene bildete, und die der Feind mühelos einsehen konnte. Es war schon unangenehm und besserte sich erst dann, als wir uns eingegraben hatten.

Die Festung Tobruk wurde von den Engländern verbissen gehalten. Dies war für sie schon der besseren Chance wegen nicht allzu schwer: Sie waren den deutschen Truppen zu Wasser und in der Luft überlegen. Ein weiterer Vorteil war die gute strategische Lage Tobruks, weil eine vorgelagerte Landzunge zusammen mit der parallel verlaufenden Küste einen natürlichen Hafen bildete, um den herum Ort und Festung lagen.

## Unter Beschuss

Pausenlos wurden wir von der feindlichen Artillerie in unterschiedlicher Stärke beschossen. Die ersten Granaten in diesem Kampf, überhaupt die ersten in meinem Soldatenleben, hatten die Besonderheit, dass sie bei Bodenberührung nicht explodierten. Das übliche Pfeifen bei ihrem Anflug endete mit dem Aufschlag. Vergeblich wartete man auf die Explosion. Sie blieben entweder an der Aufschlagstelle liegen, oder schlitterten noch bis zu einigen hundert Metern über den kahlen Wüstenboden, je nach dem, in welchem Winkel sie auf dem Boden aufschlugen.

Die Engländer hatten in der Festung Tobruk riesige Mengen italienischer Munition erbeutet und die wurden verschossen, auch wenn die Italiener entgegen ihrer sonstigen Unachtsamkeit die Zünder mitgenommen hatten. Diesen Granaten konnte man tatsächlich ausweichen, wenn sie am Boden dahinschlitterten, weil ihre Bahnen durch aufgewirbelten Sand gekennzeichnet waren. Zusammen mit explodierenden Granaten verschossen, machten sie die Sache noch aufregender, nie wusste man, was am Ende des Pfeiftons kommen würde, die Explosion der Granate oder die Ruhe.

## Strapazen hinter der Front

Fünf Monate lang gab es für unsere Beobachtungsbatterie nun ständige Stellungswechsel im Wüstenland um Tobruk, bis dann im Mai 1941 eine Wüstenstellung für längere Zeit gehalten wurde. Meist lagen unsere Stellungen mehr im rückwärtigen Gebiet der Front und dienten mit ihrer für damalige Verhältnisse besonderen Technik der Ortung feindlicher Artillerie. Die Stellungswechsel erwiesen sich in allen Fällen als sehr strapaziös, weil die Zelte – nur sie waren als Unterkunft und Sonnenschutz zugleich geeignet – mindestens einen halben Meter tief in den Boden eingelassen werden mussten, um vor Granatsplittern sicher zu sein.

Die sandige Oberfläche der Wüste täuschte: Nur wenige Zentimeter darunter gab es Fels, der losgepickelt werden musste,

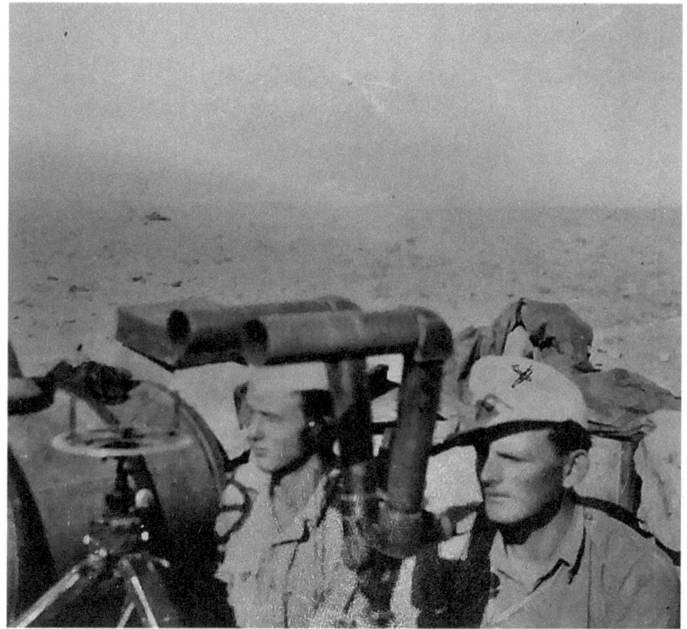

*Kamerad Scherer am Richtkreis bei Tobruk 1941*

wobei uns die Italiener halfen, denen die Arbeit besser von der Hand ging, da sie die Hitze gewohnt waren. Wir aus nördlicheren Breiten, mussten uns erst an das Klima anpassen, die Hitze lähmte uns fast vollständig, wenn am Tag die Sonne pausenlos vom Himmel herabbrannte und kein Baum, kein Haus oder sonstiger aufragender Gegenstand Schatten spendete.

## Die menschenfeindliche Wüste

Der Stellungskrieg um Tobruk hatte besonderen Charakter: Die in der baum- und hügellosen Fläche der Wüste verstreuten Stellungen waren vom Feind leicht einzusehen. Dazu kam, dass wir in der Wüstensommerzeit dort lagerten, was die Aktivitäten hüben wie drüben sehr lähmte und zu einer trügerischen Ruhe in der menschenfeindlichen Wüste führte.

Es schien, als hielten sich auch die Engländer in ihrer sie bestens beschützenden Festung Tobruk an diese Ruhe. Nachts er-

*Mannschaftstransportwagen Wüstenkrieg 1941*

eignete sich meist mehr als bei Tag. Von besonders hoch gelegenen Stellen im Ring um Tobruk konnte man Hafen, Stadt und das Gelände drum herum auch von unserer Seite her gut einsehen. Allzu große Neugier, wenn sich am Tage einer auf solch einen exponierten Punkt stellte, konnte schon mal einen Kanonenschuss auslösen.

Die starren Fronten kamen erst wieder im Folgenden, sogenannten Wüstenwinter, allmählich in Bewegung. Ich erlebte es nicht mehr, zu dieser Zeit war ich bereits zurück in der Heimat.

## Englische Überlegenheit zu Wasser und in der Luft

Es mag sein, dass vom Land her eine gewisse militärische Überlegenheit von deutscher Seite aus bestanden hat, aber zu Wasser waren die Engländer eindeutig überlegen. So war es ihnen möglich, die Festung Tobruk mit Menschen, Material und sonstigem wichtigem Kriegsgut, das auf Schiffen herantransportiert wurde, bestens zu versorgen.

Es geschah dies bei Nacht, wenn aus Richtung Tobruk seltsame Geräusche bis an die deutschen Stellungen drangen und wir wussten, dass jetzt wieder ein englischer Geleitzug in den Hafen eingelaufen war. Es war auch anzunehmen, dass sich in der Festung Tobruk sehr viel mehr stehenden Geschütze befanden als in dem die Stadt umgebenden Belagerungsring. Der Nachschub der Engländer, eben jene nächtlichen Geleitzüge, funktionierte ausgezeichnet und bei ihrer Überlegenheit zu Wasser und in der Luft im Mittelmeerraum nimmt das auch nicht wunder.

Die Kampfhandlungen, das Leben in feindlichen Begegnungen zu Wasser und in der Luft habe ich in meinen Tagebuchaufzeichnungen festgehalten, die, original wiedergegeben, Teil dieser Erinnerungen sind. Die große Anzahl der darin erscheinenden Namen, Einheiten und Orte bleiben mir und der Nachwelt so erhalten. Wenn fast schon vergessene Namen von Totgeglaubten, von Einheiten und Orten auf einmal wieder auftauchen, zum Beispiel in Zeitschriften für Soldaten des 2. Weltkrieges, dann grenzt das an kleine Wunder.

## Rückblick auf den Wüstensommer

Zur Abrundung des Berichtes über die nordafrikanischen Geschehnisse des Jahres 1941 seien hier noch einige Erlebnisse geschildert. Hatten wir – mit wir meine ich einen kleinen Trupp von 4-5 Leuten, die zu einem Beobachtungsposten gehörten - bisher nur flache Wüste kennengelernt, so änderte sich dies mit einem Stellungswechsel in die Nähe der Mittelmeerküste, dem östlichen Ende des Halbkreises. Das gut sichtbare Meer, Felsen, an welche die Wellen schlugen, und bis an das Wasser reichende Schluchten strahlten eine gewisse Romantik aus, zumal von Stellungen und anderen militärischen Einrichtungen nichts zu sehen war. Am obersten Rand einer solchen Schlucht, die hier als Wadi bezeichnet wurde, fand man niedrige Höhlen, grottenartig, die ausgezeichneten Schutz vor Bomben und Granaten, und nicht zuletzt vor der Sonne gaben. Fast konnte einem dieser Krieg gefallen, aber wie immer im Leben, die glücklichen Tage sind rar, mit unserer Ruhe ging es zu Ende. Es rührte sich so lange nichts in unserer Oase von Muße, Romantik, blauem Wasser und blauem Himmel – weder Bomben noch Granaten gingen auf uns nieder – bis eine Geschützbatterie Stellung ganz in unserer Nähe bezog und das Granatfeuer der Engländer sich auf unseren Beobachtungsposten richtete.

## Krankheit im Krieg

Doch viel stärker als der Beschuss störten gesundheitliche Problemen meine romantischen Träumereien. Die Magen- und Darmstörungen nahmen zuweilen Formen an, dass einem die Sinne schwanden. Neben mir litt noch eine große Anzahl von Leuten an dem gleichen ständigen Durchfall und wir magerten sehr stark ab. Das ging schließlich so weit, dass ich bei einer Impfung bewusstlos zusammenbrach und der bis dahin uneinsichtige Batteriechef - uneinsichtig deshalb, weil er keinen seiner Männer für das Lazarett oder das Revier freigeben wollte - mir dann doch einen leichteren Dienst genehmigte.

Das war Ende August 1941. Ich wurde zum Druckereitrupp versetzt, der wenige Tage danach zum Hauptquartier des Afrikakorps, also zum Stab des General Rommel beordert wurde. An Besserung war nicht zu denken, so dass ich mich weiter mit den chronischen Magen- und Darmstörungen rumplagen musste, dabei war es mittlerweile September geworden und ich immer schwächer, kaum noch fähig, mich auf den Füßen zu halten und die Haut hatte bereits leichtes Gelb angenommen.

## Beim Wüstenfuchs

Ich konnte zwar einige Male General Rommel, der bereits große Berühmtheit und den Beinamen „Wüstenfuchs“ erlangt hatte, zu Gesicht bekommen, doch der konnte mir auch nicht helfen. Sich ihm zu nähern, wie man sich das heutzutage vorstellen könnte, gab es einfach nicht. Kumpelhaftes Benehmen bei der preußisch erzogenen Truppe wäre ja beinahe strafbar gewesen. Kann sich einer das heute noch vorstellen? Wie Hitler, der Österreicher, die Wehrmacht preußisch erziehen ließ, sodass Einheiten vergangener Jahrzehnte wie lahme Haufen erscheinen mussten? Das Quartier des General Rommel lag ganz im Westen des Halbkreises um Tobruk und war in einem aus Lehm und Sand gemauerten, einstöckigen Haus untergebracht, das weiß gestrichen war. Eigentlich waren es mehrere Häuser, die in ihrer Bauart für die Wüstengegenden typisch waren, sodass die Engländer keinen Hinweis darauf hatten, wer sich darin befand.

Ohne Motorisierung wäre ein solcher Wüstenkrieg nicht zu führen gewesen und darin zeigten sich die Deutschen den Italienern doch weit überlegen. In Afrika bestand der Volkswagen seine erste Bewährungsprobe: Unsere Mannschaft war mit einer Anzahl von VW-Kübelwagen ausgestattet, die den wuchtigen Horch-Wagen *(offen und mit Verdeck)* weit überlegen waren. So zerbrachen die holperigen Horch-Wagen, die zwischen den Blattfedern an den vier Rädern große Spiralfedern eingebaut hatten, samt und sonders. Unser Fahrer behalf sich damit, dass er an die Stelle der Spiralfedern Holzklötze setzte. Natürlich war die Federung daraufhin gleich Null, aber der Wagen fuhr. Bei den Italienern konnte man noch Geschütze sehen, die auf mit Eisen beschlagenen Rädern, also Holzrädern, fuhren und aus dem vorigen Jahrhundert zu stammen schienen. Auch dieser Feldzug war ein Feldzug der riesigen Entfernungen, wie der kurz bevorstehende in Russland, wo später für lange Zeit wieder der VW-Kübelwagen unser Zuhause sein sollte, wenn man von Zelten und sonstigen Unterkünften absieht, in die wir unsere Habseligkeiten verstauten und die uns ein Dach über dem Kopf boten.

## Der unsichtbare Feind

Die Führung des Afrikakorps wurde in diesen Tagen mit einem neuen Feind konfrontiert, der die deutschen Soldaten in Massen überfiel: Die epidemische Gelbsucht. Nachdem schon so viele Mannschaften im Zusammenhang mit den Schiffsversenkungen auf dem Mittelmeer Verluste erlitten hatten, war das ein Problem. Auch ich war ja daran erkrankt und so schickte man mich in den ersten Septembertagen 41 auf Heimatkurs – wobei nicht weniger aufregende Situationen zu durchlaufen waren, als es bisher auch schon der Fall gewesen war. Es ließ uns das Gefühl, doch noch zurückgehalten zu werden in dieser menschenfeindlichen Gegend, nie los. So dauerte es immerhin einen Monat, gerechnet ab dem ersten Gelbsuchtsymptomen, bis ich in einem Heimatlazarett Aufnahme fand.

Da konnte es schon einmal vorkommen, dass das Flugzeug als Transportmittel benutzt wurde, und ich erinnere mich – und es ist auch im Tagebuch vermerkt –, dass ich zusammen mit vielen Gelbsüchtigen von einem Lazarett in Bengasi über die große Syrte in das Lazarett in Tripolis geflogen wurde. Benutzt wurde eine italienische „Savoia", vergleichbar mit unserer Ju 52, die zur eventuellen Abwehr feindlicher Jäger hinten eine große Öffnung hatte, wo ein Italiener vor dem zugigen Loch an seiner MG stand. Naiver ging es nicht mehr.

Vor dem Flug waren wir über holprige Wüstenpisten mit einem Transporter 100 Kilometern nach Bengasi ins Lazarett gebracht worden. In diesen Tagen hat es sich erwiesen, dass die meisten von uns diesem Klima gar nicht gewachsen waren, in meinem Fall dauerte es etwas mehr als ein Vierteljahr, bis ich, Strapazen pausenlos an mir nagend, gesundheitlich auf dem Nullpunkt angelangt war.

## Zwischenstopp im Paradies

Der mehrwöchige Aufenthalt im Lazarett Tripolis, in dessen Garten man unter Palmen wandeln konnte, kam uns vor als wären wir im Paradies, auch hinsichtlich der Bombenziele der Engländer, die Tripolis fast Tag und Nacht bombardierten, das Lazarett aber davon ausnahmen.

Italienische Ordensschwestern betreuten das Lazarett, führten uns bei Fliegeralarm in den Keller und sprachen dort Gebete. Ihr, uns aufmunternder Ausspruch: bald würden wir die Heimat sehen *(auf Italienisch)* gab allem etwas ganz Ziviles und Mütterliches.

Das Lazarett wurde von zwei Menschenströmen überfallen, zum einen von den Hunderten von Gelbsüchtigen, die pausenlos aus Richtung Tobruk kamen, und zum anderen von Schiffbrüchigen von Truppentransporten, die ebenso ohne Unterbrechung über das Mittelmeer kamen und das Lazarett füllten. Es hieß, wir würden per Lazarettschiff Richtung Heimat transportiert werden, das Warten darauf dauerte mehrere Tage und löste das bange Gefühl aus, vielleicht doch noch zurückgestellt zu werden, um Kränkeren den Vortritt zu lassen.

# Trostlosigkeit statt Heldentum – Einsatz an der Ostfront

Genau am 1. Oktober fiel das erlösende Wort: Fertigmachen zur Abfahrt. Kurz danach dampften wir im hell erleuchteten Lazarettschiff – dieses Mal ungehindert – durch die Straße Messina auf Neapel zu. Nach kurzem Aufenthalt dort ging es zügig Richtung Heimat weiter, in rasender Fahrt durch den italienischen Stiefel. Wir hätten gerne noch mehr vom schönen Italien gesehen, aber Truppenbewegungen sind nun mal keine Urlaubsreisen. Abgesehen davon, der Zustand der Erschöpfung, sich nach Ruhe sehnend, war ganz anders als die Stimmung damals, als wir Richtung Süden fuhren und die italienische Atmosphäre so richtig in uns aufnehmen konnten.

## Herbst 1941: Wieder in der Heimat

Mit der Aufnahme in einem Lazarett in Traunstein in Oberbayern, zwecks Erholung von den Strapazen der vergangenen Monate, schloss das erste Jahr meines Soldatenlebens ab und gab Gelegenheit darüber nachzudenken. Man bekam auch einen Begriff davon, was es heißt, wie eine Sache hin und her geschoben zu werden. Noch deutlicher wurde das, als wir von der Beobachtungsabteilung 7, die hauptsächlich aus Bayern bestand, vom Standort München in das weit entfernte Königsberg in Ostpreußen verlegt wurden, das uns wie ein fremdes Land erschien und das sich um diese Jahreszeit – mittlerweile war es November geworden - bereits winterlich und recht frostig zeigte.

## Fremd im eigenen Land

Der Krieg hatte auch eine Durchmischung der Stämme des deutschen Volkes mit sich gebracht. Uns Bayern fiel die Gewöhnung an den ostpreußischen Menschenschlag wirklich nicht leicht. Gerade in Bezug auf das Soldatische sahen sich die Preußen ganz oben und wer glaubte, in Hitlers Wehrmacht sei das nicht mehr der Fall, da würde österreichische Gemütlichkeit herrschen, hatte sich getäuscht: das Preußentum wurde mehr denn je hervorgehoben. Meine persönliche Erfahrung war die, dass die Ostpreußen sich noch über den Preußen dünkten und uns Bayern *(und auch die dort befindlichen Österreicher)* als Menschen zweiter Klasse betrachteten. Wen wundert es, dass es ein wesentliches Ziel der Russen war, das Preußentum auszulöschen, denen es, auf Grund ihrer slawischen Mentalität und auf Grund geschichtlicher Erfahrungen noch verhasster war.

Um diese Zeit, Ende 1941, befand sich Deutschland mitten im Krieg – einem Krieg, der zur Besetzung einer ganzen Anzahl von Ländern führte und uns Soldaten die Zukunft nicht gerade rosig erscheinen ließ. Man spürte es, verstand es vielleicht weniger, man war noch jung. Mit Beginn des zweiten Jahres meines Soldatenlebens bahnte sich für mich ein neuer Abschnitt an. Ich hoffte auf weniger strapaziöse Einsätze, aber man wusste nie, was einem bevorstand. Von Ostpreußen aus war die russische Front nicht allzu weit entfernt. Bei ihrer Länge konnte sie Massen von Menschen und Material schlucken. Die Ahnung bestätigte sich: Bald würde man sich dort befinden und könnte nicht in Frankreichs Städten einem genüsslicherem Etappenleben nachgehen.

## In Königsberg

In den wenigen Wochen im Ersatztruppenteil in Königsberg, kurz vor dem Einsatz an der Ostfront, lernte man die schon angedeutete ostpreußische Strenge kennen, die gar nicht zu dem lockeren Dienst in den südlicheren Gefilden, wo die Hitze alles lähmte, passen wollte.
Eigentlich war Königsberg in diesen Tagen eine recht sichere Stadt: Für englische Flugzeuge lag sie verhältnismäßig weit entfernt und die russische Luftflotte war fast ohne Bedeutung – sie war bis dahin nie mit Masseneinsätzen in Erscheinung getreten,

wenn man an die im Westen bereits stattgefundenen Luftangriffe der Engländer und Amerikaner auf deutsche Städte denkt. Die Stadt bot also ein Bild tiefsten Friedens, wo man die Oper, Kirchenkonzerte im Dom, Kinos und die vielen Lokale ungestört besuchen konnte; wir nützten es aus, die, die etwas dafür übrig hatten.

## Vom afrikanischen Sommer in den russischen Winter

Wir „Afrikaner" in Königsberg, die in die Seeckt-Kaserne in Königsberg-Ponarth im kühlen Norden Deutschlands gesteckt worden waren, waren durchweg von den Strapazen des nordafrikanischen Feldzuges und Sommers gezeichnet und so war eine wichtige Stelle, die über unsere Zukunft zu entscheiden hatte, der Arzt der Abteilung.

Er schien sich für eine Art „Heldenbeschaffungskommando" zu halten, wenn man sah, wie er halbkranke Leute dienstfähig schrieb, was stets die Abkommandierung an die Ostfront bedeutete. Einwendungen dagegen *(bei dem rigorosen ärztlichen Dienst sowieso aussichtslos)* tat er mit zynischen Bemerkungen ab, sodass es tatsächlich die Regel war, dass man sich innerhalb weniger Monate vom afrikanischen Sommer in den russischen Winter versetzt sah, jenen Winter 1941/1942, der die russische Front zum Stillstand kommen ließ.

## Unersättlicher Menschenhunger

So erging es vielen, die Front hatte unersättlichen Menschenhunger. Ostpreußen, auch wegen seiner langen und strengen Winter bekannt, machte in diesen Tagen einer solchen Charakterisierung alle Ehre, sollte die Kältekammer Deutschlands uns auf Russland vorbereiten?

Mitte Januar war es soweit: In der oben erwähnten schlechten Verfassung fast eines jeden, ging es mit einem Transport an die Ostfront mit dem, zunächst unbekannten Ziel Orel. Die

Schnelligkeit oder Langsamkeit und die Richtung, mit der uns ein Transport nach Osten brachte, hatten ihre eigenen Gesetze, die Truppenführung musste mit einer Unmenge von Problemen – hier waren es Transportprobleme – fertig werden, die ein russischer Winter mit sich bringt. Ich erinnere mich, dass die Transporte lange unterwegs waren, im Winter eine unangenehme Sache, wiewohl vor kommenden Einsätzen auch mit guten Seiten.

## Januar 1942:
## Neugier auf den Osten

Die litauischen Städte Kowno und Wilna, die wir durchfuhren und bei kurzen Aufenthalten besichtigen konnten, zeigten sich durchaus noch westeuropäisch. In gewissem Sinne war man gespannt, wie nun eine russische Stadt aussehen würde, in die man als nächstes kommen sollte. Der Krieg hatte die Grenze nach Russland geöffnet, eine Grenze, durch die sowjetischen Machthaber heute nur ganz wenige lassen. Damals war es nicht anders. Die ersten russischen Städte, die wir berührten, beziehungsweise durchfuhren, waren laut Tagebuch Molodetschno, Minsk, Gomel und Brjansk - bis wir in den ersten Februartagen 1942 nach Orel kamen, einem markanten Punkt, von dessen Art ich weiter östlich keinen mehr gesehen habe. Die Reihenfolge der Städte lässt darauf schließen, dass es eine Zickzackfahrt Richtung Osten war, weil, wie gesagt, die Truppenführung völliges Neuland betrat und das russische Eisenbahnnetz noch recht weitmaschig war. Es fehlte noch der Überblick.

## Neue Welten

Bei Aufenthalten, Übernachtungen und Dienststellenbesuchen während der Fahrt hatte man Gelegenheit, sich die vorgenannten Städte etwas genauer anzusehen, wobei einem sofort ein anderer Baustil ins Auge fiel. Es ist anzunehmen, dass bis dahin kaum ein Westeuropäer diese betreten oder bis in den letzten Winkel ausgespäht hatte und nun betraten wir sie scharenweise, allerdings in Wehrmachtsuniformen. Obwohl zum Teil zerstört, konnte man in Gomel, besser noch in Minsk, eine Reihe von Riesenbauten ausmachen, Bauten, die bombastisch wirkten und in einem seltsamen Gegensatz zu den einfachen Bauten der Stadt standen, die das Gros der bebauten Flächen ausmachten.

Bei genauerer Betrachtung konnte man feststellen, dass viel Gips beim Bau verwendet wurde; Säulen zum Beispiel, die wie Marmorsäulen aussahen, waren in Wirklichkeit aus Gips mit einem Anstrich, der Marmor imitierte, also kein echter Marmor. Im faschistischen Italien gab es ähnlich bombastische Bauwerke, doch dort bestanden sie tatsächlich aus Marmor.

## Weit, kalt und trostlos

So lernten wir in Russland die neuere Baukunst des Landes kennen, die sich von Potjomkin[1] noch nicht sehr weit entfernt hatte und auf Wirkung nach außen abzielte. Architektonisch riesige Plätze und breite Straßen – an Land fehlt es dort für diese Zwecke nicht. Letzterer Eindruck war für einen Westeuropäer eigentlich überwältigend, zumal dann, wenn er aus einem dicht besiedelten Land kam. Jetzt war zu erahnen, was Hitler vorhatte: In diese leeren Räume hineinzustoßen und sie dem Großdeutschen Reich einzugliedern. Die Eintönigkeit, ja fast Trostlosigkeit – die Städte waren ja größtenteils zerstört und fast menschenleer – auf der ersten Fahrt durch das riesige Russland ließ uns ahnen, was uns bevorstand. Hier hatte man sich nicht nur mit dem Feind, sondern auch mit der Natur auseinanderzusetzen, wie es uns der erste russische Winter, von dem wir nun gefordert wurden und von dem wir in Ostpreußen einen Vorgeschmack bekommen hatten, zeigte. Es ging an den Mittelabschnitt jener Front, die zu Beginn des Winters 1941 zum Stillstand gekommen war und auf einer von Nord nach Süd verlaufenden Linie auf der Höhe von Moskau gehalten wurde.

---

[1] Einer Legende zufolge hat der Feldmarschall Potjomkin Kulissen von Dörfern aufstellen lassen, um bei Katharina der Großen auf einer Reise durch Neurussland den Eindruck zu erwecken, diese neubesiedelte Gegend sei schon weit entwickelt und voller Wohlstand.

## Immer weiter und weiter

Noch gab es aus der Heimat genug Nachschub an Menschen und Material. Sie kamen auf dem Luftweg, der, anders als in anderen Etappen, überhaupt nicht gestört wurde. Bedenken gab es wenige, die Heeresleitung dachte sogar an einen eventuellen Vormarsch. Immer weiter ging es nach Osten durch das menschenleere Land. Nach einer langen Fahrt durch die flache, von Schnee bedeckte und mit Waldstücken überzogene Landschaft des westlichen Russlands erreichten wir das Ziel: Orel, eine größere Stadt, südwestlich von Moskau gelegen. Die Einheit, zu der sie uns beordert hatten, war auf mehrere Stellen der Stadt verteilt, wir selbst in dem Dorf Luschki am Stadtrand untergebracht. Unser Quartier bestand aus einem ärmlichen Bauerhaus mit viel Morast drum herum, vor allem im Innenhof, in der Nähe des träge dahinfließenden Flusses Oka gelegen.

## In Lumpen, schmutzig und traurig

Der strenge Winter dauerte über Wochen, kontinentales Klima herrschte in dieser Region und der Monat Februar 1942, einer der kältesten, den wir seit Jahren erlebt hatten, wollte kein Ende nehmen. In Orel erwartete uns ein Kommando, das unsere Einheit nicht für möglich gehalten hatte: Es bescherte uns warme Stuben und nur stundenweise Dienst in der Kälte. Wir hatten russische Kriegsgefangene zu bewachen, die in einem riesigen Gefängnis am Stadtrand untergebracht waren. Dieses Gefängnis war für eine Stadt wie Orel überdimensional, aber wir befanden uns eben im Land des KGB. Wie bereits erwähnt, bescherte der Winterfeldzug in Russland der deutschen Heeresleitung großes Kopfzerbrechen. Auch die Unterbringung von Kriegsgefangenen gehörte dazu, wie wir es in dem Gefängnis in Orel miterleben konnten. Unbeschreibliches Elend herrschte hinter diesen Mauern und unter diesen Menschen, die zu Hunderten in den engen Räumen dahinvegetierten: Stark geschwächt, in Lumpen gehüllt, schmutzig und traurig – ein menschenunwürdiger Anblick. Nur wenige Leute genügten, um diese Masse von Menschen im Zügel zu halten, denn wer von den gefangenen Russen wollte es unter solchen Umständen wagen, zu fliehen?

## Gnädige Ahnungslosigkeit

Was hinter den Gefängnismauern geschah, wussten wir nicht. Wir konnten jedoch erahnen, was geschah, wenn so viele Menschen sich selbst überlassen waren, schlechtem Essen und unhygienischen Zuständen ausgeliefert. Jeden Tag starben viele von ihnen. Seltsamerweise oder bewusst wurden wir als Wachen über manches, was da um uns herum vor sich ging, im Unklaren gelassen: Wenn wir zum Beispiel, wie jeden Tag, am Haupttor Wache standen, wurde dieses Tor von Pferdefuhrwerken passiert, die mit einer undefinierbaren, von Zeltplanen bedeckten Masse beladen waren. Nie kam einer auf den Gedanken, so eine Zeltplane einmal hochzuheben. Er hätte eine schreckliche Entdeckung machen können. Mir blieben bei den Feldzügen des 2. Weltkrieges, egal wo ich mich befand, sei es im Süden oder im Osten, schreckliche Anblicke erspart. Ich möchte es fast als schicksalhaft und unglaublich bezeichnen, dass dies in der langen Zeit der Zugehörigkeit zur deutschen Wehrmacht bei mir so war und möchte es fast als den Grund dafür bezeichnen, dass ich dies alles durchstehen konnte, die russische Gefangenschaft dazugerechnet. Ein Grund auch dafür, objektiv und mit wenig Bitterkeit in den Gedanken berichten zu können. Was die mit Zeltplanen abgedeckten Pferdefuhrwerke für eine Fracht geladen hatten, erfuhr ich persönlich erst lange Zeit nach dem Kommando. Es hatte sich um Leichen gehandelt, die zu einem Massengrab hinter dem Gefängnis gefahren wurden. Irgendwann, ich denke in den 1950er Jahren, stand in der Zeitung, die Russen hätten in Orel Massengräber entdeckt.

## Schnellgericht und Scheinverhöre

Dass es in diesem Gefängnis von der SS durchgeführte Verhöre und Erschießungen gab, konnte uns nicht verborgen bleiben; es handelte sich um Partisanen aus den umliegenden Wäldern und abgelegenen Orten, die in dieser menschenleeren Region gut operieren konnten. Wurden sie erwischt, wurden sie der SS vorgeführt und in einem Schnellgericht und Scheinverhör meistens zum Tode verurteilt. Dass gerade die SS sich damit befasste, ließ auch uns aufmerken, zumal die Erschießungen in dem Oreler Gefängnis nicht zu überhören waren.

Heute wird vornehmlich an das Schicksal der Juden erinnert, gleichzeitig wurden aber auch andere Völker und Rassen herabgestuft. Das ging so weit, dass man sie als Parasiten ansah, die ausgerottet werden sollten. So geschehen zu Beginn des Jahres 1942 in dem Lager zu Orel und an anderen Orten in den folgenden Jahren. Die SS war ein Staat im Staate, es scheint, dass sich die Deutschen für so etwas am ehesten hergeben: wenn gründlich, warum nicht noch gründlicher.

## Ostern 1942: Gottesdienst und Massenschlägerei

Nach diesen schrecklichen Erfahrungen wundert es fast, dass wir im Lager auch Humanität der Aufsichtsorgane miterleben konnten. So wurden an Ostern 1942 zum Beispiel alle Gefängnisinsassen, soweit sie sich noch auf den Beinen halten konnten, in eine Kirche zum russisch-orthodoxen Gottesdienst geführt. Auch für uns war dann der Krieg für einige Stunden vergessen. Dabei ließ es sich die vom Krieg schwer mitgenommene russische Bevölkerung nicht nehmen, auch noch ihr Letztes an Brot und Lebensmitteln den Gefangenen zu spenden, was bei der Verteilung der Brote zu einer Massenschlägerei unter den Gefangenen führte. Jeder wollte das meiste ergattern, was gar nicht zum vorangegangenen Gottesdienst passte. Wir hatten die Gefangenen zu beruhigen und alle wieder ins Lager zu bringen.

## Ein Volk zum Leiden geboren

Die Wesensart der Russen und darin eingeschlossen ihre Gesänge möchte ich als melancholisch bezeichnen. Es ist ein Volk zum Leiden geboren und fähig dazu, und so verwundert es nicht, wenn in dieser fast leblosen, dahinvegetierenden Masse von Menschen hinter den Gefängnismauern sich doch hin und wieder welche zum Tanz und Gesang zusammenfanden.

Dem Gefängnis gegenüber, in einem Wohnhaus, befanden sich die Unterkünfte der Wache, unser Quartier. Dort wurde gekocht, aus Kakao und Fusel Likör gebraut, organisiertes Fleisch aus der Gefängnisküche gebraten und 17 und 4 gespielt; man hatte Zeit für allerlei Beschäftigung und wurde auf diese Weise etwas abgelenkt. So überstanden wir den ersten russischen Winter verhältnismäßig gut. Dennoch erschien es mir unglaublich, dass ich mich noch ein halbes Jahr zuvor in der Gluthitze Afrikas befunden hatte.

# Kapitel 7

# 1942/43: Die Ruhe vor dem Sturm – russische Landschaft und Lebensart

*Der Autor Hans Heuer 1942*

Der Winter in Orel ging zu Ende. Der Schnee schmolz und die langsam im Umland dahinfließenden Flüsse des russischen Flachlandes bilden in dieser Jahreszeit große Wasserflächen. Plötzlich hatten wir einen See vor unserem Quartier. Neues stand uns bevor: Vervollständigung der Ausbildung und verschiedene Kommandos. Wir wurden von der Gefangenenbewachung abgelöst und in das Dorf Luschki bei Orel zurückbeordert. Bei diesem Einsatz sollten wir auch ostpreußische Zucht und Ordnung kennenlernen, wobei die Vermittlung dieser soldatischen Tugenden gerade in unserer Batterie gewissenhaft erfüllt wurde.

Ab Mitte Mai bekamen wir dann schon wieder ein neues Kommando. Es ging in das südlich von Orel gelegene Starawy Kolodes, wo wir eine Feldwache zu stellen hatten. Mitte Mai, in der

61

schönsten Jahreszeit, konnte man sich eigentlich nichts Besseres wünschen. Unsere Streifen führten uns entlang der Bahnlinie Orel-Kursk. Die strategisch wichtige Strecke sollte vor Angriffen durch Partisanen geschützt werden. Angriffe, die einer zweiten Front gleichkamen. Die Landschaft Weißrusslands, wo wir uns befanden, war für die Operationen der Partisanen geradezu ideal.

## Putzdienst statt Partisanenkrieg

Die Bahnstrecke wurde jede Nacht einige Male abgegangen, um Eingriffe in den Zugverkehr zu verhindern. Eine Streife anderer Art führte uns über Land in die Dörfer: Das waren Wege von 20 bis 25 Kilometern, um u. a. nach verdächtigen Verhaltensweisen der Dorfbewohner oder operierenden Partisanen Ausschau zu halten. Woher sollten die Partisanen denn kommen? Die Front ruhte und dahinter lag alles in schönster Ruhe, und weil sich unsere Einsätze in einem naturbelassenen Land ohne zivilisatorische Einflüsse abspielten, glichen die Wege erholsamen Spaziergängen. In Starawy Kolodes funktionierten wir die Schule zu unserem Quartier um und unsere Unteroffiziere machten es sich so richtig schön und bequem – natürlich mit unserer Hilfe. Da leistete sich auch mal ein Wachtmeister einen Putzer, wie man ihn nannte. Dieser eigentlich recht angenehme Dienst, den ich in meinen Aufzeichnungen genau beschreibe, dauerte anderthalb Monate und wurde höchstens dann mal kritisch, wenn uns gelegentlich russische Schlachtflieger überflogen und uns an die nahe Front erinnerten. Einer dieser Schlachtflieger musste in der Nähe unseres Dorfes notlanden. Dem russischen Piloten gelang die Flucht und wir konnten ein unbeschädigtes russisches Flugzeug besichtigen, was selten genug vorkam.

## Weite und Wehklagen

Einmal konnten wir an einer russischen Beerdigung teilnehmen, wobei der Tote im offenen Sarg zum Friedhof getragen wird und die hinter dem Sarg daher schreitenden Menschen in lautes Wehklagen ausbrechen. Wie man auf dem Friedhof sehen konnte, hatte der strenge Winter und die erst kurze Zeit zurückliegenden Kriegsereignisse viele Menschenleben gefordert. Die Toten konnten nur notdürftig bestattet werden und die mit provisorischen Erdklumpen bedeckten Särge lagen nach dem Tauwetter fast frei da, nur mit einer dünnen Erdschicht bedeckt.

Berührung mit Partisanen hatten wir in der ganzen Zeit nicht. Wenn auch Weißrussland nicht die Ausdehnung von weiter im Osten liegenden Gebieten hat, war die Gegend doch menschenleer, vor allem wegen des Krieges. Von dieser Weite, den sanften Hügeln, den wechselnden Wiesen, Feldern und Wäldern sind die Menschen dort geprägt und jeder Mitteleuropäer, der, wie ich, mehrere Jahre in dieser Region zubringen musste, wurde – zumindest wenn er noch jung war – auch davon geprägt. Ich komme später darauf zurück.

## Bau- und Waldarbeiten – in einer neuen Landschaft

Anfang Juli wurden wir zu unserer Batterie ins Dorf Luschki zurückbeordert, um dann wenige Tage später mit der ganzen Abteilung einen Stellungswechsel in die Gegend von Bobrowka, Jagodnaja und Bolchow vorzunehmen. Damit war es für den Rest des Russlandfeldzuges aus mit der Ruhe, die wir von Januar bis Mai 1942 noch „genießen" konnten.

Die Gegend war flach, durchzogen von sehr tiefen, in vielen Jahren vom Wasser ausgeschwemmten Einschnitten, die kleinen Tälern ähnelten. Die Talhänge ragten etwa zehn Meter hoch auf und eigneten sich mit ihren sandigen Böden gut für den Bau von Bunkern und Unterkünften, die gute Sicherheit vor Bomben und Granaten ermöglichten.

Unsere neue Aufgabe bestand darin, Mengen solcher Unterkünfte zu graben. In Ermangelung zivilisatorischer Selbstverständlichkeiten machten wir es uns in dieser Stellung recht bequem und baute alles, was wir nicht missen wollten, eben selbst in den Bunker ein. Vor allem Kochgelegenheiten. In dieser Zeit begann für uns auch das Holzschlagen und der Transport der Stämme, was sich über Jahre hinwegziehen sollte.

## Vorbereitungen für den Winter

Ende Juli 1942 wurde diese Ruhe unterbrochen. Anscheinend plante die Heeresleitung einen Vormarsch Richtung Osten. Man war bescheiden geworden, es wurde nur ein kleiner Vorstoß daraus, aber Hoffnung war da. Bevor es am 11. August losgehen sollte, mussten wir die Gegend um Popow und Charewka auskundschaften. In diesem Zusammenhang sind in meinen Aufzeichnungen die Orte Popow und Stariza genannt. Etwa einen Monat lang war die Gefechtstätigkeit sehr rege, viele Stellungswechsel wurden unternommen, dann kam alles zum Erliegen. Wenn man als kleiner Landser auch keinen Überblick über größere Zusammenhänge hatte, beschlich einen das nicht gerade ermutigende Gefühl, dass sich die deutsche Heeresleitung bei dem Unternehmen übernommen hatte. Allein um das in kurzer Zeit hinzugewonnene Gebiet von Deutschen besetzt zu halten, waren viele Menschen und viel Organisation nötig. Diese unwirtliche und dünn besiedelte Gegend des westlichen Russlands war für unsere Winterquartiere ausersehen und wir begannen in den ersten Septembertagen des Jahres 1942 mit dem Bunkerbau für den Winter.

*Pjätegorsk Sommer 1942 Walter Koch Skizzenbuch*

# Verwundetes Land

Die Front hatte sich also nicht bewegt. Es kam für uns Soldaten
eine Zeit schwerer körperlicher Arbeit; täglich mussten wir riesige Gruben ausheben, in die dann die Bunker *(Unterstände)* aus
Holzstämmen eingesetzt wurden. Die senkrechten Wände der
Bunker bestanden aus einer Lage Holzstämme, die Decke aus
drei Lagen Stämmen mit Tannenreisig und Erde dazwischen.
Zum Schluss wurde alles mit einer dicken Erdschicht abgedeckt.

An Baumaterial, vor allem Holzstämmen fehlte es in den riesigen Wäldern nicht. Nie mehr in meinem Leben habe ich mehr
Bäume gefällt und Stämme transportiert als in diesen Tagen. In
der Hauptsache waren es Fichtenstämme, aber auch Erlen und
Birken, die ebenfalls in den großen Waldungen vorkamen.

Kaum hatte man eine Stellung fertig, wurde ein neuer Stellungswechsel befohlen und die Arbeit begann von neuem, und
das in diesem Herbst einige Male hintereinander. Ganze Wälder
wurden abgeholzt und der Bequemlichkeit wegen wurden die
Bäume in ca. einem Meter Höhe über dem Boden abgesägt,
sodass riesige Flächen von überhohen Baumstümpfen übrig-
blieben. Auch das ein Zeichen welche Wunden dem Land zugefügt wurden.

## Aufklärungsarbeiten

Nachdem wir uns, bunkerbauend, von Stellung zu Stellung bewegt hatten, erreichten wir Mitte Oktober dann endlich den Ort, an dem wir längere Zeit verweilen sollten. Die Bunker waren ja nicht das Wichtigste, wichtig waren die Messstellen, die wir in einem größeren Gebiet einrichten mussten. Sie dienten der Aufklärung und der Auffindung feindlicher Artilleriestellungen. Da die Auswertung unserer Aufklärungsarbeiten komplexer mathematischer Berechnungen bedurfte, wurden Rechenmaschinen der Firma „Brunsviga" eingesetzt. Für die damalige Zeit waren das technische Wunderwerke, verglichen mit der heutigen Elektronik jedoch recht träge Apparate. Dies alles spielte sich in der Gegend von Sikejewo und Tupik ab, im Mittelabschnitt der langen Ostfront. In gewissem Sinn war die lange Zeit, in der die Front in den harten Wintermonaten festgefahren war, für uns ein Glück: So konnten Stellungen gut ausgebaut und eingerichtet werden, wie es bei unserer Messstelle, nennen wir sie mal „Messstelle Rot", der Fall war: In mühevoller Arbeit errichteten wir zwischen einer ganzen Anzahl von Bunkern einen an die 30 Meter hohen Holzturm. Oben auf dem Turm befand sich die eigentliche Messstelle, ein Scherenfernrohr.

## Kolonnen von Panjeschlitten, Kachelofen und Gemütlichkeit – der Winter 1942/43

Wir richteten uns auf Monate kälte-, granaten- und bombensicher ein. Allerdings fiel für lange Zeit keine einzige Granate oder Bombe auf unsere Stellung, obwohl sie der Aufspürung feindlicher Artillerie diente und daher mit ihrer Ausschaltung durch die Russen zu rechnen war. Vom Turm aus konnten wir die Gegend hinter der Front gut einsehen. Wir beobachteten ungezählte Bewegungen von Menschen und Tieren, ganze Kolonnen von Panjeschlitten mit Pferden waren unterwegs auf der russischen Seite. Allzu stark schien die Front jedoch nicht zu sein und so ließen sich beide Seiten zunächst in Ruhe. Erst im Lauf der folgenden Monate sollte die Front mit Menschen und Material verstärkt werden. Das Gefühl der großen Sicherheit

und die Vorteile eines ganz leichten Dienstes führten dazu, dass
die Stellung nach allen Regeln der Kunst bequem, häuslich und
gemütlich eingerichtet wurde: So konnte der Ofensetzer, den
wir zufällig bei unserem Trupp hatten, uns einen wunderschönen Kachelofen mit Kochherd aus Ziegelsteinen aus zerstörten
Häusern in den Bunker zaubern. Es sah aus wie in einem Rus-
senhaus, wir hatten uns akklimatisiert.

## Wintereinöde

Der uns umgebende Wald lieferte Holz in Mengen, zum Beispiel die großen Tannenstämme für unseren Beobachtungsturm,
der sich, von Laien gebaut, sehen lassen konnte: Oben befand
sich ein kleines Häuschen, sodass wir nicht ungeschützt am
Scherenfernrohr sitzen mussten. Die Gegend lag nördlich von
Orel und vom Turm aus konnten wir bis in die Gegend von
Kaluga blicken. Um diese Jahreszeit war das Land absolut ein-
tönig, alles weiß in weiß und darin die dunklen Punkte der sich
bewegenden Menschen und Gespanne.

Es gab einige Artillerietätigkeit bei den Russen. Wir hörten es
tagsüber und nachts sahen wir die Mündungsblitzen der Geschütze. Anhand der Mündungsblitze, die wir von mehreren
Scherenfernrohren aus beobachteten, konnten wir die feindliche Artillerie lokalisieren. Anscheinend war unsere Messstelle
so gut getarnt, dass sie nie Angriffe der feindlichen Artillerie
auf sich zog.

Mittlerweile war fast ein Jahr an diesem Abschnitt der Ostfront
für uns vergangen. Ein Jahr ständigen Hin- und Hergeschoben-
werdens mit viel körperlicher Arbeit. Meine Kräfte gingen fast
zu Ende und es grenzte schier an ein Wunder, dass mir kurz vor
Weihnachten Urlaub genehmigt wurde.

# 1943:
# Der Sturm zieht auf

Es kam das Jahr 1943, ein weiteres Jahr in Russland. Die Lage bei Stalingrad wurde immer bedrohlicher und kritischer, was auch uns, trotz Einsamkeit und Abgeschiedenheit, nicht verborgen blieb, wenn wir über unsere Funkgeräte deutsche Sender hörten.

Ich erinnere mich genau des Tages, an dem wir in unserem gemütlichen und gut geheizten Bunker am Funkgerät saßen und die Rede Görings zum 30. Januar hörten, die von einer Siegesgewissheit getragen war, die wir Soldaten schon nötig hatten, um weiter durchhalten zu können. Mitreißend konnte dieser Göring sprechen, ob er ehrlich war, war eine andere Frage. Bei uns war der Glaube an den Sieg noch groß. Bei dieser Göringrede soll es den Ausspruch gegeben haben: „Hunde, wollt ihr ewig leben?", selbst gehört habe ich ihn allerdings nicht. Bei uns diese Ruhe, dort eine unglaubliche Tragödie.

Noch für Wochen taten wir Dienst auf unserer Messstelle mit dem Turm. Frieren brauchten wir in diesem Winter nicht, wir hatten feste Bunker und diese herrliche, den Russen nachempfundene, Art Kachelöfen, so konnte man es in den mollig warmen Unterständen aushalten. Nicht nur dies, auch das Brennmaterial war einmalig, wir holten es aus einem neben der Messstelle gelegenen Wald, der aus dicken und seit Jahrzehnten abgestorbenen Tannen bestand, die, zerkleinert, wie Steinkohle brannten. Der abgestorbene Wald bildete eine riesige Fläche und hätte für Jahre Holz geliefert; rückblickend gab es also schon im Jahr 1943 ein Waldsterben, von dem man nicht sagen kann, dass es durch verpestete Luft hervorgerufen wurde. Dieser Wald lag unendlich weit von jeder Zivilisation und Industrie entfernt.

## Frühlingserwachen: Schneeschmelze und Buschwindröschen

Nach Wochen in der weißen Einöde kam mit Beginn des Frühlings mehr Leben in die Natur und natürlich auch in uns selbst.

Nach der Schneeschmelze bekamen wir es mit dem Wasser zu
tun, das wegen fehlendem Gefälle in dem flachen Land nicht
ablaufen konnte. Nur tiefe Löcher, in die wir das Wasser hin-
einleiteten und die wir ständig entleeren mussten, bewahrten
unsere Bunker vor Überschwemmung. Große Flächen blühen-
der Buschwindröschen erinnerten ebenfalls an den Frühling,
der auch dort um diese Jahreszeit Einzug hielt, als es nach einer
einmaligen und besonderen russischen Winterzeit mittlerweile
April geworden war.

Fast schon hatte man diese Stelle inmitten der russischen Urwälder liebgewonnen, als einige von uns, zu denen ich auch
gehörte, zur Batterie zurückbeordert wurden, wo neue Arbeitskommandos auf uns warteten. Wenn sich auch die Frontlinie
kaum veränderte, hinter der Front wurde alles neu geordnet und
ausgebaut; die Grabarbeiten und das Errichten von Bunkern
nahmen kein Ende, jetzt ging es erst wieder richtig los.

## Ein abenteuerliches Kommando –
## Mai 1943

Die neue Gegend, in der wir uns jetzt befanden, war durch
den Ort Chatkowo und den Fluss Reseta gekennzeichnet, wo
wir neben dem Bunkerbau auch noch Leitungen zu verlegen
hatten. Unsere Einheit war schon von besonderer Eigenart: Da
gab es hoch über uns stehend Unteroffiziere und eine große
Menge sogenanntes „Fußvolk". Letzteres war dazu ausersehen,
die Riesenleistung von niedriger Arbeit wie dem Bunkerbau
zu vollbringen und wurde zudem in russischer Manier stets
hin- und hergeschoben. Es sollte nicht lange dauern, bis wir
einem neuen, recht abenteuerlichen Kommando zugeteilt wurden: dem Ballonzug innerhalb unserer Einheit. Das war in der
zweiten Maihälfte 43, in der Gegend von Uljanowo. Als Standort für unsere Operation wurde ein leicht hügeliges Gelände
ausgesucht, das von den bereits erwähnten Geländeeinschnitte
geprägt war, wovon einer sich als Liegeplatz für unseren Ballon besonders gut eignete. Die Stellung wurde – wie gewohnt
– sehr sicher und ausgedehnt mit Bunkern und Deckungsgräben
angelegt. Wir hatten 14 Tage Zeit dazu.

# Tragischer Unfall

Unsere Stellung blieb erst einmal unentdeckt. Ein Wunder mit dem großen Ballon, der, inzwischen gefüllt, zunächst am Boden entlanggezogen wurde, bis er am 1. Juni in die Höhe ging. Dank meiner Aufzeichnungen sind solche Ereignisse auf den Tag genau festgehalten. In der Gondel befand sich unser Zugführer, Leutnant Fetzer, allein als Beobachter. Damit war der Höhepunkt aller unserer Bemühungen auch schon gekommen. Jetzt würden bald auch wir weit hinter die russische Frontlinie blicken und die feindlichen Stellungen besser ausmachen können. Die Russen hatten übrigens auch Ballone.

Doch am Ende unserer Bemühungen gab es nur einen kurzen Aufstieg: Der Ballon hatte noch nicht einmal seine volle Höhe erreicht, als zwei russische Jäger heranbrausten und ihn und die Umgebung mit rasendem Maschinengewehrfeuer eindeckten. Der Ballon fing Feuer, sank rasch und Leutnant Fetzer konnte sich nur durch schnelles Abspringen retten, wozu ihm das an der Gondel befestigte Seil Hilfe leistete. Er konnte sofort in einem Deckungsgraben Schutz suchen und ihm und auch uns, der Bedienungsmannschaft, geschah nicht das Geringste. Trotzdem fand die Operation ein trauriges und tragisches Ende, weil zwei Soldaten einer Infanterieeinheit, die das Schauspiel miterleben wollten, durch herabfallende und brennende Teile der Ballonhülle schwere Verbrennungen erlitten. In ihrem Deckungsloch wurden sie von der brennenden Hülle zugedeckt, konnten es aber wegen des Maschinengewehrfeuers der Russen nicht verlassen. Sie erlitten schwerste Verbrennungen. Im Bachbett eines an der Aufstiegsstelle vorbeifließenden Baches, wo die Verbrannten Kühlung gesucht hatten, fand ich, so wenigstens schien es, einen schwarzen Handschuh. Es war die verbrannte Haut eines der Verletzten, der im Wasser Kühlung gesucht und dabei, ungewollt, die Haut über seiner Hand abgestreift hatte. Wenige Tage später verstarben die beiden in einem Lazarett – und es hätte bei weitem mehr Opfer geben können, wenn man die Masse von mit Wasserstoffgas gefüllten Stahlflaschen zur Ballonbefüllung in Betracht zieht, die hätten explodieren können.

## Zweifel machen sich breit

In Erwartung eines Ersatzballons, der aber nie kam *(zum Glück bei dem dilettantischen Vorgehen im Ballonzug)*, blieben wir noch mehrere Tage in dieser Stellung und verbrachten die Tage wieder mit den üblichen Tätigkeiten, mit denen man Soldaten beschäftigt, damit sie nicht auf dumme Gedanken kommen, und um sie immer auf Trab zu halten. Angesichts der russischen Fesselballone, die ungestört blieben, kamen uns jetzt doch Zweifel an der Stärke der Truppe. Das Land um uns, speziell der Boden, waren für den von uns nun schon seit Monaten praktizierten Stellungsbau wie geschaffen und so wurde weiter Stellung um Stellung gebaut, auch wenn viele davon nie bezogen wurden. Welche Kräfteverschwendung. Die Namen der mit diesen Aufgaben betrauten Batterien, Abteilungen, Einheiten etc. sollen in meinem Bericht keine Rolle spielen, ich erzähle nur von unserem Alltag an der Front bei dem es nur selten heldenhafte Einsätze gab.

## Sommer 1943 – Rückzug

Seit ihrem Stillstand in jenem schicksalhaften Winter 1941/42 hatte sich die Ostfront im Großen und Ganzen nicht mehr verändert. Wir hatten uns recht gut im Schutz der so lange an einer Stelle verharrenden Front, eingerichtet gehabt; in diesem Punkt ließ sich unsere Einheit von keiner anderen übertreffen.

Der Beginn des großen Rückzugs – groß deshalb, weil die gesamte Ostfront betroffen war – ist anhand meiner Aufzeichnungen sehr genau zu datieren. Dabei komme ich auf den 12. Juli 1943. In diesen Tagen hielten wir uns in der Gegend um Suseja, Sudimir, Tupik und Lowat auf und warteten auf einen Einsatz. Am 12. Juli begannen wir dann, uns zunächst langsam, dann immer schneller werdend zurückzuziehen. Nun fing bei uns ein richtiges Zigeunerleben an – mit vielen Stellungswechseln, Kommandos und Arbeit. Mitte August lagen wir schon nördlich von Brijansk, einen Monat später in der Gegend von Kretsowka, Bytosch und Kamenka.

*Sommer 1944 Russen auf der Flucht Walter Koch,*
*Russisches Skizzenbuch*

Unser bis dahin noch ruhiges Leben hatte sich in das Gegenteil verkehrt, auch wenn der Rückzug noch geregelt und nicht unter Feinddruck erfolgte. Das Tagebuch berichtet wieder genau über diese Tage der Ungewissheit und Unruhe. Wenn nicht die bedrückenden Bilder der niedergebrannten Dörfer gewesen wäre – zum ersten Mal erlebten wir Soldaten die Taktik der verbrannten Erde – wäre es eigentlich noch recht friedlich zugegangen. Schnell wich die Front nach Westen und ließ dabei brennende Dörfer zurück.

## „Nähmaschinen" zur Aufklärung

Während des Frontsillstands hatten sich auf beiden Seiten bestimmte Taktiken zur Aufklärung hinter den Fronten herausgebildet. Dabei hatten die Russen ein recht seltsames System entwickelt: Sie schickten nachts kleine und leichte Doppeldecker hinter die feindlichen Linien. Es verging keine Nacht, in der nicht von den russischen Aufklärungsflugzeugen kleine „Bömbchen" abgeworfen wurden, während sie unsere Stellungen kreuz und quer überflogen. Wir nannten sie Nähmaschinen, weil ihre Motoren ganz leise tickerten. Eine weitere Taktik bestand darin, dass die Piloten gelegentlich die Motoren abstellten, um lautlos kilometerweit die Stellungen überfliegen zu können. In so einem Fall hörte man ganz deutlich die Drahtseile der Verspannung summen. Viel, viel Schlaf wurde uns dadurch geraubt, man war doch recht verunsichert. Es hatte den Anschein, als würde der Pilot die kleinen Bomben aus einer Kiste nehmen und in unregelmäßigen Abständen per Hand abwerfen.

In den Tagen der Gefangennahme durch die Russen, als wir zum ersten Mal hinter die russische Linie kamen, überflog uns ein Geschwader dieser seltsamen Doppeldecker. Nun konnten wir eine riesengroße Menge dieser Flugzeuge endlich einmal bei Tag sehen. Denn für gewöhnlich flogen sie ihre Einsätze nur bei Nacht, eine meisterliche Tarnung, denn abgeschossen wurde selten einer.

## Herbst 1943: Heimaturlaub

Die Überwindung großer Entfernungen – eines der Hauptprobleme des Ostfeldzugs – stellte sich auch beim Heimaturlaub, wenn Züge voller „Urlauber" Richtung Westen fuhren. Die wenigen nach Westen führenden Hauptlinien waren recht gut gesichert: In verhältnismäßig kurzen Abständen befanden sich längs der Gleise regelrechte kleine Festungen. Dennoch wurde der Transport von Menschen und Material immer wieder durch Partisanen unterbrochen. Es gab keine Fahrt in den Urlaub ohne diese Störungen, wovon das Sprengen der Gleise noch das geringste Übel war.

Als ich Mitte September 1943 zum ersten Mal seit fast einem Jahr wieder zu meiner Familie durfte, führte mich meine Fahrt zunächst einmal über Roslawl und Smolensk in die Gegend von Borrisow *(oder Borissow)*. Hier fand nun tatsächlich eine Berührung mit Partisanen statt, wie wir sie bei dem Kommando Bahnsicherung zwischen Orel und Kursk erwartet, aber nicht erlebt hatten. War es damals schieres Glück gewesen? Diesmal wagten die Partisanen, die sich bestimmt zu Hunderten in den umliegenden Wäldern und Dörfern versteckt hielten, einen Angriff auf unseren Urlauberzug. Man sah sie sich den Gleisen nähern, die sie zuvor – oftmals kilometerweit - Schienenstück für Schienenstück, meist in der Mitte von zwei Stößen, durch eine kleine Sprengung, unpassierbar gemacht hatten. Es gab stundenlange Aufenthalte.

## In Gedanken schon bei den Lieben zu Hause

Kritisch wurde es dann, wenn Partisanen bis zu den Wagons vordrangen, diese aus nächster Nähe beschossen und sie stürmen wollten. Natürlich wurden sie abgewehrt und – wenn sie zum Beispiel den Fahrstand erreicht hatten – vom darauf vorbereiteten Begleitpersonal des Zuges erschossen. Bis dann nach einigem Kampf der Zug anhielt, lag ein halbes Dutzend von ihnen tot auf dem Bahnsteig. Bei einer dieser Fahrten in die Heimat geschah es, dass bei einem Partisanenüberfall auf unseren Urlauberzug mein Sitznachbar einen Steckschuss verpasst bekam, der nur zentimeterweit von meinem Rücken entfernt, durch die Holzbank, an mir vorbeiging. Jeder Urlauberzug hatte einen Sanitätswagen bei sich, um derart Verwundete aufzunehmen und gleich behandeln zu können. Schnell vergaß man diese Störungen, in Gedanken war man ja schon bei den Lieben zu Hause.

## Erschöpfende Wege

Das harte Soldatenleben an der Front und die besonderen Umstände führten jedes Mal zu einer Art Erschöpfungszustand, bevor man seinen Urlaub antreten konnte, vor dem immer eine tausende von Kilometern lange Fahrt durch Russland, Polen und Deutschland lag. Das gleiche galt auch in umgekehrter Richtung, was zur Folge hatte, dass man fast genauso erschöpft wieder zu seinem Einsatzpunkt an der Front zurückkehrte.

Damals, glaube ich, musste man sich so allmählich mit der russischen Mentalität anfreunden, die darin besteht, alle Dinge mit stoischer Ruhe über sich ergehen zu lassen. Noch waren wir mit der europäischen, forschen und preußischen Mentalität behaftet, die nach meiner Meinung dort im Osten wenig nützte. Im russischen Gefangenenlager, später, war die Mentalität des Landes, soweit man sie sich aneignen konnte, sogar wichtig zum Überleben.

## Oktober 1943 – Zurück zum Rückzug

Die Fahrten zur Front, auf ganz verschiedenen Strecken, gingen ganz gemächlich vor sich, Bombardierungen seitens der Russen waren nicht zu befürchten. Ihre Luftflotte war damals nicht annähernd so gut ausgerüstet wie die der Engländer. Im Oktober 1943 durchfuhr ich bei der Rückfahrt vom Urlaub die Städte Breslau, Warschau. Brest-Litowsk, Minsk und Bobruisk bis nach Gomel und in dieser Reihenfolge rückte auch die westliche Zivilisation immer ferner. Laut Tagebuch waren wir dann in der Gegend um den Ort Pychan eingeteilt, wo wir erneut zu Kommandos verschiedenster Art eingestellt wurden – dabei war der Rückzug bereits auf breiter Front vom Nordmeer bis zum Schwarzen Meer voll im Gange.

So ganz hatten sich die Russen bis zu diesem Zeitpunkt noch nicht auf ihren Vormarsch vorbereitet, der – das sei vorweggenommen – im Januar 1945 in einer Großoffensive gipfelte. Im Grunde genommen wäre es für sie ein Leichtes gewesen die geschwächte deutsche Front bereits in diesen Tagen weiter zurückzudrängen, doch sie genehmigten uns nochmal eine Ruhepause, die einen Großteil des Winters über dauern sollte.

## Unaufhörlich westwärts

Allerdings kam die Front bereits seit Herbst 1943 nie zum Stillstand und bewegte sich zum Leidwesen der deutschen Heeresleitung nur nach Westen. Mitte November fand ein neuer Stellungswechsel in die Gegend von Ossobin statt. Ende November gab es nochmal einen, diesmal sogar einen größeren Rückzug in Richtung Rogarschew. Man musste allmählich wieder daran denken, sich für den Winter vorzubereiten, was Stellungs- und

Bunkerbau sowie das Einrichten der Unterkünfte erforderte und für uns wieder Tage mit schwerer Arbeit bedeutete, wie wir sie vom vergangenen Winter her kannten. Die ständigen Stellungswechsel machten dies nicht einfacher. So bauten wir zum Beispiel eine Stellung bestens aus und richteten sie ein – und bevor wir sie richtig bezogen hatten, wurde eine neue gebaut und diese auch gleich wieder verlassen. Erst spät im Jahr trat wieder ein Stillstand ein, der es uns ermöglichte, ein ruhiges Weihnachten in einer Stellung zu verbringen. Dieses längerfristige Quartier lag in einem Wald in der Nähe von Slobin, dem letzten Ort, der in meinen Aufzeichnungen genannt ist. Sie enden am 31.12.1943.

Jahre nach dem Krieg fand ich diesen Ort – wie viele andere auch – auf einer neueren Russlandkarte wieder. Damals war uns Russland immer noch vollkommen verschlossen und so schien es mir fast wie eine kleine Sensation, dass ich eine Russlandkarte kaufen konnte, auf der diese kleinen Orte verzeichnet sind, auch wenn ich leider noch nicht an eine der damals verwendeten Generalstabskarten gelangen konnte. Dennoch: Anhand dieser Karte und der Tagebuchaufzeichnungen lässt sich das Geschehen dieser Tage recht genau rekonstruieren. Nur heute dort hinzukommen, wird sich kaum verwirklichen lassen.

## Wieder ein Winter im Feindesland

Die Weihnachtszeit 1943 entwickelte sich, wider Erwarten, zu ruhigen Tagen, die man sich nun nicht so vorstellen darf, als hätten wir Tag und Nacht auf der faulen Haut liegen können; jeder Soldat weiß, dass Stellungen in Feindesland Tag und Nacht abgesichert werden müssen, in den Weiten Russlands umso mehr. Nur im Urlaub konnte man sich so richtig ausschlafen.

Hier im Frontgebiet gab es kaum eine Nacht, in der nicht durch eine Wache der Schlaf unterbrochen wurde. Oft reichten die 2-3 Stunden, die man Wache stand, nicht aus, um stehend richtig wach zu werden; so wankte man nicht selten die Wege schlaftrunken dahin, um die Stellung abzusichern. Der einzige Luxus war dann die Rückkehr in den, eventuell geheizten, Bunker, denn es kam auch vor, dass zum Bau von Bunkern keine Zeit mehr war, so mussten Zelte genügen, die – im russischen Winter nicht selten – am Morgen eingeschneit waren.

Kapitel 8 · 1943: Der Sturm zieht auf

# Kapitel 9

# 1944:
# Das Gewitter naht

Die nun folgenden, aus der Erinnerung niedergeschriebenen, Geschehnisse, Erlebnisse, Orte und Daten, die sich auf keine Notizen mehr stützen, können dennoch nicht weniger Anspruch auf Genauigkeit erheben, als das schwarz auf weiß Zusammengetragene der Jahre zuvor.

Die Ostfront war auch 1944 wieder die Zone der Leiden und Strapazen für uns Soldaten. An der sich nach Westen zurückziehenden Front hatte man weiter in der geschilderten Art und Weise seinen Dienst zu verrichten. Den Beobachtungsabteilungen anzugehören kam einem Privileg, einer gewissen Sicherheit und Ruhe gleich, wie sie sonst vielleicht keine andere Einheit erfuhr. Die Atmosphäre in dieser Truppe kam meiner Art, alles gut zu überlegen, entgegen. Wie sonst hätte ich mir neben meinem Dienst als Funker, Beobachter, Bauarbeiter etc. die Zeit nehmen können, eine Art Tagebuch zu führen *(und Hunderte von Briefen zu verfassen)*. All das tat ich ganz privat für mich, also nicht von oben verordnet, wie es der Fall war, wenn Einheiten – meist von einem Offizier oder Unteroffizier – Kriegstagebücher schreiben ließen.

## Russen und Preußen

Im Frühjahr 1944 wurde ich wieder nach Königsberg zum Ersatztruppenteil versetzt. Die Stadt war bereits seit 1941 mehrmals bombardiert worden und die dort stationierten Soldaten wurden zu Aufräumungsarbeiten eingesetzt. Königsberg, eine urpreußische Stadt, ist heute russisch. Wer hätte sich das träumen lassen, als wir in den Jahren 1942 und 1944 in Königsberg-Ponarth in der Seeckt-Kaserne, preußische Zucht und Ordnung vermittelt bekamen *(ohne dass dabei auf Geschichte, Kunst, Bauwerke und Tradition eingegangen worden wäre)*. Für mich als Bayern war das – und das ist jetzt eine ganz persönliche Anmerkung – schon recht abstoßend und forderte immer wieder meinen Widerstand heraus. Da erschien uns die Front oft noch besser und gemütlicher. In diesem Zusammenhang möchte ich einmal den Zeitgeist betrachten, im Besonderen den Unterschied zwischen einem Russen und einem Preußen. Volksstämme, die dazumal etwa mit Feuer und Wasser zu vergleichen waren und mit denen ich es im Besonderen zu tun hatte. Gegensätze also, wie sie krasser nicht sein könnten.

Ich glaube, dass sich Russen nicht so sehr vor den Deutschen im Allgemeinen, als vielmehr vor den Preußen gefürchtet haben. Wer die damalige Zeit noch einigermaßen bewusst miterlebt hat, dem wird aufgefallen sein, dass die Russen die Auflösung und Vernichtung Preußens mit Macht und Konsequenz betrieben haben. So wird es sie mit Befriedigung erfüllt haben, als sie Königsberg und den größten Teil des schönen Ostpreußens als Errungenschaften des „großen vaterländischen Krieges" in ihr Reich einverleiben konnten.

## Von Helden und Antihelden

Nach weiterem Frontdienst befand ich mich im Sommer 1944 auf einer Erkundungsfahrt mit dem PKW, den ein Oberleutnant unserer Einheit steuerte. Als der Wagen von einem russischen Jäger beschossen wurde, erlitt ich am Fuß einen Streifschuss. Die unspektakuläre Verwundung hatte große Wirkung: Als ich mit meiner Verwundung in ein Feldlazarett direkt hinter der Front eingeliefert wurde, schlug mir das Sanitätspersonal ein Verbleiben dort in der Nähe der Front vor, weil sie meine Verwundung als nicht sehr schlimm ansahen. Natürlich wusste ich, was das bedeutete: baldige Rückkehr zu meiner Einheit. Einem Verbleiben stimmte ich nicht zu – was ich heute, wie auch in anderen Fällen, als Glück ansehe, zumal sie mir die Entscheidung selbst überließen. Ich wollte halt kein „Held" sein und begab mich – gewissermaßen als „Antiheld" – auf die Fahrt westwärts, mehr oder weniger mir selbst überlassen, um ein Lazarett weit hinter der Front zu erreichen, wo ich weiter behandelt werden konnte. Die langdauernden Bahnfahrten mit ebenso langen Aufenthalten, bei denen sich Hunderte von Verwundeten und Kranken ansammelten, trugen schon etwas chaotische Züge, weil es an Organisation fehlte. Schließlich erreichte ich ein Lazarett in Warschau und anschließend sogar ein Heimatlazarett in Ohrdruf in Thüringen.

# Vergebliche Hoffnung

Zur Zeit meiner Verwundung im Juni 1944 – ich war übrigens der erste aus meiner Einheit, der verwundet wurde – gab es reichlich Truppenbewegungen, die man von dem früheren Stellungskrieg her nicht kannte. Es war schon ein großes Glück, dass wir in unserer Einheit bis dahin überhaupt keine Verluste hatten, was nicht heißen soll, dass es anderswo, zum Beispiel bei der Infanterie, auch keine gab. Hin und wieder fanden in unserer Nähe recht verlustreiche Kampfhandlungen statt. Mitte des Jahres 1944 gab es tatsächlich mal wieder eine Versetzung zu einer anderen Einheit, die nicht im Osten, an der Front lag, sondern vielmehr weiter im Westen, in Pommern. Sollte es Hoffnung geben, das ungeliebte Ostpreußen und die noch ungeliebtere, ständig Opfer fordernde Ostfront verlassen zu dürfen? Soldaten schöpfen immer Hoffnung und aus der Etappe in Frankreich war eigentlich nur Gutes zu hören, ja sogar Amüsantes – wen wundert es in Frankreich. Sollten wir vielleicht dorthin verlegt werden?

Dieser Traum war bald ausgeträumt; der Aufenthalt in Pommern diente lediglich der Zusammenstellung einer neuen Beobachtungsabteilung, die kurz darauf wieder an die Ostfront verlegt wurde. Die Kriegsgeschehnisse hatten sich jetzt nach Polen verlagert, die Ostfront, zwar immer noch ziemlich gerade von Nord nach Süd verlaufend, war jetzt auf der Höhe von Warschau angelangt und dort, in den Außenbezirken der Stadt wurden wir stationiert. Wir verbrachten etwa ein halbes Jahr in dieser Halbetappe. Immer noch herrschte verhältnismäßige Ruhe an den Fronten; man war am Umherziehen, gelegentlich unterbrochen von Fronteinsätzen, die das Bedienen eines Beobachtungspostens bedeuteten. Manchmal schien es, als hätte das dortige Etappenleben französische Züge, was wir doch auch einmal erleben wollten, jetzt hatten wir es tatsächlich, aber in Polen.

# Ein letztes Aufatmen

Ein Ort im Norden von Warschau, das Kloster Bielany, wird mir unvergessen bleiben. Unser Aufenthalt im Kloster Bielany, der das Soldatenleben einmal von einer ganz anderen Seite beleuchtet, soll hier etwas genauer beschrieben werden mit der Überschrift: „Leben wie Gott in Polen". Eine gewisse Gleichgültigkeit hatte sich unserer schon bemächtigt, nur so konnte man diese unsoldatische Lebensweise, entsprechend dem obigen Ausspruch, nun in die Tat umsetzen. Vielleicht ahnte man auch das Ende des Einsatzes, der für mich ein halbes Jahr später erfolgen sollte. Allerdings anders als erwartet: Es ging in die russische Kriegsgefangenschaft. Das Kloster mit seinen ausgedehnten Anlagen lag am Ufer der Weichsel, deren Ufer an dieser Stelle einen Steilhang bildete. Etwas zurückversetzt und erhöht über dem Fluss standen, auf dem westlichen Weichselufer, die Gebäude einer schönen Klosteranlage. Das Gelände lag im Bereich russischen Granatwerferfeuers, das seinen Ausgang vom anderen Weichselufer nahm, wo massiert die Russen lagen. Der Fluss bildete die Front, die wegen der im Fluss gelegenen Inseln etwas unübersichtlich war und deshalb von beiden Seiten ausgespäht wurde. Nur gelegentlich schossen die Russen Granaten zu uns herüber, die auf dem Klostergelände detonierten und die weniger uns als die vielen auf dem Gelände befindlichen Zivilisten beunruhigten. Besonders tapfer hielten die Klosterinsassen – Priester und Nonnen, ein unbeugsames kleines Häuflein – die Stellung.

## „Sanfter" Beschuss

Natürlich hätten die Russen uns weit mehr mit ihren Granaten eindecken und eventuell vertreiben können, zumal wir selbst ja zu keiner Gegenwehr fähig waren. Unsere Einsatzstelle befand sich im Turm der Klosterkirche, wo oben im Dachstuhl der Turmhaube das Scherenfernrohr aufgestellt war. Tagsüber gab es von dort aus, wo man die russischen Stellungen auf dem östlichen Weichselufer, im Ort Zeran, nördlich von Warschau einsehen konnte, wenig zu beobachten. Gelegentlich sah man einen Russen durch Ruinen von Fabrikanlagen huschen. Nachts erst kam unsere Zeit für den Einsatz, wenn wir das Feuer der Geschütze und Werfer zu beobachten hatten, deren blitzende Standpunkte im Lichtmessverfahren mit Hilfe unserer Gradangaben vom Scherenfernrohr geortet wurden. Die Russen setzten ihre gefürchteten Stalinorgeln ein, deren Geschosse seltsamerweise über uns hinweg und nie auf das

Klostergelände niedergingen; es schien als wollten die Russen das Kloster bei ihren Angriffen ausnehmen. Anscheinend respektierte die atheistisch erzogene Rote Armee die altehrwürdigen Klostermauern. Ab und zu flog schon mal eine Granate in den Turm oder nahe daran vorbei, allerdings ohne am Gebäude, den Insassen des Klosters oder bei unserer aus eine Handvoll Soldaten bestehenden Bedienungsmannschaft größeren Schaden anzurichten.

## Praktizierte Nächstenliebe und Grabschändung

Natürlich vermuteten die Russen oben im Kirchturm einen Beobachtungsposten, er war das eigentliche Ziel ihrer Geschosse, die auch dann zu uns herübergeflogen kamen, wenn irgendwo eine Rauchfahne zu sehen war. Rauch, der entweder von uns stammte, wenn wir am Kochen oder Braten waren, oder von den wenigen zurückgebliebenen Patres und Nonnen, die mutig die Stellung hielten. Die wenigen, die von ihnen zurückgeblieben waren, hielten sich, zusammen mit ihrem Vieh, das sie auch noch zu versorgen hatten, im Kloster versteckt und verrichteten wahre Liebesdienste an den polnischen Flüchtlingen, die im Kloster Zuflucht gesucht hatten. Unter der Klosterkirche befand sich ein riesiges Gewölbe, fast mit einer zweiten Kirche im Keller zu vergleichen, die sich plötzlich bis zum Bersten mit Menschen füllte, die das Kampfgebiet verlassen mussten. Noch tiefer gab es weitere Gänge und Räume, eine Art Columbarium, vor allem bestimmt zur Bestattung der Mönche und Klosterinsassen, für die eine Menge Grabnischen vorhanden waren. Einige der Nischen waren von deutschen Soldaten in ihrer Zerstörungswut geöffnet worden, die Gebeine der Toten lagen frei da; vielleicht suchten die Grabschänder wertvolle Grabbeigaben. Wie ich es in späteren Jahren am eigenen Leib erfuhr, haben auch hier Helfer mit unglaublich primitiven Hilfsmitteln und Medikamenten Leben gerettet und vielen Kranken geholfen.

## Primitive Krankenversorgung

Unter der zahlreichen polnischen Flüchtlingen gab es auch einen Arzt, der sich zusammen mit den restlichen Klosterbewohnern und ein paar Helfern um die Verwundeten, Kranken und Gebrechlichen aus der Masse der im Gewölbe Schutz suchenden Menschen kümmerte. In der kleinen Krankenstation, die wir Soldaten von oben beobachten konnten, wurde ohne Narkose operiert, mit der Folge, dass die Schmerzensschreie der Patienten den Lärm der Massen weit übertönten. Wie ich es in späteren Jahren am eigenen Leib erfuhr, haben auch hier Helfer mit unglaublich primitiven Hilfsmitteln und Medikamenten Leben gerettet und vielen Kranken geholfen.

Einer der Patres nannte uns schließlich den wahren Grund für ihr verbissenes Festhalten an ihrem Kloster: Jenseits der Tatsache, dass es dort natürlich eine Menge wertvoller Dinge gab und es einen Ort liebgewonnener geistlicher Besinnung und Heimat darstellte, dachten sie, dass die Russen in wenigen Tagen die Weichsel überschreiten und das Gebiet besetzen würden und sie dann ihre Arbeit im Kloster fortsetzen könnten – was für sie zum Glück, für uns jedoch zum wahren Unglück geworden wäre.

## Schatzkisten

Unser Verweilen in den Klosteranlagen artete zu einem Aufenthalt in einer Art „Schlaraffenland" aus, in diesem Sinne ist es mir bis heute unvergessen geblieben. Unter Soldaten gibt es immer findige und gerissene Köpfe; so einen hatten wir bei uns, der die freie Zeit tagsüber, wenn wir nicht am Scherenfernrohr sitzen mussten, damit verbrachte, dass er das Kloster und die Gärten genau inspizierte. Um nicht der Organisationswut einiger Einheiten, unter der jedes besetzte Land zu leiden hat, zum Opfer zu fallen, haben viele Menschen wertvolle Dinge, auch Lebensmittel und Kleidung in Kisten vergraben – und er dachte, dass auch die Leute des Klosters so gehandelt hätten.
Damit lag unser Kamerad vollkommen richtig. Seine Inspektionen bei denen er mit einem dünnen Eisenstab die Rasenflächen durchstocherte, brachten mehrere Kisten zum Vorschein, mit allen möglichen Dingen, von denen uns besonders die Lebensmittel interessierten. Auch einiges Vieh hatten die Patres so gut versteckt, dass es unser tüchtiger Organisator erst nach langem

Suchen entdeckte. Schweine waren auch dabei und darauf hatten wir es abgesehen.

## Kriegsbeute

Eben jener findige und fündige Mann aus unseren Reihen, im Zivilberuf Metzger, klaute und schlachtete ohne Hemmungen. Es war Krieg und welchem Soldaten wäre eine Abwechslung bei der eintönigen Verpflegung nicht willkommen gewesen? Ein Raum in einem Nebengebäude, den wir räumen ließen, wurde zum Schlachthaus, zur Wurstküche und zur Braterei umfunktioniert. Patres und Nonnen, die in verhaltener Wut unser Tun beobachteten, ja genauer betrachten wollten, jagten wir davon, doch der starke Bratengeruch ließ sie ahnen, was mit ihrem Schwein geschehen war. Ein richtiges Schlachtfest fand da statt und des Guten noch nicht genug: Wegen unseres Einsatzes in vorderster Frontlinie gab es auch noch Sonderverpflegung.

Der Mut der Klosterleute war zu bewundern, wenn sie über Wege und Rasenflächen huschten, wo doch hin und wieder eine Granate explodierte. Schließlich wurde das Kloster mit Zwang geräumt. Dabei kam das ganze Vieh zu Tage, das sie auf ihrem Zug in den Westen mitnahmen; sie taten uns leid, gerade diese friedlichen Menschen aus irgendeinem katholischen Orden, der mir nicht bekannt geworden ist. Zurück blieb nur noch das kleine Häuflein von Soldaten, unser Lichtmesstrupp, der die riesigen Anlagen besetzt hielt. Bis heute ist es mir nicht gelungen den Ort Bielany, den ich in einem älteren Schulatlas finden konnte, auf einer neuen Polenkarte ausfindig zu machen.

## Fürstliches Leben

In der Klosteranlage gab es einen palaisähnlichen Bau, der aus den vielen Räumen und der Einrichtung zu schließen, die Unterkunft des Abts oder Priors gewesen sein musste. Diesen Bereich und die riesige, gut ausgestattete Küche des Klosters nahmen wir, als es ganz verlassen war, in Besitz. Wie kleine Fürsten, wenn auch nur für wenige Tage, konnten wir uns fühlen, wenn unser Metzger in der Klosterküche ein gutes Mahl bereitete, zu dem wir, aus den aufgestö-

***Kloster Bielany***

berten Kisten stammend, herrliche konservierte Früchte aßen. Dabei saßen wir in luxuriösen Polstersesseln, umgeben von der Pracht der Räume und Einrichtung der äbtlichen Suite. Dieses Luxusleben, das uns wie ein Traum vorkam, wurde jäh beendet, als der vom Küchenkamin aufsteigende Rauch von den Russen nicht mehr zu übersehen war und sie sich auf den Kamin einschossen. Ein Unglück wäre die Kocherei nicht wert gewesen.

Doch wir fanden noch weitere Schätze, so auch eine vollständige Bibliothek. Die Menge der Bücher, Schriften und sonstiger Gegenstände forderte geradezu einen Zugriff heraus und ich packte etliches davon, darunter auch ein Mikroskop, in meinen Tornister, der dadurch ein Gewicht von beinahe einem halben Zentner erreichte. Mein Vorsatz, diese Dinge bis in die Heimat zu bringen, ließ sich, so unglaublich das klingt, verwirklichen, weil einmal wieder alle Zufälle für die Verwirklichung eintrafen. Diese Gegenstände sind auch bei meinem viel, viel später noch stattgefundenen Wanderleben nicht verloren gegangen und befinden sich bei mir zuhause. An anderen Fronten, zum Beispiel in Frankreich, hausten Soldaten nicht selten in Schlössern und feinen Häusern, konnten viele schöne Dinge organisieren und mit nach Hause bringen, warum nicht einmal wir vom kargen Osten? Wir hatten bis dahin ja nur in öden Gegenden und ärmlichen Dörfern, zerstörten Städten, umgeben von Wäldern, Sümpfen und Steppen gelebt. So sei uns diese heimliche Kriegsbeute, eine recht harmlose, verziehen. Aber, was mit dem Kloster geschehen ist, das würde ich schon gern wissen.

# Eingeschränkte Romantik

Wären die Spätsommertage 1944, die unseren Trupp in die Gegend nördlich von Warschau brachten, nicht vom Kriegsgeschehen überschattet gewesen, beinahe hätten sie uns eine vollkommene Romantik erleben lassen, wenn ich nur an den Blick auf die Weichsel, die mächtig und gemächlich unter uns dahinfloss, denke. Aber auch Grausames, wovon wir damals noch keine Ahnung hatten, spielte sich in unserer Nähe ab: Wir hätten es vielleicht ahnen können, wenn wir beim Blick nach Süden den über Warschau wochenlang aufsteigenden Rauchwolken mehr Beachtung geschenkt hätten. Warum hatte man uns nicht gesagt, was dort vorging? Das brutale Niederschlagen eines Aufstandes, von dem ich Genaues erst in den letzten Jahren erfahren habe, als dieses Ereignis in Filmen aufgearbeitet und im Fernsehen gezeigt wurde. Im Gegensatz dazu hatte unser Einsatz nördlich von Warschau, bei kaum noch stattfindenden Kriegshandlungen, fast etwas Friedliches an sich. Nach unserem Aufenthalt im Kloster verbrachten wir Wochen in Warschauer Vororten und Villenvierteln es war eine lange Zeit des Abwartens auf beiden Seiten der Front. Das Warschauer Stadtzentrum haben wir nie betreten – noch herrschte wegen des zuvor erfolgten Aufstands zu viel Chaos dort. Aber es war noch nicht lange her, dass ich in der Stadt im Lazarett gelegen und, um die Zeit zu nutzen, viel geschrieben hatte. Erwähnen möchte ich hier eine selbst gefertigte Glückwunschkarte für eine Silberhochzeit von Verwandten, die nach vielen Jahren des Umherwanderns wieder bei mir gelandet ist. Eine Rarität, eine nette zeichnerische Arbeit und Zeichen dafür, dass man gewissen Musen noch nicht abgeschworen hatte.

# Innere Rebellion

Die Deutschen hatten nicht mehr viel aufzubieten in diesen Septembertagen 1944, im Gegensatz zu den Russen, die von diesem Zeitpunkt an bis zum Januar 1945, dem Beginn ihrer Großoffensive, ein riesiges Aufgebot an Menschen und Material auf die Beine stellten – letzteres dank amerikanischer Hilfe. Damit fiel es ihnen nicht mehr schwer, den Rest der von den Deutschen besetzten Gebieten im Osten zurückzuerobern.

Das Jahr 1944 wurde zu einem Jahr der Rückzüge, mal in kleineren, mal in größeren Etappen. Diese für die deutsche Führung bittere Tatsache war zum Beispiel daran zu erkennen, dass während der kurzen Zeit eines Urlaubs die Front um einige 100 Kilometer zurückgenommen und man bei der Rückkehr in ein ganz anderes Gebiet beordert wurde. Dass ein großes Gebiet, das die Deutschen aufgaben, für uns Jüngere absolut nichts Beunruhigendes bedeutete, zeigte, wie wirkungsvoll die Propaganda eines diktatorischen Staates ist. Die Älteren, die etwa von zu Hause aus die Lage beurteilen konnten, waren in dieser Beziehung anderer Meinung. Allerdings konnte in diesen Tagen noch keine Rede von Auflösungserscheinungen bei der Truppe sein. Die Organisation klappte immer noch hervorragend und deutsche Truppen hielten immer noch ein Riesengebiet besetzt.

Die Kaserne Königsberg-Ponarth mit ihrem preußischen Geist wurde hervorgehoben. Natürlich. Die Atmosphäre dort ist es wert, ein Wort darüber zu verlieren: Ich meine speziell die preußische Zucht und Ordnung. Ostpreußen sind in dieser Hinsicht mehr als hundertprozentig in der Erfüllung einer ihnen übertragenen Aufgabe. Solche Leute konnte der Führer gebrauchen. Nun bestand aber unsere Truppe, vor allem was die höheren Dienstgrade betraf, aus recht gebildeten Leuten, wie sie in dieser Konzentration bei keiner anderen Truppe anzutreffen war. Diese Verhältnisse führten zu einer Steifheit, Überkorrektheit und Intoleranz, die von mir, dem Süddeutschen, fast als widerlich empfunden wurde. Zwar hatte das, wie schon erwähnt, auch gute Seiten, doch noch heute steckt in mir eine Ablehnung dieses Zustands, oder eine im Unterbewusstsein immer noch vorhandene Auflehnung gegen solchen Geist. Hier hat der Bayer gesprochen, der zum Soldaten nicht so recht taugte.

## Die letzte Einheit

In den Wochen nach unserem Einsatz im Kloster Bielany kamen wir schließlich in die Gegend rund um den nördlich von Warschau gelegenen Ort Modlin, wo wir uns auch auf Bauernhöfen aufhielten. Mit Pferdewagen fuhren wir auf einsamen Straßen durch das Frontgebiet und mussten schon damit rechnen, dass gelegentlich eine Granate einschlug. Der Dienst bei der Beobachtungsabteilung 21 endete dort mit der bereits erwähnten Beorderung zur Batterie mit anschließendem Urlaub. Noch einmal gab es für mich einen Wechsel der Einheit, den letzten. Dieser erfolgte wieder von Königsberg aus, wohin wir stets zum Ersatztruppenteil zurückkehrten, wenn etwas Besonderes bevorstand. Es war vor Weihnachten 1944 und unsere Abstellung an die Ostfront so gut wie sicher. In dieser Situation mussten wir weit außerhalb der Stadtgrenze von Königsberg Panzergräben ausheben. Das hatte der damalige berühmt, berüchtigte Gauleiter Erich Koch befohlen. Er herrschte in Ostpreußen, später auch in Teilen Polens und in der Ukraine wie ein Landesfürst, wie ein Despot.

## Abschied für lange Zeit

Der Urlaub im November/Dezember 1944 sollte der letzte für viele Jahre werden. Er lag vor der Versetzung zur Front um die Weihnachtstage. Der Abschied von den Eltern wurde zu einem Abschied für vier Jahre. Ein ungutes Gefühl beschlich uns in diesen Tagen, es war auch ein Abschied von Kameraden, mit denen man jahrelang in Batterien und Abteilungen der beobachtenden Artillerie zusammengelebt hatte... Zunächst fuhren wir längere Zeit durch Polen und wurden schließlich bei polnischen Familien untergebracht, in deren Häusern und bei deren Bewohnern es noch recht zivil und zu dieser Zeit weihnachtlich zuging, doch dann begann Ende 1944 der Dienst bei meiner letzten Einheit. Es handelte sich um ein Artillerieregiment, das ebenfalls in der Gegend von Modlin, der mir vertrauten Umgebung, stationiert war. Ein neuartiger Dienst und neue Gesichter machten das Leben, bzw. Einleben, nicht gerade leicht, man spürte, es ging einer ungewissen Zukunft entgegen. In dieser ersten Januarhälfte braute sich das große Gewitter zusammen, der Vormarsch der Russen.

## Im Granatenfeuer

Von heute aus betrachtet, muss man sagen, es gab jetzt Anzeichen von Kopf- und Führungslosigkeit bei der Truppe. Mein

Dienst bei der kleinen Gruppe von Soldaten, die das abseits gelegene Munitionslager des Artillerieregiments zu versorgen hatten, hätte in die Vernichtung führen können, hätten wir uns nicht auf eigene Initiative in Sicherheit gebracht. Ahnungslos, aber gewarnt von aus dem Osten kommenden Geschützdonner und den Panzergeräuschen, die den bevorstehenden Vormarsch der Russen andeuteten, tat unser kleines Häuflein gerade das, was es für richtig hielt und zog sich aus dieser kritischen Situation zurück: Der Wachtmeister als erster, ihn sahen wir nie mehr wieder. Zunächst liefen wir in Richtung der einzigen Brücke in diesem Bereich, um auf das westliche Ufer zu kommen und dem Inferno zu entkommen. Der Fluss Bug hielt die Russen noch für eine gewisse Zeit zurück, auch wenn sich in diesem strengen Winter eine Eisschicht darauf bildete, die Menschen und Fahrzeuge tragen konnte. Natürlich war die strategisch wichtige Brücke das Ziel eines wahnsinnigen russischen Artilleriefeuers. Um sie herum schlugen massenhaft Granaten ein, aber wir erkannten sofort, dass diese Brücke unser einziger Fluchtweg war. Wir mussten durch dieses Feuer.

## Der Weg zur Brücke

Zur Brücke zu gelangen bedeutete zunächst einmal einen kilometerlangen Lauf in einem Straßengraben. Die Böschung gab uns Schutz vor dem MG-Feuer, dessen Leuchtgeschosse über uns hinwegzischten. Die Vorhuten der Russen befanden sich also bereits in nächster Nähe. Mein Tornister hatte fast Zentnergewicht, enthielt er doch unter anderem einen Fleischwolf und andere Dinge, die in diesen Tagen der Verpflegung dienten. Ich entledigte mich aller unnötigen Dinge, weil ich sie kaum noch schleppen konnte. Es ging jetzt ums Leben und nicht ums gute Essen. Wir mussten durch stärkstes Granat- und Maschinengewehrfeuer hindurch, was unser kleines Häuflein, aus drei oder vier Mann bestehend, die wir noch aneinander festhielten, auch schaffte, ebenso wie den Übergang über die Brücke. Am anderen Ufer standen Auffangkommandos der Truppe, die die zurückflutenden Soldaten wieder an die Front schicken wollten. Streng genommen handelte es sich bei deren Anweisungen um Befehle, doch die wenigsten leisteten ihnen Folge.

## Moment der Entscheidung

Ich werde diesen Augenblick des Abwägens, soll ich „Held oder Nichtheld" sein, nie vergessen. Ich entschied mich für das Letztere, ignorierte das Auffangkommando und lief einfach weiter, wie es auch die anderen taten und entging so der wahrscheinlichen Vernichtung in diesem Inferno um die Bugbrücke. Nach einigen Kilometern Marsch erreichten wir ein leerstehendes Bauernhaus, wo wir, nur wenige 100 Meter von der Brücke entfernt, völlig erschöpft die Nacht verbrachten, immer noch das Häuflein von drei oder vier Mann vom Kommando für das Munitionslager. Am anderen Ufer standen Auffangkommandos der Truppe, die die zurückflutenden Soldaten wieder an die Front schicken wollten. In dieser Nacht zogen sich die deutschen Truppen ein weites Stück zurück, nachdem sie vorher die Brücke, Ort einer schrecklichen Tragödie, in die Luft gesprengt hatten. Bei dieser Sprengung glaubten wir, wegen der Nähe der Explosion zu unserem Schlafquartier, mit in die Luft zu fliegen. Trotzdem, wir warteten im Haus auf den Morgen, an dem wir uns schon im sogenannten Niemandsland befanden. Es herrschte Ruhe auf beiden Seiten, die Deutschen waren bereits weit im Westen und die Russen lagen noch in Wartestellung am östlichen Ufer des Bug.

## Kurze Flucht

Am Morgen des 16. Januars 1945 brachen wir von unserem Nachtquartier aus auf. 41 Jahre liegt das zum Zeitpunkt dieser Aufzeichnungen nun zurück Ich werde dieses Datum nie vergessen. Noch begannen die Russen nicht mit ihrem Vormarsch, so konnten wir im Niemandsland den Weg nach Westen ungestört fortsetzen. Es lag eine trügerische Ruhe vor dem Sturm, um uns herum und über uns in dieser einsamen Waldgegend. Nach einem Tagesmarsch machten wir am Abend nochmal Quartier in einem polnischen Bauernhaus. Unglaublich ärmlich sah es dort aus und mit misstrauischen Blicken wurden wir bedacht. Vielleicht ahnten diese armen Bauern noch nicht, dass am nächsten Tag der Krieg für sie zu Ende sein sollte, an jenem, mir unvergesslichen, 17. Januar 1945, an dem die Russen mit

Massen von Menschen und Material vormarschierten und uns, die wir vorher noch so hoffnungsvoll einige Stunden nach Westen marschieren konnten, einholten. In dieser Waldgegend sah man auch Polen umherirren. Vielleicht flohen auch sie vor den Russen, vielleicht wollten sie einfach nur wieder zurück in ihre Häuser. Weder sie, noch wir wollten gesehen werden.

## Gefangen!

Am Vormittag des 17. Januar 1945 holte uns schließlich eine Vorhut der Russen ein und nahm unser Häuflein gefangen. Jenes Häuflein, das sich, trotz geschilderter Hindernisse, bis hierher durchgeschlagen hatte. Geschrei, Umzingelung, Entwaffnung, Entleerung der Taschen, meine silberne Taschenuhr, mein gutgehüteter Talisman über die Jahre an der Front, ja sogar meinen Mantel nahmen sie mir ab, trotz Kälte von Minus 10 Grad. So ging in wenigen Minuten die Gefangennahme vor sich. Der in diesem Abschnitt befehlende General war bald mit mehreren Offizieren zur Stelle: Ihnen wurden wir vorgeführt, befragt vor allen Dingen, ob wir Angehörige der Waffe-SS oder einer ähnlichen Organisation seien usw. Wir gehörten zu den ersten wenigen Gefangenen des russischen Vormarsches. Das Gros der russischen Großoffensive traf erst einige Tage später in diesem Gebiet ein, marschierte dann aber im Eiltempo voran und überrannte die deutschen Linien.

## Angst und Ungewissheit

Bis dahin hatte man so allerlei gehört und gelesen, was einen deutschen Soldaten in russischer Gefangenschaft alles erwarten würde. Was würden nun diese Russen mit uns anfangen? Nicht selten wurden solche kleinen Gruppen bei der Gefangennahme liquidiert, d.h. erschossen, da wurde nicht lange gezögert, stellten sie doch nur eine unnötige Belastung dar; bei ihrem Vormarsch *(es war eine Panzertruppe, die uns aufnahm)* konnten sie sich ja nicht auch noch mit solchen Dingen wie Gefangenen befassen. Doch es kam anders. Zum ersten Mal wurden wir mit der die Russen auszeichnenden Derbheit und ihrem Improvisationstalent konfrontiert: Vorbei an den vorrückenden Russen wurde unsere kleine Gruppe zu Fuß Richtung Osten beordert, wir selbst von einem Gefühl der Verlassenheit und Unsicherheit befallen. Unsere, uns schon seit Tagen umfangende Orientierungslosigkeit sollte sich bald verwandeln in das Los eines Kriegsgefangenen, einer Null, eines reinen Befehlsempfängers.

## Misstrauen und Befragungen

Alles hatten sie uns abgenommen, nur mein Soldbuch hatten sie mir seltsamerweise gelassen. Als ich später versuchte, es in den Wald zu werfen, beobachteten unsere Wächter mich dabei und zwangen mich, es wieder herauszuholen. Zum Glück fand ich es im Dickicht wieder, sonst hätten sie vielleicht kurzen Prozess mit mir gemacht – denn natürlich mussten sie wissen, wer wir waren, und misstrauisch wie sie waren, führte die Feststellung unserer Identität zu den seltsamsten Verhören und später x-mal wiederholten Fragebogenaktionen. Noch war es uns nicht geläufig, mit welchen Augen uns die Russen betrachten würden. Der damals noch deutlichere Mentalitätsunterschied zwischen dem russisch-slawischen Völkergemisch und uns Westeuropäern steigerte dieses Misstrauen ins Unendliche. Es ist uns viel über die Russen gesagt worden, reine Propaganda, wie auch umgekehrt den Russen über die Deutschen. Hasserfüllte und wütende Gesichter blickten uns entgegen, als wir bei unserem Marsch nach Osten an einer Kolonne russischer Soldaten vorbeiliefen, bis mir plötzlich durch einen Schlag die Sinne schwanden. Ein russischer Soldat hatte mir den Gewehrkolben mit voller Wucht an die Schläfe gehauen. Zur Ehrenrettung muss ich aber sagen, dass dies das einzige Mal war, dass ich geschlagen wurde.

# Kapitel 10

# Von einer Diktatur in die andere

**A**m 17. Januar 1945 begann also das erste Jahr unserer russischen Gefangenschaft. Die Panzereinheit, die uns als erste aufnahm, hatte einige Ruhetage auf dem Vormarsch eingelegt, die zur Bestattung ihrer gefallenen Kameraden und für allerlei Arbeiten genutzt wurden; dabei mussten wir ihnen helfen. Sie benahmen sich uns gegenüber nicht einmal unfreundlich. Zimperlich ging es allerdings auch nicht zu: Wir lernten das ständige „Dawai, dawai" kennen, mit dem sie uns antrieben und in den folgenden Jahren mussten wir genügend solcher Töne hören. Ein deutsch sprechender russischer Soldat, wie sich herausstellte ein Jude, machte seine Sprüche. Er wurde von den anderen Russen verachtet, was uns wunderte: Wurden die Juden auch im Vielvölkerstaat Russland, der sich der Hitler-Diktatur entgegenstellte unterdrückt?

## Derb und einfach

Gegen Abend sperrten sie uns in einen Keller, dessen Boden, wie in den dortigen Bauernhäusern üblich, mit Stroh bedeckt war. Wir bekamen Speck und trockenes Brot, das erste Essen des Tages. Der Appetit war unter diesen Umständen und bei solcher Art von Verpflegung nicht groß. Nach kurzem Schlaf auf Stroh wurden wir am nächsten Tag in aller Frühe recht unsanft geweckt und unter den üblichen Zurufen zur Arbeit gefahren. Immerhin gab es vorher noch etwas zu essen.

## Fahrt ins Ungewisse

In einem, noch von den Deutschen angelegten, Getreidelager mussten wir dann fast pausenlos zentnerschwere Getreidesäcke auf LKWs laden. Jeder von uns musste mitanpacken, auf die unterschiedliche körperliche Verfassung wurde keine Rücksicht genommen. Wir konnten diese Arbeit nur leisten, weil wir noch einigermaßen bei Kräften waren. Noch befanden wir uns nicht in jenem Zustand der Lethargie, der sich uns später bemächtigte, in dem wir dem Tod näher waren als dem Leben. Am Abend fühlten wir uns trotzdem völlig ausgepumpt.

Mit unserer Schwerstarbeit ging das so einige Tage bis wir schließlich Richtung Osten weitertransportiert wurden. Eine Fahrt ins Ungewisse begann. Diese gefürchteten Transporte, Viehtransporten oder Schlimmerem ähnlich, bei denen eine viel zu große Anzahl von Menschen in geschlossenen Güterwagen zusammengepfercht wurden; die Züge, die nur langsam fuhren mit stunden- und tagelangen zermürbenden Pausen zwischen den einzelnen Fahrten, bei denen man nie wusste, wo sie enden würden – in Sibirien oder sonst wo in einer verlassenen Gegend Russlands.

## Irgendwo im Nirgendwo

Solche Transporte fuhren damals in großer Zahl nach Osten. Doch in unserem Fall endete die Fahrt nach verhältnismäßig kurzer Zeit, nach einigen Tagen, wahrscheinlich in der Gegend zwischen Warschau und Brest-Litowsk. Wegen der Abgelegenheit des Lagers und der sich vor uns auftürmenden Probleme, war an eine geographische Festlegung des Orts nicht zu denken.

In großen Lagerhallen, die eine Menge Kriegsgefangener aufnehmen konnten, fanden wir Schlafgelegenheiten vor. Uns war klar, dass im Laufe des Krieges Tausende solcher Lagerhallen gefüllt werden müssten. Würden die Russen damit fertig werden? Das Wohl und Wehe des Einzelnen hing auch davon ab. Manch deutscher Soldat, der bis hierher durchgekommen war, ging jetzt unter.

## Zweifelhafte Versprechen,
## leere Hoffnungen

Als junge Soldaten und Optimisten hofften wir in diesen Januartagen 1945, trotz pausenloser Rückschläge beim deutschen Heer, auf ein Wiedervorwärtsdringen der deutschen Front nach Osten und eine Befreiung aus unserer misslichen Lage.

Russische Propagandaoffiziere, meist Juden, die gut deutsch sprachen, lockerten die Atmosphäre etwas auf und hielten dabei lange Vorträge, um uns Gefangene aufzuklären. So hieß es zum

Beispiel, dass wir unsere Habseligkeiten nach Ende des Krieges zurückbekämen, wenn wir sie freiwillig ablieferten. Wie gesagt, es war mehr Propaganda, die Wirklichkeit sah anders aus. Man denke nur an Uhren, die keiner mehr sah.

Wegen der schlechten und für uns Deutsche ungewohnten Verpflegung stellte sich bald jenes Hungergefühl ein, das uns über Jahre das Leben erschweren sollte. Im Sammellager wurden unsere Köpfe kahlgeschoren, so nach und nach bekamen wir dieses oder jenes russische Bekleidungsstück, oft im Tausch gegen unsere deutschen Uniformen. Darunter befanden sich oft auch abgetragene russische Uniformstücke und alsbald konnte man uns von den Russen kaum noch unterscheiden, deren grinsende und schadenfrohe Gesichter allerdings unübersehbar waren. Unsere Gesichter dagegen wurden immer ernster und länger und Hoffnungslosigkeit drückte sich in ihnen aus. Was konnte man denn tun?

## Überlebenskampf

Die ersten Tage in den Lagern von Brest-Litowsk waren von Anpassungsschwierigkeiten bei den Gefangenen gekennzeichnet. Je älter man war, desto größer stellten sich die Probleme. Es war die Zeit des Massensterbens von Kriegsgefangenen, was auch damit zu erklären war, dass das deutsche Heer zum Ende seiner Tage mehr aus älteren Männern bestand, die aus den Gefängnissen, Zuchthäusern und Konzentrationslagern geholt worden waren. Sie konnten den Dienst bei der Truppe kaum noch verkraften, geschweige denn die Strapazen einer russischen Gefangenschaft, die sie oft nur um Tage überlebten. Den Russen war dies unverständlich, waren sie doch selbst von einer Robustheit und Bedürfnislosigkeit eines noch nicht degenerierten Menschenschlages.

Jungsein und eine gute Gesundheit waren damals das beste Kapital, das man besitzen konnte. Aber auch wir Jüngeren waren in den ersten Tagen wie betäubt von den Umständen, die manchmal chaotische Züge trugen, und bekamen vieles, was um uns herum passierte, einfach nicht mit – zum Beispiel, wenn gar nicht weit von uns entfernt, ältere Kameraden starben, die wir kurz vorher vielleicht noch in das Lazarett des Lagers gebracht hatten, um sie zu retten.

## Hungerzeit

So vergingen mehrere Tage in dem Sammellager inmitten der Wälder östlich von Warschau bis wir in ein Lager im nicht sehr weit entfernten Brest-Litowsk transportiert wurden. Es war ein von den Deutschen angelegtes Barackenlager, um das herum die Russen nur noch ihre Stacheldrahtzäune zu ziehen brauchten, die sie zwei- oder dreifach, mit breiten Sandstreifen dazwischen, um das Lager anlegten. In einer Suchdienst-Anzeige im „Heimkehrer" vom 15. Juli 1993 wurde dieses Lager als „Eisenbahnlager" bezeichnet. Bereits nach wenigen Wochen Gefangenschaft waren wir schon so weit, dass wir uns bei einem Umzug in ein anderes Lager nur noch dafür interessierten, wie dort die Verpflegung sein würde. Die Hoffnung, in einem anderen Lager besser verpflegt zu werden, erfüllte sich jedoch nie, so sehr man sich das auch herbeiwünschte. Es blieb stets bei der Standardverpflegung: am Morgen 400 Gramm Brot, drei Mal am Tag Wassersuppe zum Brot *(so man noch welches hatte)*, abends noch einmal 200 Gramm Brot und wenn es hochkam, einen Löffel voll „Kascha" *(Brei auf Russisch)*.

## Resignation

Bei dieser Verpflegung sackte die Leistungsfähigkeit fast bis auf null ab. So etwas waren wir nicht gewohnt, diese Grobschlächtigkeit auch bei der Nahrung, zumal das Milieu im Lager auf das Gemüt drückte. Wir konnten uns einfach nicht vorstellen, wie wir bei dieser Verpflegung eine Arbeitsleistung vollbringen sollten, die unserer Leistung zum Beispiel beim Bunkerbau bei unserer deutschen Truppe entsprochen hätte. Mit der Zeit gewöhnten wir uns aber daran. Sie brachten uns dahin, auch mit der Verpflegung nach russischem Stil und Geschmack auszukommen. Auch die unmöglichen hygienischen Zustände in dem Lager bei Brest-Litowsk sollten uns weiter begleiten. Bei der großen Menschenmenge auf engem Raum waren die Latrinen viel zu klein. Vier Mann mussten die zentnerschweren, ausgedienten Badewannen schleppen, die zum Leeren dieser stets überlaufenden Latrinen dienten. Sie schütteten die stinkende Brühe dann draußen aus, was das Problem nicht besser machte. An Körperreinigung war auch nicht zu denken. Fließendes Wasser aus der Wasserleitung gab es nicht. Wir wuschen uns nur selten und unsere Wäsche wechselten wir im ersten Jahr der Gefangenschaft nur ein einziges Mal.

## Dawai, dawai!

In den Monaten Februar und März 1945 verbrachten wir die meiste Zeit in den Baracken, in einer Art Quarantäne, was *(abgesehen von kleinen Kommandos und meist doch strengen Wintern in der Gegend)* noch gut zu ertragen war. Um die Gefangenen aus den Baracken zu locken, wurden gewisse Tricks angewandt: So wurde zum Beispiel gefragt, wer zum „Molkerei-Kommando" mitkommen wolle. Das Wort „Molkerei" tat dann seine Wirkung und fast alle wollten mitkommen. In dem als „Molkerei" bezeichneten Gebäude wies dann aber nichts daraufhin, dass dort Milchprodukte verarbeitet wurden. Also was hatten wir dort zu tun?

Das Gebäude lag nicht weit von einem Fluss entfernt, der mit einer 20 bis 30 Zentimeter dicken Eisschicht bedeckt war. Nun hieß es für uns, die Eisdecke des Flusses aufbrechen und die Stücke zur „Molkerei" bringen – nicht auf einem Wagen oder dergleichen, sondern zu Fuß. Dabei mussten wir die Eisstücke mehrere hundert Meter weit in den Händen tragen und soweit ich mich erinnere, hatten wir nicht einmal Handschuhe zum Tragen der tropfenden Eisstücke. Bei den Arbeiten wurden wir wie eine Herde Tiere mit den schon erwähnten Dawai, Dawai-Rufen angetrieben. Es fehlte bei unseren Bewachern, russischen Soldaten, nur noch die Peitsche, um das Bild menschenunwürdigen Umgangs mit uns Gefangenen zu vervollkommnen. Bis zum Ende des Kommandos war unsere Kleidung völlig durchnässt. Und immer noch warteten wir auf Verpflegung aus der „Molkerei". Die Enttäuschung war groß, als diese einfach nicht kommen wollte – aber woher auch schon?

Ein anderes Mal wurde gesagt, wer Elektriker sei, der sollte sich melden, er könne bei einem guten Kommando mitwirken. Ich war es, leider, und meldete mich. Das Kommando bestand darin, dass wir auf einem großen Gelände im steinhart gefrorenen Boden Kabelgräben ausheben mussten… Ja, die Verzweiflung packte uns immer wieder. Der Krieg war noch nicht zu Ende, immer noch fielen an der Front Tausende russischer Soldaten. Dementsprechend war der Ton unserer Bewacher. Wieso sollte ein deutsches Menschenleben dann mehr wert sein? Nach ihrer Meinung hatten wir es jetzt gut, ja sogar zu gut in der Gefangenschaft.

## Frühling ohne Freiheit

Allmählich wurde es Frühling. Wenigstens das ein Hoffnungsschimmer. Ich entsinne mich genau der ersten Arbeit nach den sogenannten „Quarantäne-Tagen": Wir mussten in kurzer Zeit meterdicke Baumstämme quer durchs Land transportieren. Ein in schmutzige russische Kleidung gehülltes, fußlahmes Häuflein von Menschen wurde aus dem Lager zu den riesigen Baumstämmen geführt. „Nun hebt sie mal auf", wurde uns befohlen. Immer mehr sollten zupacken, doch trugen am Ende nur noch wenige Kräftige den meterdicken Baumstamm. Einige Ältere, die trotz allem überlebt hatten, verfielen in die totale Resignation bei dieser Arbeit. Sie konnten zwar nicht mehr richtig zupacken, taten aber kräftig tief pessimistische Vorahnungen kund: Nie mehr würden uns die Russen nach Hause entlassen, sie würden uns zur Wiedergutmachung der bei ihnen angerichteten Schäden für immer dabehalten… Wir Jüngeren glaubten ihnen und das war eine vernichtende Aussicht. Zwar hofft wohl jeder Kriegsgefangene insgeheim auf seine Entlassung, aber so lange der Krieg noch tobte, war daran auf jeden Fall nicht zu denken.

## Endlose Gefangenschaft?

Am 8. Mai 1945 ging endlich der unselige Krieg zu Ende und überall verbreitete sich eine große Erleichterung, die sich auch uns mitteilte. Nun wurden tatsächlich die ersten von uns nach Hause entlassen – doch waren dies ausnahmslos geschwächte, kranke und ältere Leidensgenossen. Wir anderen befanden uns immer noch im Lager von Brest-Litowsk und konnten gut beobachten, wie diese Stadt darauf reagierte. Zwar beherrschten weiterhin Soldaten und Kriegsgefangene das Straßenbild, aber es gab erste Anzeichen: In diesen Tagen lieferten die Amerikaner den Russen ein kleines Elektrizitätswerk auf Rädern, das mit der Bahn transportiert werden musste. Es war eine der vielen „Leihgaben" und in diesem Fall für Brest-Litowsk bestimmt. Bald sah man nach Jahren der Verdunkelung die ersten erleuchteten Fenster und immer mehr Gebäude bezogen Strom von diesem kleinen Kraftwerk, darunter auch das Gefangenenlager. Wie wild wurden überall Leitungen verlegt und Lichtquellen angeschlossen, sodass nach kurzer Zeit die Belastung für das Kraftwerk, vor allem abends, so groß wurde, dass es, um Zerstörung zu vermeiden, mehr ab- als eingeschaltet war.

## Massensterben der älteren Kriegsgefangenen

Aufgrund der Propaganda hatten wir die Russen, die in unsere Gefangenschaft gelangt waren, immer als Menschen dritter Klasse betrachtet. Als was würden diese uns nun betrachten, stellten wir uns die bange Frage. Etwa als viertklassig? Jetzt standen wir als Verlierer da und konnten nur noch hoffen, dass der Umgang der Sieger mit uns nicht so schlimm ausfallen würde.

In diesem Jahr 1945, vor allem zu Beginn, setzte ein Massensterben der älteren Jahrgänge ein, dem die Russen, so sie ein Lager zu leiten hatten, hilf- und fassungslos gegenüberstanden. Dieses Volk war eben doch andere Strapazen gewohnt, ein Plus gegenüber den verweichlichten Westeuropäern in diesen harten und unmenschlichen Tagen. Mir fällt das Beispiel eines Opernsängers aus Deutschland ein, der die Aufgabe bekommen hatte, die Masse der Gefangenen abends zum Liedersingen anzuspornen und zu dirigieren.

Das Lied der Wolgaschiffer gefiel den Russen am besten, noch dazu von einem Riesenchor gesungen. Der Opernsänger war ein Mann in seinen besten Jahren und nach Aussage seiner

Freunde früher sehr beleibt. Nun magerte er zusehends ab und starb nach wenigen Wochen.

## Hunger und Überlebenskampf

Die Verpflegung war sehr karg, aber die Zivilbevölkerung bekam wahrscheinlich auch nicht mehr. Mit der Zeit gewöhnten sich unsere sichtbar abgemagerten Körper allmählich an dieses Essen. Eine Umstellung, die wir nach unseren westlichen Maßstäben nicht für möglich gehalten hätten. In Russland gab es – anders als bei den eher fleischlastigen westeuropäischen Speisen – hauptsächlich Pflanzenkost. Was wir aus westlichen Regionen als Vorstellung eines perfekten Daseins mitgebracht hatten, musste einer ganz anderen Denkweise weichen – eben jener Abgestumpftheit und Gleichgültigkeit, mit der auch bei uns die russischen Kriegsgefangenen herumgelaufen waren: In Lumpen gehüllte Wesen, denen die Freiheit in jeder Hinsicht entzogen ist. Natürlich erfüllte der Anblick der deutschen Kriegsgefangenen in diesem Zustand unsere russischen Wärter mit einer gewissen Befriedigung. Die Verhältnisse hatten sich umgekehrt. Dabei gab es unter den Kriegsgefangenen Abstufungen: Wer sich ein gewisses Maß an Persönlichkeit erhalten konnte und immer noch fest im Griff hatte, war recht gut daran. So konnte man beobachten, dass Menschen, oftmals hochgestellt im früheren Leben, an schwere Arbeit aber nicht gewohnt, immer weiter absanken, oft tiefer als die anderen Durchschnittsmenschen und schließlich von diesem Leben geschluckt wurden. Jetzt half mir die Zeit, in der ich als Soldat schwere Arbeit hatte leisten müssen, ich war es also schon gewohnt.

## Improvisationskunst

Den Russen wird die Kunst des Improvisierens nachgesagt, diese Tugend, oder Untugend, je nachdem, wie man es betrachtet, konnte man an allen Ecken und Enden beobachten. Sie ist so zu beschreiben: Während der Deutsche in seiner Perfektion das Ziel zu erreichen verharrt, hat es der Russe mit seiner Improvisation schon geschafft. So erlebten wir den Übergang vom Krieg zum Frieden in der Stadt Brest-Litowsk, die bald zu einem wichtigen Umschlagplatz für russisches Beutegut wurde, Beutegut ausschließlich aus Deutschland. Die Stadt hatte große Bedeutung, weil dort die mitteleuropäische Eisenbahn-Normalspur endete und die russische Breitspur begann. Das warf bei den massenhaft angelieferten Gütern Probleme auf, aber die russische Improvisationskunst fand auch dort eine Lösung: Innerhalb eines großen flachen und steppenartigen Areals wurde ein kilometerlanges Eisenbahngleis verlegt, ohne *(wie im Gleisbau üblich)* auch nur einen Meter des Untergrundes zu befestigen. Die Schwellen wurden einfach auf den Boden gelegt, die Schienen darauf befestigt – und schon fuhr der erste Zug mit abmontierten Teilen aus deutschen Fabriken und Betrieben ein. Die Teile waren oft sinnlos zerlegt, teilweise mit dem Schweißbrenner, damit sie auf den Waggon passten, aber hinterher fast wertlos waren. Dem ersten verlegten Gleis folgte bald ein zweites usw.

## Beutegut

Und wer wäre für das Abladen der Güter geeigneter gewesen als wir Kriegsgefangenen? Hier konnte man uns zu Hunderten einsetzen. Da es für das Abladen nicht ausreichend Hilfsgeräte gab, wurden die Teile, nach dem Öffnen der Ladeklappen von uns Gefangenen an Seilen befestigt und aus dem Zug gezogen, bei schweren Teilen wurde auch einmal ein Traktor eingesetzt. Unmittelbar neben dem Waggon plumpsten sie dann auf den Erdboden und blieben da erst einmal liegen. Hatte sich zu viel angehäuft, wurden die Teile mit Hilfe von Stahlseilen und Traktoren über den Sandboden ungefähr 100 Meter vom Gleis weggeschleift, um neuem Beutegut Platz zu machen. Empfindliche Teile wurden bei dieser Prozedur unbrauchbar – ganz abgesehen von der Lagerung im Freien, die zusätzlichen Schaden verursachte. Die Arbeiten auf dem Beutegutgelände fanden in den Sommermonaten 1945 statt, das machte sie einigermaßen erträglich. Dennoch: Alle möglichen Erkrankungen, die jetzt gehäuft bei den Gefangenen auftraten erschwerten die Lage zusehends.

Die Russen ignorierten die Krankheiten einfach. Leichtes Fieber zum Beispiel war absolut kein Grund zur Freistellung von der Arbeit. Ich selbst musste damals mit großen eitrigen Abszessen unter den Achselhöhlen wochenlang Schwerstarbeit an den Fabrikteilen leisten, die nun auf einer unübersehbaren Fläche im Freien lagen. Bei den Klavieren und herrlichen Flügeln war es nicht anders.

## Wieder ein Winter in Russland

Nach etwa einem halben Jahr hatte sich ein Areal von einigen Quadratkilometern über und über mit Beutegut gefüllt, darunter wertvolle Fabrikeinrichtungen, die Wind und Wetter ausgesetzt waren. Doch nun kam der Winter. Jetzt erst begannen die Russen, Hallen für die Lagerung zu errichten – und zwar, indem sie diese einfach über das Beutegut bauten. Das war ein weiterer Ausdruck der schon angesprochenen Improvisationskunst. Es waren riesige Hallen, die sie da bauten und eine davon, sie war noch leer, hatten sie für die Klaviere und Flügel vorgesehen. Der Abtransport dieser empfindlichen Instrumente aus Deutschland, ihre Lagerung hier im Freien – das war ja noch nicht das Ende ihrer Reise. Das Ganze ging mit einer Grobschlächtigkeit vor sich, die auch uns, trotz unserer eigenen Misere nicht kalt ließ. Die Masse der Klaviere und Flügel, die sie erbeutet hatten, erinnerte wie vieles in diesem Riesenland an Gigantomanie. Die Transportmethoden waren im Gegensatz dazu allerdings mittelalterlich.

## Kraftakt

Die Musikinstrumente mussten in die Halle transportiert werden, was in der Weise vor sich ging, dass etwa vier Mann ein Klavier oder einen Flügel auf die Schulter nahmen und eine Strecke von einigen hundert Metern zu tragen hatten. Schon kräftige Männer tun sich da schwer, wie erst wir, die wir an Entkräftung litten… So manches wertvolle Stück krachte, wenn die Last ungleichmäßig verteilt war, auf die Erde und wurde für immer unbrauchbar. Wenn wir schließlich so ein Klavier in die Halle geschafft hatten, reichte es nicht, eines neben das andere zu stellen: In drei Etagen mussten sie gestapelt werden. Man stelle sich den Kraftakt vor, so einen Flügel in die oberste Etage zu bugsieren. Die uns auferlegte Sisyphusarbeit hätte man als Sadismus betrachten können, aber die Russen sahen das vielleicht anders vor, so einen Flügel in die oberste Etage zu bugsieren. Und das war dann erst die Hälfte des „Leidensweges" dieser feinen Instrumente, die uns auch weiterhin beschäftigen sollten.

## Quälerei und Sadismus

Die Steigerung, der von uns verlangten Kraftanstrengung, in diesen teuflischen Kommandos sollte noch kommen, nämlich als die Klaviere und Flügel in die großen und geschlossenen russischen Güterwagen transportiert und dort verstaut werden mussten. Die Waggons waren echte Ungetüme, so breit waren sie gebaut. Bei der Auswahl der Kriegsgefangenen für diese Ladcarbeiten kann man nicht ohne Grund von Sadismus sprechen. Ausgerechnet vier Revierkranke, darunter auch ich, wurden für diese Schwerstarbeit eingeteilt. Wir Kranken mussten so härter arbeiten, als die anderen. Vielleicht war das genau der Grund für die Auswahl: Sollte man sich etwa eine Krankmeldung beim nächsten Mal überlegen? Die Hilfsmittel für den Transport waren auch hier wieder unbeschreiblich primitiv: Wir arbeiteten mit einfachen Holzbohlen und manchmal glitt ein Flügel von einer solche Bohle einfach ab und zerschellte. Im Waggon mussten die Musikinstrumente dann wieder in drei Etagen gestapelt werden. Was kam schließlich von den Tausenden von Instrumenten da unversehrt noch an? So gut wie nichts. Aber das durch den Krieg ausgezehrte Land, die Sowjetunion, konnte alles gebrauchen und gleichzeitig war man ja auch noch Sieger und konnte sich alle Rechte herausnehmen. Gerade hier auf dem Umschlagplatz von Brest-Litowsk wurde das sehr deutlich.

## Erbarmungslosikeit gegenüber Mensch und Tier

Die Güter wurden nicht nur auf Gleisen nach Osten transportiert, sondern auch über die Straßen. In riesigen Trecks mit von Pferden oder Rindern gezogenen Karren ging es wochen- und monatelang immer tiefer ins Sowjet-Imperium. Die Tiere wurden um jeden Preis vorangetrieben, Hauptsache, man hatte die Beute in der Hand. Um das Futter kümmerten sich die Treiber wenig, sodass viele Tiere verendeten oder vollständig abmagerten. Wenn wir zu Arbeitsbeginn eines Tages ein totes Pferd am Eingang vorfanden, war bis zu unserer Rückkehr am Abend nur noch ein Gerippe übrig. Die im Lager verbliebenen Gefangenen hatten alles Fleisch so säuberlich von den Knochen genommen, dass das Gerippe aussah wie ein von Ameisen abgefressenes Skelett.

Die Antreiberei bei der Arbeit war natürlich in den ersten Monaten der Gefangenschaft besonders schlimm, hatten doch wir, die Besiegten, die Sowjetunion übel zugerichtet. So gab es zwischendurch immer wieder Kommandos, bei denen wir – ähnlich wie bei den Klaviertransporten – von richtiggehenden Sadisten beaufsichtigt wurden. Ich glaube, sie hätten gelacht, wenn wir tot zusammengebrochen wären. Unverständliches vor sich hinmurmelnd, trieben sie uns pausenlos an. Wahrscheinlich handelte es sich um Funktionäre, weil sie von den einfachen Soldaten etwas abstachen. Einmal trieb einer der Aufseher seinen Sadismus so weit, dass wir beim Transport von schweren Eisenbahnschwellen fast zusammengebrochene wären. Einen ganzen Tag lang nichts als „dawai, dawai", Worte, die heute noch bitter in den Ohren klingen.

## Trostlosigkeit und Erschöpfung

Allerdings waren solche „Rächer", wie man diese Art von Aufseher bezeichnen könnte, eher selten. Nicht jedes Kommando brachte uns bis an den Rand des Zusammenbruchs. Zu den etwas humaneren Arbeiten gehörten zum Beispiel die Aufräumungsarbeiten in der Stadt Brest-Litowsk, wo wir Schutt aus den zerstörten Häusern und öffentlichen Gebäuden wegkarren mussten. Es war eine unglaublich sinnlose Arbeit, weil der Schutt nur von einer Stelle zu einer anderen transportiert wurde. Manchmal wussten die Russen wohl wirklich nicht, was sie mit uns anstellen sollten, da fehlte dann die Organisation, solche Menschenmassen sinnvoll einzusetzen. Die ungewöhnliche, sehr geringe Verpflegung, die schweren Arbeiten und die uns umgebende trostlose Atmosphäre taten jetzt ihre Wirkung:

Vitaminmangel mit einhergehender körperlicher Schwäche, geschwollene Unterschenkel, das heißt Wasser in den Beinen, Ungeziefer und vieles mehr zeigten sich in immer stärkerem Maße. Bei dieser nun eingetretenen starken Schwächung der Gesundheit wurde der Gedanke an eine Flucht immer unwirklicher. Es trugen einen an manchen Tagen kaum noch die Beine. Dabei war mein Wille doch Wochen zuvor noch so stark gewesen, dass ich mir einen Bart hatte wachsen lassen, um damit für eine Flucht wenigstens am Aussehen verändert zu sein. Wo war mein Soldbuch, das mich hätte verraten können, geblieben?

## Schmutz und Demütigung

Das Gelände mit abgeladenem Beutegut aus Deutschland wurde immer größer; Tag für Tag marschierten wir dorthin zur Arbeit. „Organisieren" *(man sollte besser stehlen sagen)* war bei den Gefangenen üblich und bei den Russen noch mehr. Keine einzige der unzähligen Kisten auf dem Abladegelände blieb ungeöffnet. So etwas wäre unter deutscher Aufsicht niemals möglich gewesen. Alle entnahmen Teile daraus, egal ob sie sie nun gebrauchen konnten oder nicht. Ab und zu wurden wir nach der Rückkehr von der Arbeit am Eingang zum Gefangenenlager nach „Organisiertem" durchsucht oder „gefilzt", wie man so sagt. Berge von Gegenständen, zunächst verborgen unter unseren weiten Russenmänteln, kamen zum Vorschein. Leider wurden uns dabei jedes Mal auch unsere in mühevoller Arbeit angefertigten Brotmesser abgenommen. Ein Messer und ein Löffel dienten uns beim Essen, für die Russen war das schon ein Luxus, der uns Gefangenen nicht zustand. Wir durften sie eigentlich gar nicht besitzen. Hätten wir die Finger zum Essen nehmen sollen, wie die Ureinwohner vor vielen Jahren? Ja, die Russen hätten sich noch mehr gefreut, uns so tief gesunken zu sehen. In vielen Fällen diente eine oftmals verrostete Konservendose, die man gerade fand, als Essnapf.

## Sehnsucht nach Zivilisation

Nach Monaten befand ich mich immer noch in diesem Lager in Brest-Litowsk. Die bereits geschilderten unmöglichen hygienischen Zustände wurden Tag für Tag schlimmer, sodass sich die Lagerleitung zum Bau einer großen Latrine entschloss. Latrinen stellten das große Problem dar. Drei Mal am Tag Wassersuppe hatte bei jedem Folgen… Sand, Lehm und Backsteine aus den Trümmern von Brest-Litowsk waren genug da.

Die neue Latrine füllte sich in kurzer Zeit mit Exkrementen. Allerdings war der für den Latrinenbau verwendete, aus Sand und Lehm zubereitete Mörtel so minderwertig, dass sehr bald eine Mauer einstürzte und sich die stinkende Brühe über einen großen Teil des Lagers ergoss. Mit Chlorkalk versuchten wir der Verschmutzung Herr zu werden, denn in solchen Lagern muss man täglich mit dem Ausbruch von Seuchen rechnen. So trat zum Beispiel immer wieder Fleckfieber auf. Uns, die wir vielleicht zu Hause ein WC hatten, kam der Ekel hoch.

## „Nix kultura"

Die schiere Menge der menschlichen Ausscheidungen schaffte bei Fehlen einer Kanalisation fast unlösbare Probleme, die schließlich so gehandhabt wurden, dass wir innerhalb des Lagerbereichs große Gruben aushoben, in die man die Brühe leerte. Doch bald waren auch diese Gruben gefüllt – und wenn mal einer von uns unvorsichtig am Rand stand, konnte es vorkommen, dass er zusammen mit dem einbrechenden Erdreich in der „Scheiße" unterging. Schließlich klauten wir aus dem nahegelegenen Eisenbahngelände Schienen und verwendeten diese um, mit Zwischenlagen aus Zweigen und Erdreich, die Gruben abzudecken. Dieser Notbehelf wurde zur Dauerlösung.

Eine bessere Hygiene konnte mit den zur Verfügung stehenden Mitteln, in einem vom Krieg zerstörten Land mit niedrigem zivilisatorischem Niveau, sowieso nicht erreicht werden. Doch was geschehen konnte, geschah. So wurden die Böden der Baracken mit großen Mengen von Wasser und mit Wischlappen täglich gereinigt und danach kontrolliert. Sie machten morgens nach der Reinigung immer einen sehr „sauberen" Eindruck *(ein Beweis dafür, dass es auch ohne die heute gebräuchlichen scharfen Putzmittel geht, immerhin wurden die Böden jeden Abend von einer dicken Schlammschicht bedeckt, die die heimkehrenden Gefangenen an ihren Schuhen mitbrachten).* Wollten die Russen, den sie herabwürdigenden Ausspruch der Deutschen, „nix kultura", etwa widerlegen? Beim unwürdigen Anblick der deutschen Kriegsgefangenen drehten sie jetzt den Spieß um und bezichtigten uns, wir hätten „nix kultura".

## Doch ein wenig Kultur

Die Gründung eines hervorragenden Orchesters aus den Musikern unter den Gefangenen des Lagers Brest-Litowsk war hier ein Gegensatz und Pluspunkt in unserem neuen Leben. Ob aus Zufall oder irgendeinem anderen Grund gab es in diesem Lager Spitzenkönner auf Musikinstrumenten. Es hieß, manche hätten als Solisten im Ufa-Kinoorchester gespielt. Die im Lager befindlichen Musiker wurden jedenfalls ausfindig gemacht und fanden alsbald zu einem harmonischen Zusammenspiel. Nicht nur die Russen freuten sich an der kulturellen Tat, die sie da vollbracht hatten: Auch wir Gefangenen durften an dem Ereignis teilnehmen und das Orchester mehrmals hören. So viel Sinn für Musik hätten wir den Russen gar nicht zugetraut, nach dem, was uns vorher über sie gesagt worden war. Und es war ein Lichtstrahl in einer mehr als trostlosen Umgebung.

## Träume und Tragödien

Der Hunger veranlasste die Menschen in dem Lager zu den seltsamsten Verhaltensweisen. Auf unserer Stube innerhalb der Baracke hatten wir einen Koch und Küchenchef, der früher einmal in den besten Hotels Deutschlands tätig gewesen war und später bei deutschen Generälen und Offizieren für deren leibliches Wohl sorgen musste, wenn er für das Kasino oder einen Offizierskreis kochte. Seine bis ins Kleinste gehenden Schilderungen der Zubereitung der herrlichsten Speisen ließen bei uns das Wasser im Munde zusammenlaufen. Manchmal bewirkten sie sogar das Gegenteil und ließen uns den Hunger für eine Weile vergessen. Sie weckten die Hoffnung, dass in vielleicht besseren Tagen Lukull wieder über unserem Essen stehen würde. Aber jeder spürte, dass wir von dieser Zeit noch meilenweit

entfernt waren. Dieser Koch war ein Beispiel dafür, wie schnell
die widrigen Umstände der russischen Gefangenenlager Menschenleben auslöschen konnten. Er war schon etwas älter und
selbst seine gute körperliche Verfassung, die er seiner Tätigkeit
als Koch zuzuschreiben hatte, nützte ihm nichts mehr: Er starb
nach wenigen Monaten.

## Überlebenskunst

Es bildete sich ein Kern von Menschen unter den Gefangenen heraus, von Leuten, die ich als Lebenskünstler oder aber als robus-
te Naturen bezeichnen möchte, die dem Leben dort gewachsen
waren. Jetzt im Alter merke ich selbst, wie man immer weniger
anpassungsfähig wird – und Anpassungsfähigkeit war dort äußerst wichtig. Der schlechte Gesundheitszustand der Gefangenen
stimmte die Russen, immerhin in der Position des Siegers angelangt, trotzdem etwas nachdenklich, stellte diese Masse von
Menschen doch ein hervorragendes Arbeitspotential dar, das es
galt für ihre ungezählten Vorhaben zu nutzen. Lauter Kranke
konnten sie nicht gebrauchen. Dazu kam noch eine Eigenschaft
bei den Deutschen, die sie selbst nicht in dem Maße kannten: Die
Perfektion. Diese konnte allerdings, in Ermangelung an Hilfsmitteln, ohne die es nun einmal nicht geht, nicht in dem Maße angewandt werden, wie man es gewohnt war. Das schwere Arbeiten
ohne entsprechende Werkzeuge und im Zustand der Entkräftung
führte uns manchmal in halsbrecherische Situationen – ja, die
russische Improvisationskunst mussten wir noch lernen.

## Kiefer, Melde und Brennnessel

Ganz richtig tippte in den Frühlingstagen des Jahres 1945 die
Lagerleitung auf Vitaminmangel, der unseren schlechten Gesundheitszustand verursacht haben könnte und sann auf Gegen-
maßnahmen (*dass auch die ungewohnte Verpflegung, die sie
selbst schon seit Jahrzehnten gewohnt waren, schuld an der
Misere sein könnte, auf den Gedanken kamen sie weniger*).

Im Lager standen ein paar Kiefern, die vor langer Zeit – als das
Lager noch unter deutscher Herrschaft gestanden hatte, aus dem

Wald geholt worden waren. Damals hatten die Deutschen dieses von ihnen erbaute Barackenlager damit schmücken wollen, indem sie einige auf den freien Plätzen ohne Wurzeln in den Sand setzten. Diese Kiefern sollten nun die Vitamine bringen. Ihre bereits völlig eingetrockneten Zweige wurden gekocht und der Absud bereitgestellt zur Entnahme eines „Vitamintrunks", von dem wir reichlich Gebrauch machen sollten. Weiter wurde ein kleines Pflückkommando in die von reichlich mit Unkraut bestandene Umgebung des Lagers geschickt, um Brennnesseln und Melde zu sammeln. Daraus wurde dann Tee gekocht, der uns ebenfalls Vitamine spenden sollte.

Allein diese beiden Beispiele lassen erkennen, dass die medizinische Versorgung in jenen Tagen auf dem Punkt Null stand. Man denke an die heutige Zeit mit ihren zigtausend verschiedenen Medikamenten – dort enthielt ein Arzneimittelschrank, wenn es hochkam, vielleicht eine Flasche Jod. Das musste dann aber auch für alles herhalten *(ich komme darauf noch zurück)*.

## Lebensrettung

Die körperlichen und gesundheitlichen Probleme äußerten sich in der Hauptsache in Ernährungs- und Verdauungsstörungen. Durchfälle wechselten sich ab mit Verstopfung. Aber auch winzige Wunden konnte sich in Kürze zu einem großen Eiterherd entwickeln, der sich zum Beispiel über den gesamten Finger, die gesamte Hand oder über den gesamten Unterschenkel ausbreitete. Mein Fall sei hier beispielhaft erzählt: In meinem Zeigefinger hatte sich ein Eiterherd entwickelt, der drohte, sich über die ganze Hand zu verbreiten. Für mich begann ein Wettlauf mit der Zeit, um seine Ausbreitung zu verhindern. In einem ersten Versuch verabreichte mir eine Lagerarzt, der wahrscheinlich wenig Ahnung davon hatte, eine Betäubungsspritze, die mich beinahe ins Jenseits befördert hätte. Nach gelungener Wiederbelebung beschloss er, mich in ein anderes Krankenrevier zu einem anderen Arzt bringen zu lassen.

Das war meine Rettung. Die Vereiterung in meinem linken Zeigefinger war bereits so weit fortgeschritten, dass nur noch eine

Amputation *(zwei Glieder des Zeigefingers)* in Frage kam, um die ganze Hand retten zu können. Dieses Kunststück brachte schließlich ein Arzt aus Österreich fertig, der dafür eine Äthernarkose anwendete. In die vollkommen vereiterte Hand legte er Drainagen, die den Eiter abfließen ließen und nach Wochen zu einer Heilung führten. Dies war keine Selbstverständlichkeit, denn in den meisten Fällen war die Vereiterung nicht mehr aufzuhalten und mehr als nur eine Hand musste daran glauben. Nicht selten mussten ganze Unterschenkel amputiert werden. Dem Arzt bin ich heute noch dankbar. Hier zeigte sich echte ärztliche Kunst, der die Russen nichts Gleichwertiges entgegenzustellen hatten mit ihren sogenannten „Ärztinnen".

## Auch Improvisation konnte zum Erfolg führen

In dem völlig verwanzten und verlausten Krankenrevier, bei großem Mangel an Verbandstoffen wurde, dank ärztlicher Kunst, so manches Menschenleben gerettet. Doch wegen fehlender körperlicher Widerstandskraft oder mitgebrachter Leiden konnte dem einen oder anderen nicht mehr geholfen werden. Darüber hinaus fehlte es an Medikamenten. Nierenkranke zum Beispiel, die kein Wasser mehr ausscheiden konnten, bekamen völlig entstellte Gesichter. Sie waren kaum noch wiederzuerkennen, so aufgedunsen waren ihre Gesichter. Gerade hatte man mit ihnen noch auf der Arbeitsstelle gearbeitet, nun gingen sie einem sicheren Ende entgegen. Das war deprimierend. Gleichzeitig gab es aber auch wieder hoffnungsvolle Momente, wenn zum Beispiel im Krankenrevier kleinere Operationen trotz einer unvorstellbaren Primitivität erfolgreich durchgeführt wurden. Auch wenn ohne Apparate oder Skalpell gearbeitet wurde, sondern mit irgendeinem Messer, das wir auch zum Bleistiftspitzen und Schneiden anderer Dinge verwendeten. Und auch wenn ohne Narkose und vielleicht sogar ohne einen Helfer gearbeitet werden musste. Zum Vergleich stelle man sich ein Krankenhaus von heute vor… Auch Improvisation konnte zum Erfolg führen, das mussten wir den Russen abnehmen und abgucken, denn schließlich ging es bei der medizinischen Versorgung ihrer eigenen Leute kaum besser zu.

## Jahreswechsel 1945/46

Mittlerweile hatten die Russen die Umladearbeiten etwas perfektioniert, schließlich sahen sie in der Kriegsbeute einen ersten Gewinn ihres Sieges *(wenn sie auch mit vielen Gütern, die da ankamen, gar nichts anzufangen wussten, wenn man nur an die wertvollen und schönen Flügel und Klaviere denkt)*.

Zum Jahreswechsel 1945/46, also mitten im Winter, wurden wir - wenn ich von wir spreche, so meine ich damit ganz wahllos zusammengesetzte Kommandos, besser gesagt einen Haufen ausgemergelter Menschen – zu einem richtigen Rangierbahnhof gebracht. Dieser Bahnhof, beziehungsweise seine Gleisanlage, war bereits so angelegt, dass in einer Breite von einigen hundert Metern jeweils ein Gleis Normalspur neben einem Gleis mit russischer Spur angeordnet war. Es gab sogar einen, mehrere Gleise überspannenden Verlade- und Umladekran, der sich allerdings für die gigantischen Kisten, die die Russen da auf ihren Großgüterwagen herantransportierten, als viel zu schwach erwies. In Deutschland mit den dortigen guten Hilfsmitteln zusammengezimmert, kamen auf dem Bahnhof Kisten von Tonnengewichten an. Beim Anblick solcher Giganten, die umgeladen werden sollten, kannten die Russen nur die eine Weisheit: „Dawai, dawai".

## Kalte Füße

Dieser Weg zum Umladebahnhof und die Arbeit dort wurden nun zur Routine: Eine Handvoll ausgemergelter Gefangener musste versuchen, die tonnenschweren Kisten – für die der Kran sich als zu schwach erwiesen hatte – von einem Güterwagen auf den danebenstehenden zu hieven. Es war ein schlimmes Kommando, schon deshalb, weil sie uns bei dem kilometerlangen Anmarsch zur Arbeitsstelle nicht über Wege, sondern direkt über Wiesen und Felder dorthin führten. Bei Tauwetter, wenn die Wiesen unter Wasser standen, sogen sich unsere Filzstiefel bald damit voll. Mit nassen Füßen wurde gearbeitet, oder man stand damit herum, wenn es mit der Organisation, wie so oft, nicht klappte. Nicht selten bestand ein Arbeitstag nur aus dem An- und Abmarsch zur Arbeit, ohne dass an der Arbeitsstelle auch nur das Geringste gearbeitet wurde. Aber auch das reichte, um am Abend erledigt zu sein: Eine warme Unterkunft für Pausen oder Mittagessen auf dem Rangierbahnhof gab es nicht, sie wäre Luxus gewesen. Die ebenen Gelände um die Stadt Brest-Litowsk waren voll solcher Arbeitsstellen, die mit Kriegsgefangenen beschickt wurden. Auch mit unserem begrenzten Horizont erschien es so, als hätten wir für Jahrzehnte dort Arbeit. Tatsächlich ging aber für eine große Anzahl von Gefangenen im Frühjahr 1946 die Arbeit, die zur Hauptsache aus dem Umladen bestand, zu Ende. Bang fragten sie sich, wohin es nun gehen würde.

## Noch herrschte der Tyrann Stalin

Die Atmosphäre in dem ersten größeren Lager in Brest-Litowsk, in das sie uns in den ersten Wochen des Jahres 1945 gesteckt hatten, war alles andere als human gewesen. Damals hatten die Russen noch kein Maß für den Umgang mit den Kriegsgefangenen gehabt. Aber es bewahrheitete sich auch nicht, was die deutsche Propaganda uns vorgemacht hatte, nämlich dass die Russen keine Gefangenen machen, sondern alle liquidieren würden: Das Gegenteil war der Fall, für sie waren wir doch die besten Arbeitskräfte und wer sich in der Gegend umsah, musste immer wieder feststellen, dass dort Arbeit für Jahrzehnte vorhanden war. Eine deprimierende Erkenntnis, bedeutete es doch, dass aus einer kurzen Gefangenschaft womöglich ein lebenslanger Einsatz zur Zwangsarbeit werden könnte. Viele fürchteten genau das, wenn man sie immer weiter nach Osten und in immer neue Lager verfrachtete, wenn sie in Sibirien oder in irgendeinem anderen, tausende von Kilometern entfernten Gebiet landeten. Noch herrschte der Tyrann Stalin, unter dessen Herrschaft bekanntlich hunderttausende Menschen zum Bau von Kanälen, Dämmen und Schienennetzen eingesetzt wurden und viele dabei zu Grunde gingen.

## Angst und Hoffnung

Auch bei einem Lagerwechsel musste man Glück haben, doch das stand *(wie in meinem Fall so oft)* auf meiner Seite. In Brest-Litowsk gingen unsere Tage zu Ende: Eine größere Anzahl von

Gefangenen – darunter auch ich – wurde auf Lastkraftwagen verladen und ab ging es Richtung Osten. Anders als wir befürchtet hatten gar nicht einmal so weit. Wir staunten nicht schlecht, als wir am Ende unserer Fahrt vor einem nagelneuen Barackenlager standen. Es befand sich in der Nähe von Beresa, einem Ort oder einer Stadt, die wir nie zu sehen bekamen. Sollte dieses schön anzusehende und im äußersten Westen von Russland gelegene Lager etwa Gutes verheißen? Beinahe sah es danach aus. Sollte sich vielleicht sogar die Verpflegung *(das höchste Interesse der Gefangenen)* verbessern?

Welche Phantasie Hunger erzeugen kann, wird jemand aus der heutigen Überflussgesellschaft kaum erahnen können. Die Grenze auf diesem Gebiet zwischen Mensch und Tier schien sich immer mehr zu verwischen. Wir warfen unser westliches Gedankengut weg wie unnötigen Ballast. Unsere Kultur ging vollends flöten in einer Sumpf- und Waldlandschaft, die für Jahre unser Zuhause werden sollte. Noch hatten wir uns nicht völlig innerlich ergeben und angepasst, aber es schien weiter abwärts zu gehen und das Ende der Talfahrt war immer noch nicht abzusehen. Tatsächlich kamen wir dann zu einem Punkt, an dem wir uns – so seltsam das klingen mag – akklimatisiert hatten. Gleichgültigkeit und Resignation hielten sich mit einem gewissen Optimismus die Waage. Wir lebten in einer engen Gedankenwelt, was das Überleben betraf, und gelegentlich in den Erinnerungen früherer Zeiten, die Hoffnung aufkommen ließen.

## Große Pläne, das Lager Beresa

In dem früher zu Polen gehörenden Gebiet und weiter im Osten hatten die Russen, entsprechend ihren Mehrjahresplänen, viel vor. Besonders, was den Straßen- und Kanalbau betraf. Und wer wäre für die Verwirklichung ihrer Pläne besser geeignet gewesen als wir deutschen Kriegsgefangenen? Ein Jahr nach Kriegsende schien die russische Improvisation immer mehr in eine sinnvolle Organisation überzugehen und die Russen schienen auch ihre lebensverachtende Mentalität allmählich abzulegen, die in den Großprojekten früherer Jahre grausam zutage getreten war. Das Lager Beresa zeugte davon.

Dieses im Frühjahr 1946 mit Gefangenen aus Brest-Litowsk und anderen Gegenden belegte Lager hatten die Russen ganz neu aufgebaut, wie es schien. Wahrscheinlich waren da vor uns schon einmal andere Gefangene beim Barackenbau tätig gewesen. Beresa ist ein schon etwas größerer Ort und auch auf Karten größeren Maßstabes zu finden; es liegt in einer ländlichen Gegend, damals umgeben von zum Teil zerstörten größeren Orten, vielen Einzelgehöften, Wald, Wiesen und Sümpfen.

Beresa liegt an der Hauptstraße, die von Brest-Litowsk über Baranowitsche, Minsk und weitere Städte nach Moskau führt und mit unseren Bundesstraßen zu vergleichen ist. Diese, und auch andere schnurgerade verlaufende, Straßen, sollen von Napoleon angelegt worden sein. Der Vergleich mit Frankreich drängte sich schon deshalb auf, weil das System der Straßen dort ein ähnliches Bild ergab.

## Die Straße nach Moskau

Wundern musste man sich über die gute Befestigung der Straßen: Der Untergrund bestand aus einer dicken Schicht von großen, runden Steinen, obwohl weit und breit kein Steinbruch und keine Fundstelle derartiger Steine zu sehen war. Woher kamen die Steine? Sie mussten von weit hergeholt worden sein. Hier steigt vor einem Kenner östlicher Verhältnisse das Bild der ungeheuren Masse von Menschen und Tieren auf, die hier am Werk waren. Es ist anzunehmen, dass das Baumaterial der Straßen mit unzähligen Panjewagen hertransportiert wurde. Jetzt, Jahre danach, hatten die Russen Ähnliches im Sinn. Sie hatten nun ja Kriegsgefangene zu Tausenden und für uns vom Lager Beresa wurde der jahrelange Einsatz beim dort vorgesehenen Straßenbau zum Schicksal.

Rückblickend gesehen, wurde dieser Straßenbau mit einem gut durchdachten, aber für uns nicht erkennbaren System vorangetrieben. Wie hätten wir es auch erkennen sollen, bei unserer trostlosen Lage, wo jeder nur ein winziges Rädchen und froh war, wenn er überhaupt noch lebte. Obwohl wir mittlerweile schon jahrelang im Osten und unter den russisch-slawischen

Völkern und Menschen gelebt hatten, blieb uns vieles ein Rätsel, auch heute noch.

Den bei uns betriebenen Straßen- und Eisenbahnbau muss man sich dort X-fach vergrößert vorstellen, um eine dem Riesenreich angemessene Dimension zu nennen. Strecken von hunderten von Kilometern, die auf solcher Länge nicht eine Siedlung berühren, sind keine Seltenheit, wie es gerade im Sumpf- und Waldgebiet um Beresa der Fall war. Wir wurden über nichts weiter informiert, aber auf der etwa 1500 Kilometer langen Strecke Brest-Litowsk-Moskau konnten wir feststellen, dass in Abständen von 25 und mehr Kilometern Gefangenenlager standen, zu denen meist eine Asphaltproduktion gehörte. In dieser Dichte ermöglichten sie einen zügigeren Straßenbau, der von der fast parallel dazu verlaufenden Eisenbahnlinie und deren Stationen und Einrichtungen unterstützt werden konnte.

## Ort der Leiden und Qualen

Die im Westen übliche Denkweise des Vorausplanens schien es dort nicht zu geben, die Kunst der Improvisation sprach ich schon an. Lange Pausen wechselten sich ab mit grausam harten Arbeitseinsätzen, bei denen die Pausen wieder wettgemacht werden sollten. Der in der Nähe von Beresa liegende Entladebahnhof wurde so zu einem Ort der Leiden und Qualen. Die Anlieferung, Entladung, der Weitertransport und die Lagerung des Baumaterials für den Straßenbau musste dort und in der dem Lager angegliederten kleinen Asphaltfabrik mit unglaublich primitiven Hilfsmitteln bewerkstelligt werden. Angeliefert wurden Stücke einer teerartige Masse, die beim Transport auf flachen Güterwagen zu einem riesigen Kuchen verschmolzen. Diese stellten das größte Problem dar, weil bei jeder Zwischenlagerung der Masse, und davon gab es mehrere, diese immer wieder zu einem Kuchen verschmolzen.

## Nachtschicht

Beim Versuch, die Masse wieder in Stücke zu trennen, setzten sich auf die Gesichtshaut und andere unbedeckte Hautflächen

feinste Teerteilchen, die wir wochenlang nicht mehr loswurden.
Wir hatten ja auch nichts, um uns zu reinigen. Auch die Kleider
waren wochenlang völlig verklebt. Die schwarze Masse wurde
unmittelbar neben der Asphaltproduktion gelagert und zwar auf
großen, rechteckigen Flächen, die von kleinen Wällen umgeben wurde. Auf diesen mussten die inzwischen zu einer Masse
verschmolzenen Stücke wieder losgepickelt werden. Sogar auf
die Idee der Nachtarbeit kamen die Russen, weil die Kühle der
Nacht die Verschmutzung der Arbeiter verhindern sollte.

## Harte Arbeit, schlechte Qualität

Die teerartige Masse wurde schließlich mit einer Art von Kies,
der durch und durch mit Lehm versetzt war, in großen befeuer-
ten Trommeln vermischt, was schließlich den Asphalt für den
obersten Belag der Straße ergab. Wer jetzt noch nicht wusste,
was Improvisation ist, dem wurde es nun anschaulich vorgeführt. Wie lange würde diese Art von Asphalt halten? Bei dem
spärlichen Verkehr auf der Straße vielleicht etwas länger. Die
Umsetzung der russischen Straßenbaupläne verschlang Un-
mengen von Baumaterial, besonders diesen Kies. Und zum
Transport und Verarbeiten dieses Materials standen nicht etwa
motorgetriebene Be- und Entladevorrichtungen und große
Transporter zur Verfügung: Nein, lumpige Schaufeln und dazu
ausgediente, noch vom Kriegseinsatz stammende meist defekte, Lastkraftwagen. Wo heutzutage zwei oder drei Mann diese
Arbeiten bewerkstelligen, waren da Hunderte von uns ausge-
mergelten Kriegsgefangenen eingesetzt und standen uns gegen-
seitig im Weg.

## Sinnlosigkeit in Reinkultur

Es nutzte wenig, sich die Arbeitsmethoden mit unseren westlichen Selbstverständlichkeiten vorzustellen und diese dann
vielleicht auch noch den Russen anzupreisen, um ihr unsinni-
ges Tun zu kritisieren. Hier war man Sklave in einem Land, in
dem die Zeit vor 200 Jahren stehen geblieben war und sogar
die primitiven Arbeitsmethoden derer wir uns dort bedienten
als fortschrittlich galten. Russland ist das Land der sich endlos

ziehenden Wege. Das galt auch für unsere Märsche zur Arbeit, denn nicht immer standen Lastkraftwagen für den Transport von Menschen zur Verfügung. In der Regel lag die Arbeitsstelle zehn und mehr Kilometer vom Lager entfernt, das brachte schon der sich in die Länge ziehende Straßenbau mit sich.

Sinnlosigkeit in Reinkultur konnte man dann erleben, wenn man im Winter zehn bis fünfzehn Kilometer – also zwei bis drei Stunden – zur Baustelle marschiert war und dann wegen des tiefgefrorenen Bodens Pickeln und Schaufeln unmöglich waren. Dann wurde unverrichteter Dinge der Rückmarsch angetreten. Dabei bestand unser Schuhwerk aus Filzstiefeln, in denen unsere Füße nackt steckten. Oft waren die Märsche so anstrengend, dass wir uns, anstelle zu arbeiten, von den Strapazen erholen mussten und „so taten als ob wir täten" und auf Nachsicht unserer Bewacher hofften.

## Schier unüberwindliche Probleme

Ziel aller Bemühungen war es, die verhältnismäßig schmalen Straßen breiter zu machen. Dazu wurde der aus großen runden Steinen bestehende Untergrund entfernt und die Straßenränder weiter auseinandergezogen, sodass im Gegensatz zu vorher zwei Fahrzeuge mühelos aneinander vorbeifahren konnten. Außerdem erhielt die Straße ein anderes Profil: Sie wurde leicht gerundet, um den Regen nach außen abfließen zu lassen. Dabei taten sich wieder schier unüberwindliche Probleme auf. Die großen Steine aus dem Unterbau sollten zerkleinert werden, um den so gewonnenen Schotter gleichmäßiger verteilen und in anderer Stärke aufbringen zu können. So saßen wir zuerst einmal wochenlang am Straßenrand und waren damit beschäftigt, mit einem Fäustling die Steine zu zertrümmern und zu zerkleinern. Man kann sich vorstellen, dass angesichts der kleinen Menge Schotter, die wir da produzierten, eher ein Rückschritt als ein Fortschritt beim Straßenbau erzielt wurde. Das brachte die Russen dann doch dazu, Steinbrecher und uralte Dampfmaschinen, wie man sie in früheren Zeiten zum Antrieb von Dreschmaschinen verwendete, zum Antrieb der Zerkleinerungsmaschinen herbeizuschaffen.

# Zwei Schritt vor, einer zurück

Nun ging der Straßenbau schneller voran. Es fehlte auch nicht die Dampfwalze zum Festwalzen des Schotters und wenn die dann nach unendlich scheinender Zeit kam, war die Herstellung des Straßenuntergrundes so gut wie abgeschlossen. In monatelanger, ja jahrelanger Arbeit war so ein Straßenstück von etwa 40-50 Kilometern entstanden, auf welches nur noch der Asphalt aufgebracht werden musste. Da die Straße zum Teil durch eine Sumpfgegend führte und die russischen Straßenbauer mit solchen Verhältnissen nicht vertraut waren, kam es vor, dass sich manchmal ein breites und kilometerlanges Straßenstück, das noch nicht fertiggestellt war, absenkte und im Sumpf zu versinken drohte. Ein Schicksal, das auch der Dampfwalze widerfuhr.

Welch ausgezeichnete Vorarbeit für den Straßenbau hat doch Napoleon geleistet *(oder wer auch immer die Straßen angelegt hat)*! Mit Befriedigung muss es die Russen außerdem erfüllt haben, wenn zu diesen napoleonischen Vorarbeiten und ihren eigenen Leuten noch die deutschen Kriegsgefangenen kamen. Eine große Menge, vom Krieg herstammende Lastkraftwagen, viele davon amerikanischen Ursprungs, taten ein Weiteres. Die Spielereien der russischen Lastkraftwagenfahrer mit ihren Fahrzeugen auf ebenen Straßenstücken sind erwähnenswert. So ließen sie zum Beispiel nach kurzem Motorbetrieb ihre Wagen ausrollen, um dann kurz vor dem Stillstand den Motor wieder einzuschalten. Dabei fuhr ein Ruck durch den mit Menschen vollgepfropften Wagen, der dafür sorgte, dass alle kräftig durcheinanderwirbelten. Mit diesem Trick versuchten die Fahrer Benzin zu sparen, das sie dann an ihre Landsleute verkauften. Sie ließen dafür den mit Menschen vollgepfropften Lastkraftwagen einfach stehen und brachen zu einer Hamstertour über Land auf – und so war für uns auch mal eine Pause drin.

## Anpassungsvermögen war sehr wichtig

Die Räder der Lastkraftwagen waren grundsätzlich mit nur einer Radmutter befestigt, sodass es des Öfteren vorkam, dass ein Rad, zum Beispiel ein vorderes, sich selbstständig machte, vor das Fahrzeug rollte und der Lastkraftwagen sich zur Seite neigte. Auf Schritt und Tritt also seltsame, vorsintflutliche und nicht selten brutale Methoden. Man kann es sich heute kaum noch vorstellen, gerade die hier lebenden Westeuropäer, was das für einen Kriegsgefangenen in Russland bedeutet hat, der seine westeuropäische Mentalität nie ganz abstreifen konnte. Was es bedeutete, unter solchen Umständen leben und schwer arbeiten zu müssen. Anpassungsvermögen war sehr wichtig. Es scheint, dass ich selbst viel davon besessen habe. was auch die Fronteinsätze beweisen, sonst wäre ich nicht durch die vielen kritischen Situationen gekommen. *(Man sehe mir die gelegentlichen Bezüge auf meine Person nach)*. Lebensbedrohend war alles, dort wie hier, ob Nazi- oder Sowjetdiktatur, die in der Kriegszeit niemandem etwas schenkten, jugendliche Unbekümmertheit durfte aber nicht fehlen.

## Planwirtschaft

Nach erträglichen Tagen in den Sommermonaten des Jahres 1946, in denen wir weiter beim Straßenbau eingesetzt gewesen waren, stand wieder einmal ein russischer Winter vor der Tür. Die Sowjetführung hatte ein enormes Druckwerk erstellt, bei dem es für jede, aber auch wirklich jede, Arbeit eine Zeit- und Leistungsvorschrift gab. Dies war für uns Gefangene genauso bindend, wie für jeden anderen Bürger des Landes. Tatsächlich war es sogar so, dass die Russen auf Grund unserer besonderen Lage meinten, diese Vorgaben wären für uns Gefangene erst recht bindend bei unseren Arbeitsleistungen. Dieses Druckwerk war ein deutlicher Hinweis darauf, dass es in den höchsten Ämtern der Sowjetunion doch eine ausgewachsene Bürokratie gab, die fernab jeder Realität, wie sie draußen im Land anzutreffen war, Regeln für Arbeit und Zeit aufstellte.

Einen krasseren Gegensatz zu dem, was sich die da oben ausgedacht hatten und dem, was hinsichtlich von Arbeitsleistungen am Ende herauskam, kann man sich nicht vorstellen. Das Normsystem war in aller Munde, hauptsächlich wegen seiner Unerfüllbarkeit.

# Ein Glücksfall

Der Winter 1945/46 war noch bei allen in unangenehmer Erinnerung; die Folgen eines langen Krieges, die dem Land sehr zugesetzt hatten, mussten alle, ob Bürger oder Kriegsgefangene, in gleicher Weise tragen. Doch nun, im Winter 1946/47 schien sich eine leichte Besserung in den Verhältnissen anzubahnen. Trotzdem gab es auch in diesem Winter nur wenige Tage, die wir vollständig im Lager verbringen durften. Ob Schnee, Regen, eisige Kälte oder Sturm, die Gefangenen mussten aus dem Lager raus, um die Norm zu erfüllen – wie so ein Arbeitstag dann aussah, habe ich ja bereits geschildert. Aber für mich gab es plötzlich eine Erlösung von den Strapazen: Mit den Jahren wurde vieles besser, besonders in dem Lager Beresa. Das lag sicher auch daran, dass wir auf einem Niveau der Bedürfnislosigkeit angekommen waren, auf dem schon die kleinste Verbesserung unendlich viel bedeutete. Und dann geschah ein großer Zufall, ein Wunder, ein Glücksfall für mich: Beim Einrichten des Lagers Beresa setzten die Russen, neben dem russischen Lagerkommandanten, dem alles unterstand, noch einen für sie doch sehr wichtigen deutschen Lagerkommandanten ein. Er hieß Hauptmann Gabriel und war mein früherer Batteriechef aus dem Jahr 1944. Jetzt nach zwei Jahren trafen wir uns wieder.

## Schreibarbeiten und Musik

Hauptmann Gabriel wollte eine Lagerkartei mit den Namen aller Gefangenen anlegen. Für diese Arbeit wählte er mich aus und so konnte ich mehrere Wochen tagsüber in der gut durchwärmten Kommandantenstube verbringen. Ein unvorstellbares Glück für mich. In dem Quartier war auch der Lagerarzt, der noch zu erwähnende Dr. Weegmann aus Bamberg, untergebracht, den ich bei dieser Gelegenheit kennenlernte. Er war ein Vermittler von Interessen der russischen Lagerleitung und uns Gefangenen, die wir doch immer noch auf einer Stufe unterhalb des Menschseins, zumindest nach westeuropäischen Maßstäben, standen.

In dieser Lage hatte sich Dr. Weegmann etwas Besonderes ausgedacht und vorgenommen, etwas, was seinen Grund auch darin hatte, dass er Cello spielen konnte. Ein kleines Orchester sollte entstehen. Einige wenige, nicht Unterzukriegende, konnte er für diese Idee gewinnen. Ich weiß nicht, wie sie es machten, aber diesen wenigen schien unser Gefangenenleben nichts anzuhaben. Ihr bewundernswerter Humor und ihre positive Lebenseinstellung hoben sich von der dumpf dahinvegetierenden Masse, wozu die graubraune Gewandung bestens passte, gewaltig ab. So hatten sie das Kunststück fertig gebracht, fast unbemerkt von ihrer Umgebung ein Cello und einige Violinen aus Material zu bauen, das sie bei Holzarbeiten beiseitegeschafft hatten. Bald war auch ein Flügel zur Stelle, einige Musiker, die mit den Instrumenten umgehen konnten und ein Sänger. Das Orchester war komplett. Ein Wunder.

## Zwischen Brutalität und Menschlichkeit

Konzerte und Theateraufführungen wechselten sich hinfort ab und trugen viel dazu bei, unser Elend etwas zu vergessen. Es war nicht die einzige Tat, die Dr. Weegmann, ein ruhiger und nachdenklicher Mensch, da vollbrachte, später mehr davon. Sollte über dem Lager Beresa vielleicht ein Glücksstern stehen? Man hätte es vermuten können, nach dem, was sonst noch geschah: Russen scheinen zwei stark gegensätzliche Seelen in sich zu bergen, in einem Fall kommen Wut, Brutalität und Robustheit zum Ausdruck, im anderen Naivität, Sentimentalität und Menschlichkeit. Von letzterer muss der russische Lagerkommandant Pyrobar des Lagers Beresa eine Menge besessen haben, wenn er tagtäglich, und besonders am Sonntag, mehrere Gefangene in die nähere Umgebung nach draußen ließ, damit sie Lebensmittel, vor allem Kartoffeln, erbetteln konnten.

Unvergesslich wird mir der Tag bleiben, an dem er das ganze Lager nach draußen ließ. Wir enttäuschten ihn nicht, keiner haute ab, oder stellte draußen etwas an. Auf diese Weise bekamen wir Kontakt mit der dort lebenden Bevölkerung, Menschen, die man als eine Mischung aus Russen und Polen *(eine Folge der wechselvollen Geschichte dieses Landstrichs)* bezeichnen könnte. Es waren sehr einfache Menschen, unpoli-

125

tische, von denen einige nicht einmal den Namen Stalin kannten. Wir fühlten uns wie in das 18. Jahrhundert zurückversetzt. Jawohl, nicht in das 19. Jahrhundert, sondern in das 18. Jahrhundert.

## Kostbarkeiten

Die Verbesserung der Lebensumstände drückte sich auch darin aus, dass fast jeder jetzt einen kleinen Vorrat an Kartoffeln, Tabak, ja sogar an Eiern und Butter hatte. Man arbeitete sich hoch und wandte dabei oft die seltsamsten Methoden der „Bereicherung" an: Für einen Klumpen Seife, den ich aus kleinen Stücken zusammengeschmolzen hatte, bekam ich im Tausch ein Säckchen Kartoffeln, die damals nicht mit Gold aufzuwiegen waren, ebenso das Brot, das man zusätzlich erwarb. Einmal im Leben wieder eine Scheibe von einem Laib Brot nach Belieben abschneiden zu können, der Traum schien ausgeträumt. Wenn wir heute mit einer Selbstverständlichkeit Torte essen, sei daran erinnert: das Brot von damals hatte eine ungemein höhere Bedeutung, weil es das Lebensmittel war, von dem unser Leben ganz stark abhing. Wenn es fehlte, wie es an manchen Tagen der Fall war, drückte uns der Hunger vollends nieder.

## Menschliches, allzu menschliches

Man sollte meinen, dass unter solchen Umständen die Solidarität unter den Gefangenen gewachsen wäre, doch das Gegenteil war der Fall. Wie bereits erwähnt, gab es da eine Grenze, unter der sich menschliche Verhaltensregeln ändern, sich zum Tierischen hinbewegen. Das ausführlicher zu behandeln, würde eine eigene Abhandlung ergeben, deshalb nur ein sprechendes Beispiel: Wieviel besser und sinnvoller wäre es gewesen, hätte man die organisierten Kartoffeln und das, nur spärlich vorhandene, mitgebrachte Brennmaterial zusammengetan und damit über einem großen Feuer in einem großen Kessel die Kartoffeln gekocht. Weit gefehlt. Die anschließende Verteilung der gekochten Kartoffel wäre sicher, wie von anderen Vorkommnissen her bekannt, zu einer Schlägerei ausgeartet. So machte sich ein jeder sein eigenes Feuerchen, auf dem er seine Konservendose mit Kartoffeln kochte. Fünfzig und mehr Dosen standen dann auf einem Feuerband, das das halbe Lager durchzog. Die Essenszubereitung war die wichtigste Tätigkeit des ganzen Tages, wenn die Arbeit zu Ende war und wir uns wieder im Lager befanden.

## Lageralltag

Die oft nicht gerade sinnvollen Arbeitseinsätze erinnerten eher an moderne Sklaverei. Die vielen dafür eingesetzten Menschen erschwerten allerdings den Überblick für die Bewacher, sodass der eine oder andere sich drücken konnte. Bei bestimmten Einsätzen ging das auch gar nicht anders, wenn man, wie es oft vorkam, am Rande der Erschöpfung stand. Das führte dann aber wieder dazu, dass viele glaubten, für die anderen mitarbeiten zu müssen. Einige weitere Streiflichter aus dem Lager und vom Lagerleben sind ebenfalls erwähnenswert: Für eine riesige Baracke gab es nur einen Ofen, der noch dazu nicht etwa in der Mitte der Baracke stand, sondern in einer Ecke. Das verlieh ihm einen eher symbolhaften Charakter, da er es so nicht vermochte, den Raum gleichmäßig zu heizen. Wer sich nun denkt, da hätte es wenigstens einen Heizer und ausreichend Brennholz gegeben, der täuscht sich. Wie so viele andere Dinge, wurde auch das Heizen dem Zufall überlassen. Hätten wir nicht selbst das Brennmaterial mitgebracht, wäre nie in dem Ofen Feuer gemacht worden.

## Strukturlosigkeit

Davon abgesehen, hatte auch die Zeit- und Arbeitseinteilung ihre Besonderheiten. Ironisch ausgedrückt, hätte man sagen können: „dem Glücklichen schlägt keine Stunde", oder, auf unsere Verhältnisse bezogen, „der Glückliche braucht keinen Sonntag". Zumindest keinen Sonntag, wie er allgemeinverbindlich im Kalender steht… Wir arbeiteten fünf Tage, denen sich ein freier Tag anschloss. Das war dann der Sonntag. Allerdings konnten zwischen den freien Tagen auch durchaus mehr als fünf Tage liegen, je nachdem, wie wichtig die anfallenden Arbeiten eingestuft wurden. Jahrhundertealte Traditionen wurden da aufgegeben, es war ein Experimentieren des Sowjetstaates, um vielleicht noch mehr aus den Menschen herauszuholen. Warum sollte sich das atheistische Russland an das Gebot halten: Du sollst den Feiertag heiligen? Wir, die wir aus dem Westen kamen, gaben es schließlich auf, mit der jahrhundertealten westlichen Zeiteinteilung zu leben, bei der man sich noch auf den Sonntag freuen konnte, und stellten uns auf das neue System ein.

## Feiertagssucht

An den freien Tagen glich die Baracke eher einer Tabakfabrik als einem Ort des Schlafens und Faulenzens. Die meisten waren mit Tabak *(Machorka)* schneiden beschäftigt und verursachten einen wahnsinnigen Lärm. Dieser russische Tabak war für die Einheimischen in der gerade herrschenden Hungerzeit ebenso wichtig, wie für sehr viele Kriegsgefangene, die es ihnen nachmachten, wenn sie sich mit einem Stück Zeitungspapier und dem geschnittenen Machorka eine Zigarette drehten. Es werden nur Raucher verstehen können, wenn für sie ein Beutelchen Tabak und ein Stück Zeitungspapier *(auch Letzteres war Mangelware)* genau so viel, oft sogar mehr wert waren als ein Stück Brot. So wurde mit Rauchen Hunger gestillt, das Brot eventuell für Tabak eingetauscht und ein lebensgefährlicher Kreislauf in Gang gesetzt, der nur mit heutigen Verhältnissen aus der Drogenszene zu vergleichen ist. Viele mussten nur aus diesem Grund ihr Leben lassen, doch dort krähte kein Hahn danach.

## Zynische Untersuchungen

Bei den gesundheitlichen Untersuchungen zog man die Haut, die bei vielen, meist Rauchern, nur noch dünn wie Papier zu sein schien, als Kriterium heran. Das war zynisch, aber so kam man schnell mit der Besichtigung der Knochengestelle vorwärts. Mit Daumen und Zeigefinger zogen die sogenannten Ärztinnen die Haut über den Rippen etwas hoch. Ihre Blicke, wenn da so einige hundert Männer nackt an ihnen vorbeizogen, hatten schon etwas Besonderes an sich und der eine oder andere konnte mit einer besseren Behandlung rechnen. Jahrzehnte nach diesen Erlebnissen konnte ich unseren Lagerarzt Dr. Weegmann noch einmal treffen, was für mich ein glückliches Ereignis war. Bei unserer Zusammenkunft erinnerten wir uns an diese Gesundheitskontrollen, bei denen er ebenfalls zugegen gewesen war, und er erzählte von den unvermeidlichen zweideutigen Gesprächen der „Ärztinnen", die er damals mitbekommen hatte. In diesen Gesprächen ließen sich diese obszön über den Anblick der Männer aus. Das wunderte mich nicht. Im Fluchen und derbem Ausdrücken sind die Russen Meister, wieso sollten die Frauen sich nicht auch darin übertreffen?

## Umerziehung

Ob Amerikaner oder Russen, alle dachten sie darüber nach, wie man den Bazillus Nationalsozialismus, von dem das deutsche Volk zwölf Jahre lang infiziert wurde, unschädlich machen könnte. In uns Gefangenen sahen die Russen einen konzentrierten Haufen, von dieser Weltanschauung infizierter Menschen, der sozusagen „entseucht" beziehungsweise umerzogen werden musste. In den Lagern wurde die „Antifa" gegründet. Sie bestand in der Hauptsache aus Leuten, die vor 1933 schon politisch links gestanden hatten oder Kommunisten gewesen waren *(oder das zumindest vorgaben)*, aber auch aus jüngeren Deutschen, die hofften, mit dem Beitritt zur Antifa ihre Lage verbessern zu können. Diese Antifa veranstaltete regelmäßig politische Versammlungen, die dem Zweck der Umerziehung dienten.

## Lagerzeitung

Unterstützt wurden die Umerziehungsbestrebungen der Antifa durch eine in Deutsch erscheinende „Nationalzeitung". Für diese Zeitung lieferten Generäle, die in Gefangenschaft geraten waren, ebenso Beiträge wie Politiker, die später in höchste Ämter aufsteigen sollten wie zum Beispiel Pieck und Ulbricht. Die regelmäßig an einer Wandtafel angeschlagene „Nationalzeitung" war das einzige in Deutsch gedruckte Wort, das wir zu sehen bekamen. Aus einer ihrer ersten Nummern erfuhren wir von den NS-Vernichtungslagern. Es traf uns wie eine Keule, weil dadurch offenbart wurde, dass es in dem Staat, für den man immer noch eine gewisse Sympathie hegte, einen zweiten Staat gab, der noch brutaler vorging. Wir wollten es zunächst nicht glauben, was da in diesen Lagern geschah, schon deshalb nicht, weil man sich nicht vorstellen konnte, dass wir, die wir überall in den Ostgebieten herumgekommen waren, davon nichts gehört und gesehen haben sollen. In weiteren Nummern der „Nationalzeitung" erschienen seitenlange Aufstellungen über die Schäden, die die Deutschen in der Sowjetunion angerichtet hatten und die *(ohne die Verluste an Menschen zu berücksichtigen)* astronomische Summen in Rubeln ergaben.

## Politik im Lager

Das zerstörte und ausgeblutete Land schlug nun auf uns zurück. Wohl dem, den es nicht zu hart traf. Zu letzteren will ich mich und meine Mitgefangenen zählen. Dennoch trägt dieses Kapitel nicht umsonst die Überschrift „Von einer Diktatur in die andere", denn für uns bedeutete die Zeit nach dem Krieg Freiheitsentzug ohne Ende. Uns beschäftigte vor allem, wie die Russen mit uns umgingen und wie wir mit der dürftigen Verpflegung überleben sollten. Das ließ ein Interesse an politischen Dingen bei den meisten gar nicht erst aufkommen.

Dennoch gab es ein politisch eingefärbtes Milieu, das einen kleinen Teil der gesamten Lagerinsassen umfasste. Es bestand zumeist aus Menschen, die von jeher schon links standen und jetzt lautstark ihre politische Meinung vertreten konnten. Kommunisten und Sozialdemokraten bekannten sich offen zu ihrer ideologischen Überzeugung und wurden von den Russen wohlwollend unterstützt. Ich erinnere mich an einen Mann aus Braunschweig, der früher Mitglied der SPD war und nach 1933 viel zu leiden gehabt hatte. Er ersehnte nichts inbrünstiger, als seine baldige Heimkehr, um wie er sagte, seine damaligen Peiniger zu bestrafen. Wie er das genau meinte, sagte er nicht.

Es war schon eine seltsame Mischung unterschiedlicher Menschen, die sich da zusammengefunden hatte. Und es war nicht einmal uninteressant, wenn man sich mit den Einzelnen unterhielt. Dabei war nicht zu übersehen, dass diejenigen unter den Gefangenen, die sich als politisch links zu erkennen gegeben hatten, die Zustände im Lager und die russische Desorganisation, die wir anderen andeutungsweise kritisierten *(soweit wir dies als Deutsche überhaupt wagten)*, einfach ignorierten.

## Abgeschnitten und ausgehungert

Hitler-Deutschland war untergegangen, das wussten wir, doch wie es jetzt in der Heimat aussah, davon hatten wir nicht die geringste Ahnung. Es gab keine Zeitungen, kein Radio und der Kontakt zu den Angehörigen war auf Jahre unterbrochen. Letzteres war, möchte man fast sagen, bewusst von den Russen gewollt. Lediglich die Organisationen des Roten Kreuzes und seine russische Entsprechung machten überhaupt einen minimalen Briefverkehr möglich. Dank dieser Organisationen konnte ich nach zwei Jahren Gefangenschaft Kontakt zu meinen Eltern aufnehmen.

Die permanenten Schwierigkeiten, die die Russen bei unserer Verpflegung hatten, drückten sich in einem sehr wechselhaften Speiseplan aus. So konnte es vorkommen, dass wir an einem Tag feinsten Lachs aus den großen Flüssen des Landes serviert bekamen, der bei uns von jeher als eine besondere Delikatesse angesehen wird, und am nächsten Tag eine an Minderwertigkeit nicht zu überbietende Kapusta-Suppe auf dem Tisch stand.

Ein andermal wurden uns zentnerweise gefangene Kleinfische, unseren Kieler Sprotten ähnlich, mit Dreck und Sand dazwischen und grob gesalzen mit Salzkristallen vorgesetzt – die in diesem Zustand mit Heißhunger genossene Masse verursachte ganz schlimme Durchfälle… Einmal brachten sie tatsächlich, wir trauten unseren Augen nicht, halbverdorbene Würste an, die ersten und letzten in russischer Gefangenschaft, wozu in ihrer Einmaligkeit auch Eier, Milch, Schokolade usw. gehörten. Lebensmittel, die überhaupt nicht auftauchten, oder höchstens nur einmal in all den Jahren.

## Mangelnde Hygiene und medizinische Ausrüstung

Die Versorgung der Krankenreviere mit den nötigsten Medikamenten und Verbandsmitteln war ein weiteres Problem. Jod musste als Allheilmittel herhalten, davon gab es anscheinend genug. Fast belustigend war die ärztliche Behandlung eines geschwollenen Gesichtes bei einem Gefangenen: Es sah nach Mumps aus, weil die Geschwulst an der mit Jod bestrichenen Stelle wohl verschwand, dafür aber daneben wieder auftauchte; wieder wurde die Stelle mit Jod bestrichen und wieder wanderte die Geschwulst weiter, bis es einmal um das ganze Gesicht gewandert war. Dass Läuse und Wanzen in den Revieren die Pein der Kranken noch steigerten, dürfte kaum verwundern. Mit diesen Tierchen hatten wir es ständig und überall zu tun. Da half auch das in den Krankenzimmern Tag und Nacht brennende Licht nicht, das die Blutsauger vertreiben sollte. Die hatten sich nämlich schon längst in den Verbänden eingenistet.

## Verbrannte Wälder

Der Mangel an Kohle und das Vorhandensein von riesigen Wäldern führte dazu, dass Holz zum Brennmaterial für alles Mögliche genommen wurde. Am seltsamsten mutete es an, wenn sogar die Lokomotiven der Eisenbahn es verwendeten. Es dürften ganze Wälder gewesen sein, die zum Betrieb der Bahnen verloren gingen, man stelle sich die Menge vor, die die Feuerung einer Lokomotive frisst.

In diesem Fall waren Improvisation und schiere Not nicht mehr zu unterscheiden, denn auch den Russen war klar geworden, dass ihre wenigen Verkehrsadern, die Bahnen, jetzt von höchster Bedeutung waren. So konnte man beobachten, dass in regelmäßigen Abständen riesige Holzlager, endlose Stapel von meterlangen Scheiten, sich neben den Gleisen befanden. War das Brennmaterial für die Lagerküche mal zu Ende, so marschierte das ganze Lager zu solch einem Holzstapelplatz der Eisenbahn. Dann musste jeder ein Scheit schultern und es über viele Kilometer zum Lager tragen.

## Offene Fragen und Staunenswertes

Dass die Scheite schon viel zu schwer für uns waren und mit Ächzen, Stöhnen und Fluchen mühsam zum Lager getragen wurden, war ein Zeichen unserer Entkräftung. Wie sollte das mit uns weitergehen? Tagtäglich die schweren Arbeiten und immer die gleiche Verpflegung, von der man oft annahm, der Koch hätte sie aus dem letzten, was er gerade noch fand, zubereitet. Es musste schon der Eindruck aufkommen, unsere Bewacher und Aufseher hätten da eine Herde Tiere vor sich, die es galt mit Flüchen, lauten Schreien und gelegentlich auch Tritten anzuspornen. Als Kunststück besonderer Art muss man es schon gelten lassen, dass beim Betrieb der eingleisigen Bahnen nie etwas passiert ist, obwohl die Güterzüge in zeitlich sehr kurzen Abständen fuhren und das natürlich in beide Richtungen. Die Sicherungssysteme, also Signale und andere dafür verwendete Einrichtungen, könnte man als vorsintflutlich bezeichnen. Vielleicht wurden die Bahnbedienstete bei ihrem schweren Dienst durch den Tag und Nacht fließende Strom von Beutegut aus Deutschland beflügelt. Was kam da nicht alles an! Dinge, die man nie in seinem Leben zuvor gesehen hatte *(zum Beispiel Autos der Marken Wanderer, Mercedes, Horch, Opel etc.)*. Und was ging davon nicht alles in unkontrollierbare Kanäle…

## Wie eine Tierherde

Den Umgang mit Menschenmassen schienen die Russen besser zu verstehen, als den Umgang mit Technik. Mit unserer Mentalität empfanden wir ihr Vorgehen als eine Vergeudung von Menschenkraft. Es musste schon der Eindruck aufkommen, unsere Bewacher und Aufseher hätten da eine Herde Tiere vor sich, die es galt mit Flüchen, lauten Schreien und gelegentlich auch Tritten anzuspornen. Hatte eine große Masse von Menschen sich zu bewegen, so wurden Marschkolonnen aus Fünferreihen gebildet, die auch das Zählen erleichterten. In gleichen Formationen ließen die Russen die Gefangenen vor den Baracken antreten, wo sie *(wie auch bei anderen Gelegenheiten)* gezählt wurden. Eine Prozedur, die sie bei ihrem großen

Misstrauen den Deutschen gegenüber und in Erwartung einer eventuellen Strafe beim Fehlen von Gefangenen, nicht oft genug wiederholen konnten.

## Wertlose Menschenleben, wertvolle Arbeitskraft

Eines Tages fehlte dann doch einer bei so einem Zählvorgang. Er war einfach nicht aufzufinden und so wurde bis in die späte Nacht hinein gezählt und gezählt. Unsere Bewacher waren fast der Verzweiflung nahe, bis der Mann schließlich schlafend in einer Ecke der Baracke aufgefunden wurde. Kam ein Mensch durch einen Unfall oder Krankheit zu schaden, so war es eben einer weniger. Flucht dagegen war ein ungeheuerliches Vergehen, bei dem die Ausreißer, wurden sie erwischt, fast zu Tode geprügelt wurden. Die Flucht sollte auch dadurch erschwert werden, dass um die Lager herum mindestens zwei Stacheldrahtzäune in sehr großem Abstand gezogen wurden. Die Fläche zwischen den Zäunen und die Fläche vor dem äußersten Zaun bestanden aus Sand und wurden fast täglich sauber geharkt, um so die Fußspuren der Flüchtenden auszumachen. Natürlich durften auch die Wachtürme an den vier Ecken des Lagerareals nicht fehlen.

## Jenseits der Zivilisation

Der Marsch in Fünferreihen, wenn die Kolonnen zum Beispiel durch die Stadt Brest-Litowsk geführt wurden, vereinte Komik und Tragik in sich, wenn es darum ging eine weggeworfene Zigarettenkippe von der Straße aufzuheben, oder, wenn einer seine Notdurft verrichten oder urinieren musste: Die Raucher rannten, von ihrer Leidenschaft getrieben, jeder Kippe nach und steckten dafür manchen Kolbenhieb der Bewacher ein. Im anderen Fall setzte sich der von seinem Drang gepeinigte in die Hocke und verrichtete so, oder stehend sein Geschäft. Das Schamgefühl schien sowieso nicht zu existieren, so sehr hatte uns alles bisher Erlebte schon mitgenommen. Es muss als Zeichen von körperlicher Schwäche verstanden werden, wenn


das Urinieren und die Verrichtung der Notdurft nicht zurückgehalten werden konnten, sodass während des ganzen Marsches der Kolonne sich immer wieder einer hinsetzen oder hinstellen musste, um etwas los zu werden. Die Kolonne marschierte dann um ihn herum und schützte ihn so etwas vor den neugierigen Blicken der anderen Menschen in den Straßen.

## Isolation der „Infizierten"

Es gab Russen, die man hinsichtlich ihres Schicksals fast mit uns vergleichen konnte – nämlich diejenigen, die entweder in deutscher Kriegsgefangenschaft oder als Arbeitskräfte in Deutschland verpflichtet gewesen waren. Über sie hatten ihre eigenen Landsleute eine sonderbare Meinung: Sie seien gewissermaßen während ihres Aufenthalts im Westen von dessen negativen Einflüssen infiziert worden und müssten deshalb zunächst einmal isoliert werden von den anderen Russen. Zum Beispiel von unseren Wachsoldaten, worunter tatsächlich kein „infizierter" Russe zu finden war *(sie sollten nicht der deutschen „Infektion" anheimfallen)*. Nun, die endlosen Weiten Russlands boten genügend abgelegene Gegenden, um solche Menschen zu isolieren, weit im Osten, wo sie umerzogen wurden und harte Arbeit verrichten mussten. Hin und wieder traf man einen Russen, der längere Zeit in Deutschland verbracht hatte und an seinen guten Deutschkenntnissen zu erkennen war. Sie hoben sich – nun auch Deutsch sprechend – fast von den anderen Russen ab, vor allem, wenn diese noch dazu aus dem asiatischen Teil des Landes stammten.

## Strategische Maßnahmen

Es waren schon seltsame Maßnahmen, die man vom Standpunkt eines Politikers aus sehen muss. Wie zu beobachten war, wurden die für unsere Bewachung abgestellten russischen Soldaten äußerst streng gehalten. Sie mussten auf große Distanz uns gegenüber gehen, durften sich mit uns eigentlich gar nicht unterhalten und schon gar nicht auf einen Handel mit uns einlassen. Viele der jungen Russen kamen aus weit im Osten des Landes liegenden Gegenden. Ihre Bedürfnislosigkeit stand oftmals im krassen Gegensatz zu jenen, die im Westen des Landes zu Hause und so entsprechend anspruchsvoller waren. In der Mitte der 40er Jahre – der Zeit, als viele Deutsche Russland genauer kennenlernten, allerdings in einer recht unangenehmen Art und Weise – vermittelten Land und Leute stets den Eindruck in einer Zeit zu leben, die gut 100 und mehr Jahre zurückgelegen haben könnte. Es war schwer vorstellbar, dass dieses Gebiet noch zu Europa gehören sollte, so unterentwickelt stellte sich die Zivilisation dar und das Wenige davon war noch vom Krieg zerstört.

## Zurück an die Arbeit!

Kommen wir zurück auf den, in vorhergehenden Abschnitten beschriebenen, Straßenbau und stellen wir uns vor, er wäre von einer professionellen Firma ausgeführt worden *(die es damals in Russland nicht gab)*. Am Ausbau dieser für Westrussland sehr wichtigen Straße wurden neben uns Kriegsgefangenen auch viele Russen, Aufseher, LKW-Fahrer und Maschinisten eingesetzt, eine so hohe Zahl von Menschen, die doch ein Mindestmaß an Organisation voraussetzte, um das Ganze nicht im Chaos enden zu lassen. Wenn wir es richtig gesehen haben, bestand der Kopf des Unternehmens, zuständig für einen 50 Kilometer langen Abschnitt der Straße sowie die Hunderten dort arbeitenden Menschen, aus einem winzigen Büro, in welchem ein Russe als „Büroangestellter" die Fäden in der Hand hielt. In unseren Breiten wären dafür bestimmt 20 und mehr Leute angestellt worden, heute wäre auch mindestens ein Computer für sie da.

## Das Land der „unbegrenzten Unmöglichkeiten"

Dieser Mann, der Listen führte und Abrechnungen erstellte, war so arm, dass er die von uns weggeworfenen Kartoffelschalen sammelte und für sich kochte. Ein Zeichen dafür, dass alle in dieser Gegend, aber auch wirklich alle, unter Nahrungsmangel litten. Da waren wir Gefangene eigentlich im Vergleich dazu noch reich, wenn wir unsere rohen Kartoffeln dick schälen konnten und die Russen die Schalen essen mussten. Möglich im

Land, wie ich immer sagte, der „unbegrenzten Unmöglichkeiten". Der organisatorische Kopf des Straßenbauunternehmens bestand also aus dem winzigen Baubüro und dem darin tätigen Buchhalter, der ebenfalls nach dem Normsystem entlohnt wurde und an diesem System gemessen, würden wir Gefangene – so die russischen Funktionäre – nicht einmal das Salz für die Suppe verdienen *(das bekamen wir oft genug zu hören)*. Sich dagegen zu stellen wäre sinnlos gewesen, die Diktatur befahl und wenn es noch so unsinnig war.

## „Hunger als Laster"

Der Hunger war, wie gesagt, unser ständiger Begleiter. Vor allem in den ersten Monaten unseres Gefangenendaseins verursachte er Krankheiten und ein sonderbares Verhalten der Menschen untereinander. Vor Jahren konnte man in den Zeitungen sogar den Ausdruck: „Hunger als Laster" lesen, der auf Grund von Erzählungen russischer Kriegsgefangener geprägt wurde. Was eine solch unglaubliche Feststellung bedeutet und wie richtig sie ist, wird jeder ehemalige Gefangene bestätigen: So wie Völlerei eine Art Befriedigung beim Menschen hervorrufen kann, so auch der Hunger. Der Mensch neigt nun einmal zum Übertreiben. Bei vielen Gefangenen konnte gerade in den ersten Monaten des Aufenthaltes im sowjetischen Bereich ein Persönlichkeitsverfall, wie ich es nennen möchte, festgestellt werden. Sich in einem Land zu befinden, das man als Soldat kurz zuvor mitgeholfen hat, übel zuzurichten, das rief ein hohes Gefühl der Unsicherheit hervor. Zwar hatten die Russen den Krieg gewonnen, aber es gab neben dem zerstörten Land noch die unermesslichen Menschenverluste in ihren eigenen Reihen, die Hassgefühle aufkommen und unser Schicksal ihnen gleichgültig erscheinen ließen.

## Gewöhnung

Es war eine große seelische Belastung, die wir zu tragen hatten, besonders dann, wenn der eine oder andere Russe seinen Hass offen zeigte, sei es als Aufseher über uns oder als Wachsoldat, und in sadistischer Manier die Gefangenen bis zum Ende ihrer

Kräfte antrieb. Als wir ein Jahr nach Kriegsende in das Lager Beresa eingewiesen wurden, spürte man bereits einen Hauch von Besserung in den Verhältnissen. Die schier für unmöglich gehaltene Anpassung hatte sogar Fortschritte gemacht, der Hunger, immer noch unser ständiger Begleiter, hatte etwas nachgelassen, dank unserer erbettelten Zusatzverpflegung. Diese Betteltouren über Land strengten sehr an, oft mehr als die Arbeit auf der Baustelle, aber es trieb einen von Haus zu Haus, wo wir Kartoffeln, und wenn es hochkam, etwas Brot ergattern konnten. Da standen wir vor den Türen der armseligen Hütten, einige Brocken Russisch gacksend, bettelnd. Nicht selten war das Groteske dabei, dass die Hüttenbewohner noch ausgemergelter aussahen, als wir selbst. Eine unbeschreibliche Atmosphäre, eigentlich in einem Bereich weit unterhalb des Existenzminimums angesiedelt.

## Helden ohne Anerkennung

In dieser schweren Nachkriegszeit, in der Gegend um Beresa, waren es gerade diese kleinen Bauern, die den Ertrag brachten, die uns und die andere Bevölkerung vor dem Verhungern bewahrten. Unwirtschaftlich arbeitende Kolchosen konnten die Lage auch nicht wesentlich verbessern. Angebaut wurden fast nur Kartoffeln, kaum Getreide, die Wiesen standen leer, weil es kaum Kühe gab. In mühsamer Arbeit rangen die Menschen dem Boden ab was nur ging, Mist wurde von ihnen mit kleinen Spaten, auf dem Boden kniend, Stück für Stück in die Erde eingearbeitet.

In gleicher mühsamer und sorgfältiger Weise wurden die Kartoffeln dem Boden entnommen. Keine einzige mehr wurde auf solch einem Acker gefunden – im Gegensatz zu den Feldern der Kolchosen, die eine wahre Fundgrube von liegen gelassenen Kartoffeln bildeten. Das Normsystem machte das möglich: Wenn es darum ging, pro Tag ein möglichst großes Kartoffelfeld abernten zu müssen, spielte die Menge der geernteten Feldfrüchte wohl keine Rolle. Die eventuell eingesetzten Maschinen konnten daher gar nicht schnell genug über die Felder fahren. Bei diesem Verfahren blieben viele Kartoffeln in der

Erde zurück und für eine Nachlese gab es keine Zeit, Schlamperei in Reinkultur.

## Wieder Winter

Im Barackenlager Beresa stand uns nun der erste Winter, der von 1946/47, bevor und ich erinnere mich, dass genau am 1. September 1946 der Frost, mit Temperaturen weit unter null Grad einsetzte. Das bereits in dieser Gegend herrschende kontinentale Klima mit langen, harten und trockenen Wintern wurde uns zu einer neuen Erfahrung. Die Winter deshalb trocken, weil sich eine im Spätherbst gebildete Schneedecke über Wochen halten konnte, ebenso die darüber liegende Kälte, höchstens mal von einem Sturm abgelöst, weniger vom Regen. Die Abgeschiedenheit des Lagers, das flache Land, die schmucklosen Baracken, die wochenlang im tiefen Schnee versunken waren, und die eintönige Arbeit, die trotz Kälte unerbittlich verrichtet werden musste, das alles empfand man als ungeheuer deprimierend. Es war ganz anders als in den heißen, trockenen Sommern, in denen die unberührte Gegend einem Naturfreund, der nicht das Schicksal der Gefangenschaft erlebt, schön und unverdorben erschienen wäre.

## Heimweh

In der Trostlosigkeit fehlte ein wichtiges und aufbauendes Moment: Die Verbindung mit der Heimat und mit den Angehörigen. In den beiden ersten Jahren durften wir überhaupt nicht schreiben und erhielten auch keine Post. In der restlichen Zeit kamen etwa zwei bis drei Kontakte mit der Heimat zustande, Schriftliches, das nicht mehr als eine Postkarte ausfüllen durfte. So blieb als Quelle von Neuigkeiten aus der Heimat nur noch die erwähnte „Nationalzeitung", jene kommunistisch eingefärbte Lagerzeitung, in welcher Leute wie Ulbricht, Pieck und einige politisch umgeschwenkte Generale ihre Meinung kundtaten.

Der Besonderheiten des Systems gab es – wie gesagt – eine Menge. Eine davon erlebten wir in der Anfangszeit, noch in

Brest-Litowsk, in Form einer recht merkwürdigen Befragungsaktion, die die Russen gar nicht oft genug wiederholen konnten. Alle paar Wochen wurden unsere Personalien festgestellt, das heißt, wir wurden befragt und die Antworten in Fragebogen eingetragen. Es hatte den Anschein, als wollten die Russen mit der Aktion weniger uns ausfragen, als vielmehr damit Papier gewinnen. Papier, das in dieser Zeit etwas unvorstellbar Wertvolles war. So könnte man sich vorstellen, dass die Wiederholungen deswegen stattfanden, weil Fragebogen zurückgehalten und zweckentfremdet wurden – zum Beispiel zum Zigarettendrehen, wofür sie sich ausgezeichnet eigneten.

## Identifikation einmal anders

Unkonventionelle Lösungen an allen Orten. Ich erinnere an die bereits angesprochene Minibürokratie, mit der die Russen den Straßenbau betrieben… Auch schien es so, als wüsste nicht jeder Russe den Tag und das Jahr seiner Geburt. „Wie sind nun so viele Menschen, gerade bei der Truppe, zu unterscheiden?" fragten sich die russischen Organisatoren: Dafür gab es die Methode der zwei Vornamen, die auch wir zu benennen hatten, nämlich den eigenen und den des Vaters, so kamen zusammen mit dem Nachnamen bei jeder Person doch immerhin drei verschiedene Merkmale zusammen, die sich eigentlich jeder merken kann. Ob das immer noch so ist, weiß ich nicht, mein Bericht geht auf das Jahr 1945 zurück, mehr als vierzig Jahre sind bis zur Manuskripterstellung – heute im Jahr 1998 – vergangen.

## Einfache Verwaltung

Das Verfahren mit den zwei Vornamen wurde auch bei uns Gefangenen angewandt, sodass es bei mir immer hieß: Heuer Hans Hans. Drei Namen, meine Personalien, die man sich heutzutage nur noch in einem Wust von datenbezogenen Unterscheidungsmerkmalen vorstellen kann. Die von mir angefertigte Insassenkartei für das Lager Beresa hatte das gleiche Schema, mit den zwei Vornamen zugrunde liegen, obwohl zweifellos jeder der immerhin an die 600 registrierten Gefangenen seinen Geburtstag kannte. Die genaue Zahl der Gefangenen, nicht unser

Schicksal, war für die Russen äußerst wichtig. Und so wurde gezählt und wieder gezählt. Immer in den erwähnten Fünferreihen, um das Zählen zu beschleunigen und zu vereinfachen, was eher der Bestandsaufnahme einer Schafherde glich. Misstrauen hinten und vorne. Nur ab und zu gab es eine namentliche Verlesung der Gefangenen.

## Pompöse Propaganda

Die Lagertore wurden im Gegensatz zu dem, was dahinterlag, immer sehr schön und vor allem bunt ausgestaltet. Parolen in russischer Schrift verkündeten die Taten der Sowjetführer. Nie durfte in der Mitte des Ganzen ein großes Bild, der Kopf von Stalin fehlen, umgeben von weiteren Köpfen des Sowjetstaates. Nicht nur Lagereingänge wurden so gestaltet, sondern auch die Eingänge zu anderen wichtigen Arealen wie Fabriken oder Kasernen. Unwillkürlich wurde man beim Anblick der so farbenprächtig gestalteten Eingänge – man könnte sie mit einem Eingang zum Zirkus vergleichen – an die Potemkinschen Dörfer früherer Zeiten erinnert. Für mich hatten die Sätze in russischer Schrift und Sprache den praktischen Sinn und Wert, dass ich die kyrillischen Zeichen lernte und ich mir auf diese Weise einige Worte einprägen konnte. So allmählich konnte man dann schon einige kurze Sätze in Russisch sprechen, um sich wenigstens mit den Wachen oder beim Betteln mit der Zivilbevölkerung unterhalten zu können.

## Gute Zeiten, schlechte Zeiten

Immer wieder gab es Tage, die mit ihren Erlebnissen über die anderen herausragten, sei es im positiven wie im negativen Sinne. So ist mir eine zwei- bis dreitägige Renovierung des Quartiers für einen russischen Offizier in einem leerstehenden Bauernhaus noch recht gut in Erinnerung. Hier sollte sich die ganze Improvisationskunst der Russen, in diesem Fall mit unserer Beteiligung, wieder einmal zeigen. Der Hauptraum, sagen wir mal das Wohnzimmer, musste besonders schön werden, so verlangten unsere Bewacher es von uns. In den Katen des flachen Landes sind Innen- und Außenwände aus sichtbarem

Holz, den Balken gezimmert – doch nun hatte unser Offizier anscheinend bei seinem Herumkommen in der Welt Besseres gesehen und verlangte, dass glatte verputzte Wände den Innenraum seines Quartiers zieren sollten. Um den Putz zu halten, mussten alle Innenwände mit einer Art Gitter aus Holz *(an Stelle der bei uns gebräuchlichen Rohrmatten)* versehen werden und gerade die Herstellung dieses Gitters erforderte viel Kraft und Überlegung.

## Improvisationskunst und Findigkeit

Fichtenholzstämme von ca. ein Meter Länge, möglichst ohne Äste, der Länge nach in dünne Scheite gespalten und diese Scheite wiederum quer in dünne Latten gespalten, gaben das Material für den Putzrost ab. Irgendwo fanden die Improvisatoren eine versteckte und noch volle Kalkgrube mit gelöschtem Kalk, ein Material, das für das Tünchen der dortigen Häuser und Wände in großen, überall aufspürbaren Mengen verwendet wurde. An Sand fehlte es sowieso nicht, der Mörtel konnte bei Zumischung von Kalk zubereitet und aufgebracht werden, sodass am Ende unserer Bemühungen ein recht gediegener Raum mit glatten Wänden entstanden war, der dem Geschmack des Russen entsprach. Die Kommandos beschäftigten unsere Sinne in zweierlei Hinsicht: Einmal mussten wir uns schon sehr anstrengen, um mit den primitiven Mitteln überhaupt etwas zustande zu bringen, zum anderen ging es uns darum, beim Umherwandern im Land möglichst viel an Zusatzverpflegung zu organisieren. Dabei musste oft der äußerst klein gehaltene Rahmen für unsere Bewegungsfreiheit gesprengt und damit manches riskiert werden.

## Betteltouren

Es lässt sich denken, dass das Land von derartigen Gefangenenlagern übersät war, nur sahen wir wegen der großen Entfernungen selten das nächste. Diese Einrichtungen samt der Zäune um sie herum, die eine Flucht verhindern sollten, trugen ebenso den Stempel der Improvisation, wie vieles anderes. Heute wird als

Fluchthindernisse Elektronik eingesetzt, damals bildete - neben den bewaffneten Posten auf den vier Wachtürmen an den Ecken des Areals – ein zehn bis zwanzig Meter breiter Sandstreifen vor dem äußersten Stacheldrahtzaun eine der Sicherheitsvorkehrungen. Der Sandstreifen wurde frei von jeglichem Bewuchs gehalten und täglich fein säuberlich geharkt. So zeigte er jede Fußspur. Nun kam es groteskerweise vor, dass der Wachposten ausgerechnet ein oder zwei Gefangene, die zur Pflege des Sicherheitsstreifens eingeteilt waren, in das nahegelegene Dorf zum Betteln ließ. Das war fast die Regel, nur musste man schnell wieder aus dem Dorf zurück sein, bevor das Kommando beendet war. Als ich selbst bei diesem Kommando einmal – und das unerlaubt – zum Dorf lief, und nicht schnell genug die Rückkehr schaffte, war das Harkenkommando bereits wieder im Lager. Mir schwante nichts Gutes. Die Turmposten hätten auf mich schießen können. Stattdessen nahmen sie mir im Wachhäuschen alle die guten Sachen ab, die ich erbettelt hatte und forderten vom deutschen Lagerkommandanten meine Bestrafung. Zum Glück war das ja Hauptmann Gabriel, der sich eine Bestrafung versagte.

## Fast familiäre Atmosphäre

Das lange Zusammenleben von Kriegsgefangenen und der sie bewachenden Russen führte zu einer gewissen Sorglosigkeit, ja vielleicht sogar zu einer familiären Atmosphäre, zumal nie einer einen Fluchtversuch unternahm. Wie sonst hätte der russische Lagerkommandant wagen können, an manchen Tagen das ganze Lager nach draußen zum Betteln gehen zu lassen.

Nach Papier stand Salz, als ein weiterer fast unverzichtbarer Artikel, sehr hoch im Kurs. Diese Tatsache zeugte von Verhältnissen wie im Mittelalter. Allein daran ist zu erkennen, wie weit der Krieg das billigen Salz gab, von dem das Land eigentlich genug haben sollte. Da gab es die Salztransporte, flache, nur mit Salz beladene Güterwagen. Dabei handelte es sich ausschließlich um Kristallsalz, raffiniertes Salz wäre kaum vorstellbar gewesen. Von diesen Ladungen rieselte also Salz in die Vertiefungen der Ungetüme von Wagenkupplungen und man kratzte es dort heraus und füllte es in ein Säckchen, das man fortan wie einen wertvollen Schatz bei seinen wenigen Habseligkeiten hütete. Salz war auch ein gutes Tauschobjekt.

## Rauchen gegen den Hunger

Nicht nur bei uns Gefangenen, auch bei der Zivilbevölkerung war Rauchen, in diesem Fall zur Unterdrückung des Hungers, ungemein wichtig. In den Vorgärten der kleinen Russenhäuser stand überall Tabak. Kaum hatten die Blätter ihre normale Größe, wurden sie hereingeholt, auf einer heißen Ofenplatte rasch getrocknet, zerrieben und gleich zu einer Zigarette gedreht. Verwendet wurde dafür das russische Zeitungspapier, das von geringer Qualität war, dafür aber auch keine chemischen Zusätze aufwies. So standen in den Gärten nur noch die Stängel, die wir bei unseren Märschen durch die Siedlungen mitgehen ließen. Kleingeschnitten ergaben sie den „Machorka", der wohl zentnerweise in den Taschen und Beuteln der Gefangenen zu finden war. Der freie Tag war für die Raucher der Tabakschneidetag und da die meisten Raucher waren, war an solchen Tagen die Baracke vom Schneidelärm erfüllt wie in einer Tabakfabrik. Ein Glück für mich, dass ich mit all dem Tun und Treiben, das mit dem Rauchen zusammenhing, nichts zu tun hatte. Dafür spürte ich aber auch den Hunger umso mehr.

## Karges Leben

Die Schlafpritschen, zwei davon übereinander angeordnet, waren unsere einzigen Privaträume, in denen wir unsere kleinen Habseligkeiten aufbewahrten. Auch „geheime", soweit geheim überhaupt möglich war. Nicht immer gab es Stroh als Unterlage zum Liegen. Manchmal standen uns dafür monatelang nur unsere Mäntel zur Verfügung. Im Winter mussten wir uns entscheiden, ob uns unser Mantel als Unterlage oder als Zudecke dienen sollte. In letzterem Fall bedeutete das, auf bloßen Brettern zu liegen. An den Füßen trugen wir im Winter die im ganzen Land verbreiteten Filzstiefel, im Sommer fast nicht zu gebrauchende Lederschuhe. Niemals Socken, sodass wir entweder mit bloßen Füßen in die Stiefel stiegen oder Stofffetzen um die Füße wickelten. Ich selbst lief im Sommer immer barfuß, auch auf dem Weg zur Arbeit und bei der Arbeit, und nicht selten kilometerweit über den Schotter der Straße. Das Schuhwerk hätte die Füße total zugerichtet.

## Karge Kost

Brot wurde als Lebensmittel schlechthin angesehen, ihm kam höchste Bedeutung zu, auch bei den Russen, die sich schon von je her mit pflanzlichen Nahrungsmitteln ernährt haben. Nun musste das Brot auch für uns für Fleisch herhalten. Seine Herstellung ließ sehr unterschiedliche Qualität zu, denn der aus Wasser und grob gemahlenem Roggen hergestellte Teig wurde flüssig in Formen gefüllt und darin gebacken. In der Blechform spielte es dann keine Rolle mehr, ob der Teig mehr oder weniger fest war. Wurde nun gerade einmal das Mehl knapp, was nicht selten vorkam, ersetzten die Bäcker das fehlende Mehl durch Wasser. Dadurch wurde das Brot noch klumpiger als es ohnehin schon war. Oft sah es so aus, als müsste das Wasser heraustropfen, wenn man einen Klumpen in der Faust zusammendrückte. Anscheinend erkannten wir den hohen Wert dieses Brots außerhalb seiner lebenserhaltenden Funktion nicht, denn die ursprüngliche Herstellungsart der dunkelbraunen Masse hätte sicherlich die Bezeichnung Vollwertkost verdient. Der obligatorische Löffel Zucker am Morgen diente uns als Brotaufstrich. Wo hätte er sonst Verwendung finden können? So kam es zu einer seltsamen Zusammenstellung unserer Nahrungsmittel.

## Zentnerweise Zucker

Hin und wieder wurde man zu einem Kommando eingeteilt, bei dem brauner Zucker auszuladen war. Ganze Güterzüge voller Zuckersäcke kamen an. Wahrscheinlich ein Halbfabrikat aus deutschen Zuckerfabriken. Das war ein süßes, aber auch bestialisches Kommando. Bestialisch deshalb, weil das Schleppen schwerer Zuckersäcke zum Schlimmsten gehörte, was sie uns

zumuteten. Die beim Schleppen der Zuckersäcke verloren ge-
gangene Energie versuchten wir dadurch wiederzugewinnen,
dass wir von dem Zucker aßen. Allerdings in Maßen und nicht
in den Massen, in denen ein sinnloser Zuckerkonsum Übelkeit
hervorruft. Heute wissen wir, dass Zucker ein Vitaminräuber
ist, aber was kümmerte uns das damals. In die unten zugebun-
denen Hosen gefüllter, brauner, klebriger Zucker, im Lager in
Beutel gefüllt, ergab einen kleinen Energievorrat und eine will-
kommene Zusatzverpflegung.

## Kiloschwere Kornsäcke

Neben dem qualvollen Einsatz bei den Zuckersäcken gab es das
nicht weniger qualvolle Kommando beim Getreide, das in über
die Gegend verteilten Lagerhallen gesammelt wurde. Die Klein-
bauern brachten es in Säcken auf ihren Panjewagen dorthin.
Wir mussten die Säcke von den Wagen nehmen, zu den Lagern
tragen und entleeren. Dabei konnten wir feststellen, dass der
Inhalt mancher Säcke mehr aus Dreck und Sand bestand, statt
aus Roggen. Eine weitere mögliche Zusatzverpflegung für uns
bei dem Kommando bestand dann darin, dass wir Körner des
verdreckten Roggens kauten, was den Hunger einerseits etwas
stillte, andererseits aber ein unangenehmes Völlegefühl auslös-
te. Wenn man das mit den hohen Ansprüchen, die heutzutage an
die Qualität der Lebensmittel gestellt werden, vergleicht, kann
man ermessen, wie weit ein Mensch sich herabbegeben kann,
wenn der Hunger ihn übermannt und es ums Überleben geht.

## Feldpost

In allen Armeen gibt es die Feldpost. Der Kontakt der Soldaten
mit den Angehörigen ist sehr wichtig, das gestanden selbst die
Russen ihren Soldaten zu. Dabei hätte man denken können, gerade sie würden so eine Einrichtung als Luxus betrachten, oder,
wenn wir an unsere eigenen Kontakte zu den Angehörigen dachten, die mehr als sparsam waren, sie würden mit ihren eigenen
Leuten genauso verfahren. Doch wie gesagt: Dem war nicht
so. Und das führte dazu, dass der Vielzahl unserer Kommandos
ein weiteres hinzugefügt wurde, bei einer Feldpostabteilung der

Roten Armee, die in Brest-Litowsk eine Umladestelle hatte und zu der wir vom Lager aus einige Male hingeschickt wurden. Das Kommando war insofern recht interessant, weil es einen Eindruck davon vermittelte, wie in dem Riesenland eine derartige Einrichtung funktionierte – insbesondere die Feldpost, die in entlegene Teile des Landes versandt wurde, also nach Sibirien, oder noch weiter im Osten gelegene Gebiete. Tatsächlich gingen die Päckchen und Pakete von Brest-Litowsk aus in jeden Winkel der Sowjetunion, ob das nun in Irkutsk, Wladiwostok oder in Weißrussland war. Alle Städte waren vertreten.

## Verlockende Verpackungen

Augenfällig war die sorgfältig verpackte Post. Die russischen Soldaten umwickelten ihre Päckchen und Pakete doppelt und dreifach mit bestem Leinen, das jeweils sorgfältig vernäht wurde. Papier und Kartons gab es nicht. Warum, weiß ich bis heute nicht. Hier schien sich die sonst übliche Improvisation in das Gegenteil verkehrt zu haben. Die so gut verpackten Stücke ließen auf einen wertvollen Inhalt schließen, aber nur in einem einzigen Fall wurde uns bekannt, was sich in den kostbar anmutenden Päckchen verbarg: Einer von uns, vom Hunger gequält, konnte so einem Paket nicht wiederstehen und öffnete es. Was kam zum Vorschein? Ganz gewöhnlicher Zucker, den so ein Asiate nach Hause schickte, wo er ihn vielleicht noch nie zu essen bekommen hatte und der dort vielleicht so wertvoll war, wie Salz bei uns vor einigen hundert Jahren. Doch für uns war es eine Enttäuschung.

## Zeitreise

Ich erinnere daran, wie wir Westeuropäer uns damals in Russland fühlten: Als seien wir vom 20. Jahrhundert ins Mittelalter versetzt worden. Ich glaube, der Gefangene, der sich an dem Paket vergriffen hat, wurde exemplarisch bestraft. In so einem Fall kannten die Russen keine Nachsicht. Die hier folgenden Beschreibungen einiger Kommandos mögen erhellen, mit welchen Mitteln und auf welch primitive, unsere letzten Kräfte fordernde Art, dort vorgegangen wurde. In jedem Fall musste die

Ausführung der Kommandos unter der Fuchtel einer beispiel-
losen Antreiberei erfolgen. Einer Antreiberei, die man bei uns
nicht einmal einer Herde Tiere zugemutet hätte und die uns niemals vergessen ließ, wer wir waren: rechtlose Kriegsgefangene.

## Immer noch im Lager Beresa

Parallel zu der von uns zu bauenden Straße verlief eine wichtige Bahnlinie, eine West-Ost-Verbindung und Hauptstrecke,
die Berlin und Moskau verband. Später hörten wir, die Strecke sei schließlich so umgebaut worden, dass sie vollständig
mit Zügen der deutschen Eisenbahn befahren werden konnte.
Abgesehen von anderen Vorteilen wäre damit das Umladen in
Brest-Litowsk entfallen. Durch den Betrieb auf dieser Bahnlinie, wo pausenlos und in ganz kurzen Abständen die Züge
mit Reparationsgütern rollten, kam Leben in die sonst recht
trostlose Gegend. Es kamen Züge mit den schönsten deutschen
Autos, von den damals schon existierenden deutschen Automo-
bil-Weltfirmen stammend. Auch die damals hochangesehene
Firma „Wanderer" war vertreten. Mindestens einmal die Woche gab es etwas Besonderes zu sehen: den Luxuszug Berlin-
Moskau. Er kam einem fast vor wie eine Fata Morgana. Dass
es so etwas überhaupt noch gab… Ja, die Sieger richteten sich
ein. Sie konnten jetzt ungehindert zwischen Berlin und Moskau
per Bahn verkehren. Für uns bedeutete der Bahnverkehr eine
Art Hoffnungsstrahl, eine Verbindung zur Außenwelt, zur Heimat und ließ uns hoffen, auf diesen Verkehrsverbindungen doch
einmal Richtung Westen befördert zu werden; doch das sollte
noch lange dauern.

## Lethargie und Not

So viel Betrieb auf der Bahnlinie auch festzustellen war, auf
der Straße, die mit unserer Hilfe, und bei leidvollen Einsätzen,
gerade ausgebaut und verbessert wurde, herrschte – im Gegensatz dazu –absolute Ruhe. Eine unvorstellbare Ruhe. Ich entsinne mich in den zwei Jahren nur eines einzigen zivilen Fahr-
zeugs, eines PKWs, der auf der Straße fuhr. Das Land hatte

sich noch lange nicht erholt, noch lag es in tiefer Lethargie. Die Bahn spielte die große Rolle und funktionierte, trotz minimalen technischen Einsatzes bei der Streckensicherung, ausgezeichnet. Die bunt angestrichenen russischen Lokomotiven erinnerten an einen spielerischen Zug bei den Russen und an riesige Spielzeug-Eisenbahnen. Es war ihr ganzer Stolz. Das Elend der Bevölkerung, das sich im Sommer 1947 wegen einer lang anhaltenden Dürre noch steigerte, versöhnte uns etwas mit unserem Schicksal. Dessen wurden wir gewahr, als wir auf der erwähnten Bahnlinie beobachten konnten, wie Menschen aus der fruchtbaren Ukraine fliehen mussten, weil die Felder wegen der Dürre nichts mehr brachten und sie vor dem Verhungern standen. Auf den offenen flachen Güterwagen unternahmen sie die Flucht vor der Katastrophe in ihrer Heimat zu uns her, wo doch ebenfalls die Nahrungsmittel äußerst knapp waren. Tief deprimiert erzählten sie uns von ihrem Schicksal, wenn wir gerade in der Nähe der Gleise arbeiteten und die Züge anhielten. Eigentlich waren sie noch schlechter dran als wir.

## Fortschritte

Die Hygiene im Lager Beresa wurde immer besser, ein Lichtblick und mindestens ebenso wichtig wie die Ernährung, da durch schlechte Hygiene in den Lagern Tausende von Gefangenen umgekommen waren. Auch wurde die ärztliche Versorgung durch den bereits erwähnten Lagerarzt Dr. Weegmann immer besser. Der aus Bamberg stammende Arzt, Sohn eines Bamberger Oberbürgermeisters, machte oft Unmögliches möglich. Neben dem recht menschlich eingestellten russischen Lagerkommandanten war Dr. Weegmann ein Lichtblick im Lager, auch wegen seines Einsatzes, dort die Musik zu fördern *(wie bereits erwähnt, hatte er ein Orchester ins Leben gerufen).*

Im Mai 1983 haben wir uns noch einmal getroffen. Dieses Zusammentreffen nach so langer Zeit mit einem der Mitgefangenen aus der außergewöhnlichen Schicksalsgemeinschaft war etwas Bewegendes, deshalb halte ich Namen bewusst fest, hoffe ich doch stets darauf, irgendwann einmal mit einem Leidens-

genossen der damaligen Zeit zusammenzutreffen, so wie es bei
Dr. Weegmann der Fall war. Doch zurück ins Jahr 1947: In den
ersten Monaten im Lager war es vorgekommen, dass man in Ermangelung einer Waschgelegenheit die Kleidung wochen- und
monatelang trug, ohne sie auch nur einmal abzulegen: Sie fiel
nach einer gewissen Zeit buchstäblich und halb verrottet von
den Körpern. Doch zum Ende meines Aufenthaltes im Lager
Beresa waren Waschraum, Sauna und Latrine in einen recht
guten Zustand versetzt worden. In dem schönen Waschraum
des Lagers Beresa wurde das Waschen des Oberkörpers Regel,
auch wenn nicht jeder es tagtäglich praktizierte. Mit der Kleidung und dem Schuhwerk haperte es allerdings noch etwas und
frische Unterwäsche gab es vielleicht einmal im Jahr.

## Rückkehr zur Menschlichkeit

Das Kameradschaftliche, das uns bei der deutschen Truppe
gepredigt und verordnet worden war, war unter den extremen
Lebensbedingungen bei den Gefangenen abhandengekommen;
eine neue Lebenserfahrung, dass jeder sich selbst der Nächste
sei, hatte sich breitgemacht. Doch in dem Maße, in dem sich
das Lagerleben besserte, entstand unter den, in diesem Fall
für längere Zeit zusammenlebenden Insassen, ein schwaches
Gefühl der Zusammengehörigkeit, ein Hauch von Solidarität.
Krankheiten und Todesfälle gab es nur selten in diesem Lager.
Einmal forderte eine Maschine – man kann sich die mangelhaf-
ten Vorrichtungen zur Unfallverhütung vorstellen – ein Menschenleben. Hetzel, ein ehemaliger Oberleutnant der Luftwaffe,
den ich wegen häufigen Gedankenaustausches gut kannte, kam
zwischen die nicht abgedeckten Zahnräder der Asphaltmaschi-
ne und wurde getötet. Er wurde in der Nähe des Lagers beer-
digt. Eine Mitteilung solchen Falles, seitens der russischen und
oder gar der deutschen Lagerleitung an die Angehörigen war
vollkommen ausgeschlossen. Entlassene Gefangene, so sie sich
an solche Fälle erinnerten und die Namen wussten, konnten ab
und zu die Angehörigen in der Heimat verständigen. So war es
mir später möglich, die Ehefrau des Getöteten zu informieren,
mit der ich 1948 brieflichen Kontakt aufnahm.

## Endlose Straße

Zurück zum Straßenbau, der doch in starkem Maße unser Leben in der dortigen Region bestimmte. Die Vorbereitung des Straßenuntergrunds, auf dem der Asphaltbelag aufgebracht werden sollte, nahm doch eine lange Zeit in Anspruch. Wen wundert es bei den zum Teil mittelalterlichen Arbeitsmethoden? Jetzt musste die Asphaltfabrik hergeben, was sie nur konnte, um den für meine Begriffe mit über 20 Zentimetern unglaublich dicken Belag zu produzieren, der in zwei Schichten aufgebracht wurde. Zur gleichmäßigen Verteilung der Masse standen dann, oh Wunder, tatsächlich Maschinen zur Verfügung. Damit war für uns Gefangene die Hauptarbeit auf unserem Straßenabschnitt getan. Nun könnte einer denken, das wäre nach all den Jahren endlich ein Zeitpunkt für eine Entlassung gewesen, aber, wie schon erwähnt, standen so viele bauliche Vorhaben an, gerade auch in der Gegend zwischen Brest-Litowsk und Minsk, dass das Heer der Arbeiter noch größer hätte sein können. So wurden wir nicht entlassen, sondern *(immer mit dem Argument der Wiedergutmachung)* zu einem Bauvorhaben geschickt, bei dem die Russen wahrlich Legionen von Menschen gebrauchen konnten.

## Gen Westen

Es ging in das weiter westlich gelegene Lager Kobrin, wo eine Brücke über einen Kanal gebaut wurde. Angesichts dieses Mammutprojekts ließen wir alle Hoffnung auf eine baldige Entlassung fahren. Dort war wieder Arbeit für Jahre vorhanden. Wir schrieben nun das Jahr 1948. Wir hatten wieder einen Winter überstanden und es war wieder Frühling und dann Sommer geworden. Bei unserem Dahinvegetieren in ständiger Abgestumpftheit war es uns jedoch gleichgültig geworden, was da um uns herum vor sich ging. Erst viel später und bereits zu Hause angekommen ordnete sich das Tun der Russen in ein gewisses System, das diesem Straßen-, Brücken- und Kanalbau zu Grunde lag: Seit jeher wird im Sowjetstaat von 5- und 10-Jahres-Plänen gesprochen, um das Land vorwärts zu bringen, wobei bei der Planerfüllung westliche Maßstäbe ins Auge gefasst wurden. Der Geist des Diktators Stalin, der während der militärischen Operationen über den Köpfen der Russen schwebte, übte auch später noch in dieser Hinsicht seine Wirkung aus.

## Brückenbau

Auf der wichtigen, noch so gut wie gar nicht befahrenen Verbindungsstraße Brest-Litowsk-Moskau, die wir Gefangenen bereits zum großen Teil fertiggestellt hatten, wurde eine riesige Brücke über den dort verlaufenden Kanal gebaut, der in heutigen Atlanten als Dnepr-Bug-Kanal bezeichnet wird. An dem Kreuzungspunkt Kanal-Straße bei Kobrin kam es für uns nochmal zu einem arbeitsreichen und strapaziösen Einsatz.

Die beim Brückenbau anfallenden Tätigkeiten waren harte, unmenschliche Arbeit: fast meterdicke Baumstämme aus Lastschiffen entladen, Grabarbeiten hinter Spundwänden tief auf dem Grund des Flusses oder Kanals, Transportieren von etwa 100 Meter langen, aus Baustahl zusammengeschweißten, fast armdicken Rundeisen, die in die Armierung des Brückenbogens eingebracht werden mussten… Wenn dann betoniert wurde, das heißt wenn die Verschalungen mit Beton ausgefüllt werden mussten, begann eine an Sklavenarbeit erinnernde, von Hunderten von Menschen auszuführende Tag und Nacht-Quälerei. Zu zweit transportierten wir auf Holztragen winzige Mengen von Beton zur Brücke hinauf, wobei wir an den Rand unserer Kräfte gelangten. Jeder kann sich ausrechnen, wie viele Betontragen für einen derart gewaltigen Brückenbau nötig waren. Es nahm kein Ende. Der Höhepunkt unseres ausbeuterischen Arbeitseinsatzes schien gekommen. Wobei man sich sagen musste, entweder es geht noch einige Monate weiter bei der abverlangten Leistung und man ist dann erledigt, oder es geschieht ein Wunder.

## Hoffnungsstrahl

Das Wunder geschah. Genau in diesen Tagen wurde ein Teil von uns Gefangenen ausgewählt und aussortiert, um in die Heimat geschickt zu werden. Bei einer ärztlichen Untersuchung hatten offensichtlich diejenigen, die sich gesundheitlich noch in einen guten Zustand befanden, die Chance nach Hause zu kommen. Wahrscheinlich hätte es sonst geheißen, der Russe entlässt nur die Kranken. Ich zählte zu den Glücklichen, die die Heimat wiedersehen sollten. Es war, als wäre einem das Leben neu geschenkt. Eine kleine Hürde konnte ich, Gott sei Dank, noch überwinden: eine bei mir beginnende Bartflechte, die die Ärzte übersehen hatten und die unweigerlich zu einer Zurückstellung bei dem Transport geführt hätte. Von Kobrin aus wurden wir zu einem größeren Sammeltransport nach Baranowitsche verfrachtet. Zwischendurch legten wir dabei sehr oft Tage dauernde Aufenthalte ein, die deshalb so zermürbend waren, weil man von den Russen wusste, dass es ihnen plötzlich einfallen könnte, solche Transporte einfach zurückzuschicken, und dies aus oft unerfindlichen Gründen. So ging es in nervenaufreibender Langsamkeit, immer wieder von Pausen unterbrochen, Richtung Brest-Litowsk. Nie in meinem Leben werde ich diese Stadt vergessen. Diesmal war sie der Punkt, wo wir endgültig aus dem Sowjetbereich herauskamen.

## Letzte Stationen

Die Pausen bei den Transporten Richtung Westen wurden von den Russen auch dazu genutzt, uns alle in große Hallen hineinzupferchen, um nochmal eines jeden Oberarm zu untersuchen, ob nicht doch bei einigen durch die Entdeckung einer eintätowierten Nummer eine SS-Vergangenheit festzustellen wäre. Hatte einer zufällig an der Stelle der Nummer einen Pickel oder eine Narbe, die vom Versuch herstammen hätte können, die Nummer wegzuoperieren, wurde er aussortiert. Bei den Russen gab es kein Palaver und nicht selten war es das Ende des Traums von der Heimkehr. Man konnte buchstäblich spüren wie die Last der vergangenen Jahre nach dem Grenzübertritt von Kilometer zu Kilometer weniger wurde, als es von Brest-Litowsk aus nach Polen hineinging auf Frankfurt an der Oder zu. Dieser Teil der Fahrt wurde kaum noch von Pausen unterbrochen. Ab Frankfurt a.d. Oder, nun auf deutschem Gebiet angelangt, wich von uns Gefangenen jene permanente Angst, die innerhalb des sowjetischen Bereichs, innerhalb der Diktatur unter Stalins Fuchtel, unsere ständige Begleiterin gewesen war. Dabei hätte ein Rücktransport immer noch passieren können. Noch war der östliche Bereich, zu dem auch die Ostzone *(heute DDR)* gehörte, nicht ganz durchfahren: Cottbus, Dresden, Chemnitz, Zwickau, Plauen und das Endlager der Ostzone, Ölsnitz mit der Prozedur der Entlassung, des Verpflegungsempfangs und der Aushändigung des Entlassungsscheins durch die Russen, waren die letzten Stationen im östlichen Bereich.

## Im Westen

Dann kam der Grenzübergang, die kurze Fahrt von Ölsnitz nach Hof- Moschendorf, in den Norden meiner bayerischen Heimat. Im Entlassungslager der amerikanischen Zone Hof-Moschendorf, fand wieder die gleiche Prozedur wie vorher in Ölsnitz statt und dann erfolgte endlich die endgültige Entlassung am 18. Oktober 1948. Ein großer Tag in meinem Leben, an dem ich mich wieder als freier Mensch fühlen und mich frei bewegen konnte, wie ich wollte. Sogar an dieses Gefühl – noch unsicher – muss sich ein Mensch erst gewöhnen, wenn er „3.500 Tage Unfreiheit" durchlebt hat.

## Schlussgedanken

Bevor ich mit meinem Bericht zu Ende komme, sei noch ein Wort über die verschiedenen Lager gesagt, wie sie in diktatorischen Staaten gehäuft eingerichtet wurden. Ich meine jetzt nicht die deutschen Vernichtungslager, die eine Besonderheit von Unmenschlichkeit darstellen. Was die anderen Lager anbelangt, so gab es Kriegsgefangene, die aus trauriger Erfahrung Vergleiche zwischen einem deutschen und einem russischen Kriegsgefangenenlager anstellen konnten. Ihrer Ansicht nach ging es in den deutschen Lagern humaner zu als in den russischen. Die Wesensunterschiede von Russen und Deutschen, die Perfektion bei uns im Westen und die ehemalige unglaubliche Rückständigkeit im Osten bedingten neben weiteren gravierenden Unterschieden auf anderen Gebieten die Ungleichheiten bei der Haltung der Kriegsgefangenen und der anderen dem Staat nicht angenehmen Personen.

## Massenware Mensch

Die Wertlosigkeit eines Menschenlebens war im Osten auf Schritt und Tritt zu spüren. Noch waren die Zeiten nicht vergessen, in denen Hunderttausende von Russen bei Masseneinsätzen, wie zum Beispiel beim Kanal- und Eisenbahnbau oder bei Hungersnöten ihr Leben hatten lassen müssen. War das nun für uns, die wir mit mehr oder weniger Glück diese Zeit überstanden haben, eine Schule des Lebens? Manche behaupten: Ja, die Zeit, die uns damals geprägt hat, sei sogar eine „Universität des Lebens" gewesen. So gesehen, könnte man beinahe von einem unverzichtbaren Teil unseres Lebens sprechen. Trotzdem: Erleben möchte es keiner nochmal.

## Lehren aus Russland

Mag das Fehlen einer hohen Zivilisation im damaligen ländlichen Russland als ein gewisses Manko angesehen werden, das Fehlen einer Bürokratie war bestimmt keines. Ich sehe es als kein gutes Zeichen an, mit welchem bürokratischen Aufwand hier in unseren Breiten schon kleine Unternehmen geführt werden. Noch sind mir die Tage der Rückkehr aus der Gefangenschaft im Oktober 1948 in bester Erinnerung. „Bürokratie" gab es damals im zerstörten Westen fast nicht. Erst im Lauf der Jahre entwickelte sie sich zu dem Ungetüm, das sie heute ist. Was das Fehlen der Zivilisation anbelangt, so hatte das Leben auf sehr niedrigem Niveau, wie wir Gefangene es hinnehmen mussten, auch seine guten Seiten, und zwar genau wegen des Fehlens ungezählter zivilisatorischer Einflüsse westlicher Prägung, die das Leben – angeblich – angenehmer machen sollen. Nie in meinem Leben habe ich befreiendere Tage erlebt, als in den Herbst- und Wintertagen der Jahre 1948/49. Es war eine Übergangszeit, die ich so kennzeichnen möchte:

Ich bewegte mich von einem Leben der östlichen Anspruchslosigkeit kontinuierlich in ein anderes Leben in Deutschland. Leider sind solche Zeiten immer nur Übergänge und nicht jeder sieht darin einen Sinn, vor allem nicht solche, die der „Fortschrittphilosophie" verfallen sind.

# Kapitel 11

# Die Soldatenzeit –
# Rückblick und Ausblick

Wir, die Generation der um das Jahr 1920 Geborenen, mussten die besten Jahre unseres Lebens für den Aufbruch in eine Zeit opfern, die nach den großspurigen Aussagen der NS-Machthaber 1000 Jahre dauern sollte. Daraus wurden dann zwölf Jahre, eine kurze Zeitspanne, innerhalb der das Volk in die menschliche und materielle Vernichtung geführt wurde. Wer militärischen Einsatz und eine eventuelle Kriegsgefangenschaft hinter sich gebracht hatte, litt oft noch lange an den Folgen dieser Strapazen, und lud weiteres Unglück auf seine Familie.

## Zeitenwandel

Die Laissez-Faire-Mentalität der heutigen Generation bildet einen starken Gegensatz zu dem damals von oben her beanspruchten Kadavergehorsam. Der Zeitgeist um 1940 war von Disziplin bei der Bevölkerung und *(aufs Höchste gesteigert)* bei uns Soldaten bestimmt. Ob man bei den drakonischen Strafen vor mehr als 40 Jahren, die einen bei einer Verfehlung erwarteten, überhaupt von Kadavergehorsam sprechen kann, sei dahingestellt. Heutzutage hat sich das so abgeflacht, dass die Ahndung von Disziplinlosigkeit in noch früherer Zeit *(zum Beispiel die preußische Disziplin unter Friedrich dem Großen)* kaum noch vorstellbar ist.

Wer aber glaubte, in der Sowjetunion herrschten nur chaotische Zustände, irrte sich. Die preußische Disziplin und Ordnung bei der Armee wurde dort nicht weniger gefordert und von den leicht zu überwindenden bolschewistischen „Horden", die uns die NS-Propaganda bildlich und wörtlich vorgemacht hatte, war nichts zu sehen. Die Genügsamkeit der russischen Soldaten, aber auch ihr Heldenmut, waren Faktoren, die manche ihrer Unzulänglichkeiten auf technischem Gebiet wieder ausglichen.

# Kritzelchronik

Wer hätte gedacht, dass ein paar in einfache Taschenkalender hingekritzelte Stichworte, die jahrelang und vergessen in einer Schublade ruhten, einst wieder zur Geltung kommen würden? Stellenweise mögen diese Worte banal erscheinen, doch sie vermitteln den damaligen Zeitgeist, zumindest den soldatischen. Ich spreche hier natürlich von meinen sogenannten „Kriegstagebüchern", die, welch ein Wunder, beim vielen Umherwandern alle Stationen überstanden haben. Im Jahr 1981 habe ich sie wieder hervorgeholt, was schließlich zu diesem Bericht geführt hat, denn die Notizen waren mir dabei eine wertvolle Erinnerungsstütze. Das sture Festhalten an den täglichen Eintragungen in den Jahren 1941-1943 hat sich also gelohnt. Mit der Abschrift meiner Tagebücher von 1941-1943 und den Berichten über die davor und danach liegende Zeit habe ich einen ganz markanten Abschnitt meines Lebens der Vergessenheit entrissen. Auch deshalb, um einen Vergleich mit der heutigen Zeit zu ermöglichen. Die Darstellung ist nicht von Schlachtenlärm, Tod und Grausamkeiten gekennzeichnet, obwohl sich diese in meiner unmittelbaren Nähe abgespielt haben. Vielmehr liegt mein Schwerpunkt auf einer gewissen Menschlichkeit, die diese Zeit trotz allem durchzog – und wohl dem, dem sie bei derartigen Erlebnissen nicht abhandengekommen ist. Pessimisten mögen dies anders sehen, aber mein Optimismus hat mich über die schwersten Lagen des Lebens hinweggetragen. Meine Jahre nach der Gefangenschaft waren nicht von Bitterkeit geprägt, was mir eine objektive Berichterstattung ermöglicht hat.

## Außen Soldat, innen Mensch

Bei mir und vor meinem geistigen Auge spielte sich alles in meinem Innern, jenseits von Schlachtenlärm, Tod und Grausamkeiten ab. So hat mein Glück es mir vergönnt. Meine Kriterien hinsichtlich soldatischer Tugenden waren auch recht bescheiden: Mein höchster Dienstgrad war Obergefreiter. Auszeichnungen hatte ich auch nicht viele, doch die wenigen Dekorationen läpperten sich zusammen: Das „Ärmelband", die Medaille „Winterschlacht im Osten" und das Kriegsverdienstkreuz

II. Klasse mit Schwertern und dem Verwundetenabzeichen in Schwarz. Auf die Idee, diese Auszeichnungen bei Veteranentreffen zu zeigen, bin ich nie gekommen, es ist nicht meine Art. Diese auch persönlichen Bemerkungen seien des Verständnisses wegen erlaubt.

Aber zurück zu damals: Ich sagte schon, dass ich mich vom militärischen Geschehen um mich herum weniger beeindrucken ließ als vielmehr von der Landschaft, den Dörfern und den Menschen. Man war ja auch schon fast gezwungen, Land und Leuten näherzukommen, wenn man wochen- und monatelang dort zu leben hatte. Gerne hätte ich auch eine Anzahl Orte aus dem sogenannten Mittelabschnitt der Ostfront besucht, die das Tagebuch 1943 nennt: Lowat, Schigry, Schisdra, Beleg, Kalody, Poljanka, Mladensk, Sudimir, Frolowo, Wotkino, Podbuje und die Ziegelei Jegorjewski. Ob sie alle richtig geschrieben sind, weiß ich nicht – immerhin kenne ich ihre Schreibweise nur in kyrillscher Schrift. Doch obwohl sich das Land 1993 für Reisende geöffnet hat, hat sich ein Besuch bislang noch nicht ergeben.

## Chronik des kleinen Mannes

Mein Tagebuch steht im direkten Gegensatz zu Tagebüchern ganzer Einheiten, Regimenter oder dergleichen, die sehr aufwendig von einem Offizier oder Unteroffizier geführt wurden. Einfachere Aufzeichnungen als die meinen, wären kaum möglich gewesen. Sie bilden eine wahre Chronik des kleinen Mannes oder Landsers. Es fiel mir nicht immer leicht, die täglichen Aufzeichnungen im Büchlein vorzunehmen, doch ich hatte mir in den Kopf gesetzt, über jeden Tag eine Aussage zu machen, und sei sie noch so banal. So entstand diese Chronik zum Frontgeschehen aus Sicht eines einfachen Soldaten.

Bis zu meinem Ruhestand hatte ich nie die Gelegenheit, mich wieder mit meinen Tagebüchern zu beschäftigen. Sie lagen unbeachtet in irgendeiner Ecke, bis ich mich in mühsamer Arbeit an eine Abschrift machte. Liest man diese Abschrift in einem Zug durch, läuft vor dem Leser ein Film ab, der interessante Rückblicke in die Kriegsjahre, ja sogar auf großräumige

Truppenbewegungen ermöglicht – und das, obwohl meine Erinnerungen nur sehr stichwortartig gewesen waren. Für ausführlichere Aufzeichnungen fehlte mir damals jedoch die Gelegenheit, allein schon im Hinblick auf meinen Dienstgrad als einfacher Soldat. Auch hatte ich meine Bedenken, ob so etwas gestattet ist, denn ein derartiges Tagebuch mit vielen Aufzeichnungen, Orten und Namen von Einheiten wäre in der Hand des Feindes schon der halbe Spion gewesen.

## Heimliche Dokumentation

Ich tat die Arbeit des Aufzeichnens also so unbemerkt und unauffällig es nur ging, um keine Schwierigkeiten zu bekommen. Das muss man aus der Zeit heraus verstehen, die kein Pardon kannte und kleinste Vergehen exemplarisch bestrafte. Hier trug die Atmosphäre innerhalb meiner Einheit einiges zum Gelingen bei, denn dort gab es doch viele geruhsame Tage und Diskussionen mit gleichgesinnten Kameraden. Dies gab mir den Mut und die Muße, mich dem Tagebuchschreiben zu widmen, obwohl ich zusätzlich auch eine sehr umfangreiche Korrespondenz mit Eltern, Angehörigen, Freunden und Bekannten führte. Doch davon später.

Während ich heute versuche, mit Worten ein Bild der Menschen und des Geschehens in dem Land zu zeichnen, in das es mich unfreiwillig verschlagen hat, unternahm mein Vater während des 1. Weltkrieges den gleichen Versuch mit Aquarellen und Bleistiftzeichnungen, die zwei ganze Skizzenbücher füllen. Er hat in mühsamer Arbeit eine abwechslungsreiche Bildfolge angefertigt, die nach über siebzig Jahren vom damaligen Geschehen auf den Kriegsschauplätzen 1914/18 berichtet. So haben Vater und Sohn, jeder in seiner Art, aus zwei furchtbaren Weltkriegen berichtet, von Ereignissen, die hinsichtlich der Menschenverluste und Grausamkeiten alles bisher Dagewesene übertroffen haben. Die Erzählungen meines Vaters aus den Kriegsjahren 1914-18, untermalt mit seinen Bildern, so glaubte ich es als junger Mensch, würden kein zweites Mal Wirklichkeit werden. Aber es geschah wieder. Und wieder schickt sich einer an, mit seinem Zeitbericht gegen neue Zerstörungen einen Schutzwall zu bauen...

# Anderthalb Jahre an der Front

Anderthalb Jahre bewegte sich unsere Einheit in der Gegend, die innerhalb des Vierecks Tula, Klhuga, Brjansk und Orel lag *(mit einem Abstecher nach Süden, der Bahnlinie Orel-Kursk)*. Das ist eine lange Zeit und möglicherweise der Grund dafür, dass wir so mit dem Land verwuchsen. Das genannte „Viereck" möchte ich als das Kernland des Sowjetstaates bezeichnen, auch wenn sich das Reich der Russen zehnmal weiter nach Osten hin ausdehnt. Moskau lag etwa 200 Kilometer nordöstlich unseres Operationsfelds.

Heute steht mir eine neue Russlandkarte mit genaueren Ortsangaben zur Verfügung. In Verbindung mit den Tagebuchaufzeichnungen konnte ich so das Geschehen in diesem Teil des Mittelabschnittes der Ostfront in dem behandelten Zeitraum ziemlich genau rekonstruieren. Wir lebten fast ausschließlich in Dörfern, Wäldern und steppenartigem Gelände mit den bereits erwähnten Einschnitten, in deren Ränder wir wie Nomaden unsere Bunker bauten. Unser nomadenhaftes Umherziehen in dem genannten Viereck endete im Sommer 1943. Diese Zeit war für die Heeresleitung insofern von Bedeutung, als sie sich damals endgültig damit abfinden musste, dass ein Vordringen weiter nach Osten sinnlos und unmöglich war.

# Soldatenalltag

Das Datum des beginnenden Rückzugs konnte ich anhand meiner Aufzeichnungen mit dem 12.07.1943 ziemlich genau festlegen. Das gilt für den gesamten Mittelabschnitt der Ostfront, die in diesen Tagen, zuerst in kleinen Teilen, später dann sprunghaft, zurückgenommen wurde. Es sind die Orte Gomel, Bobruisk, Rogatschew und Slobin zu nennen. Die Front näherte sich der polnischen Grenze. Um die Weihnachts- und Neujahrszeit 1943/44 gab es unerwartet viele ruhige Tage. Es war die sprichwörtliche Ruhe vor dem Sturm, der dann 1944 mit dem unaufhörlichen und oft übereilten Rückzug der Deutschen in Richtung Westen losbrach. Mein Bericht soll jedoch kein Generalstabsprotokoll sein, sondern vielmehr den Tagesablauf des einfachen Landsers beschreiben. Davon erzählen, was er tat und was er dachte: Der Begriff „Vaterland" wird heute, im Gegensatz zu Zeit des „Tausendjährigen Reiches", nur noch selten gebraucht. Damals stand der Begriff hoch im Kurs. Für wen sollten die Menschen in Deutschland alle diese Opfer bringen? Doch für das Vaterland. Das „Großdeutsche Reich" stand vor aller Augen, nun musste es erweitert, abgesichert und gestärkt werden. Aufgaben, die mit Hilfe von allerlei Propagandaparolen dem Volk schmackhaft gemacht wurden. Schon vor dem Krieg wurde den Menschen in Deutschland viel abverlangt und im Krieg mit den hohen Menschenverlusten und den gewaltigen Luftangriffen erst recht. Um die Menschen bei der Stange zu halten, was bestimmt keine leichte Aufgabe war, kam das Wort „Vaterland" sehr oft aus den Mündern der NS-Größen.

## Missbrauchte Tugenden

In diesem Zusammenhang möchte ich einige Schlagworte und Vorhaben erwähnen, die in der Zeit des Dritten Reichs hoch im Kurs standen: Blut und Boden, nordische Rasse, Züchtung von in der Erbmasse hervorragenden Menschen, Ablehnung von *(nach Meinung der Machthaber)* minderwertigen Bevölkerungsgruppen und noch einiges mehr. Auch diese Schlagworte sollten dazu beitragen, den Begriff „Vaterland" noch mehr in den Vordergrund zu rücken. Allerdings schien das alles zu sehr aufgesetzt und war der Propaganda zuzurechnen, für die es sogar einen Minister gab. Alle diese Propaganda setzte darauf, bestimmte Tugenden im Menschen anzusprechen und für die Zwecke der Machthaber zu nutzen: Tugenden wie Selbstlosigkeit, Leidensfähigkeit und Solidarität. Diese Tugenden sind heute nicht sehr gefragt, obwohl es uns sehr gut geht. Oder vielleicht gerade deshalb? Ob es wohl zu einer Rückbesinnung kommt?

## Bindung als Stärkungsmittel

Ich selbst hatte eine ausgezeichnete briefliche Verbindung mit der Heimat. So, wie ich peinlich genau jeden Tag in meinen Tagebüchern festgehalten habe, notierte ich auch sorgfältig die ein- und ausgehende Post. Briefe gingen an die Eltern, Onkel und Tanten, Verwandte, Freunde und Bekannte. Diese Korrespondenz hat einen doch über manchen schwierigen Tag oder dergleichen Zeit hinweggeholfen. Selbst das stete Umherwandern konnten mich nicht davon abhalten, die Briefe zu beantworten und neue zu schreiben. So gingen während meiner Soldatenzeit ca. 700 Briefe in Richtung Heimat und etwa die gleiche Anzahl zu mir her. Die Pflicht des Schreibens, damals für mich eine angenehme Seite des Soldatenlebens, ist mir bis heute erhalten geblieben. Sie ist auch der Grund dafür, dass ich jetzt im Alter, nach den beanspruchenden Jahren des Berufslebens, in Ruhe über alles nachdenke und die Gedanken zu Papier bringe.

## Faszination Fremdheit

Ich berichtete von dem langen Stellungskrieg südwestlich von Moskau, der zu einer genauen Kenntnis von Land und Leuten führte, wobei man Gegenden kennenlernte, wie man sie sich abgeschiedener nicht vorstellen kann. Die starke Abgrenzung Russlands von der übrigen Welt war schon immer ein besonderes Merkmal dieses Landes gewesen: Es zeigte sich bei den beschränkten Ein- und Ausreisegenehmigungen und bei der starken Bewachung der Grenzen und der Eingereisten, die sehr wenig Bewegungsfreiheit hatten. Daran hat sich bis heute wenig geändert.

Die Besetzung des Landes ab Kriegsbeginn im Juni 1941 hatte eine unerwartete Öffnung zur Folge. Jetzt konnte jeder deutsche Soldat hinter die Kulissen des technischen und, als weiterem wichtigen Gebiet, landwirtschaftlichen „Fortschritts" sehen. Immerhin war der Sowjetstaat angetreten, mit seinen Kolchosen höchstmögliche Erträge aus dem Land zu erwirtschaften. Doch wir wurden enttäuscht: Die technische und maschinelle Einrichtung der Betriebe mutete geradezu vorsintflutlich an. Nie vorher habe ich eine so große Menge von defekten, wie aus dem letzten Jahrhundert wirkenden Traktoren gesehen wie auf den riesigen Feldern der Ukraine. So blieb der einmalig fruchtbare Boden dieser Region ungenutzt liegen. Natürlich hat die

Mentalität des Volkes, dem Profitdenken völlig unbekannt war und heute noch ist, mitgeholfen derartige Zustände zu schaffen.

## Auf ein Wunder warten

Zusammen mit der russischen Hauptstadt ist und bleibt das Moskauer Umland in einem Radius von 200 Kilometern das Kerngebiet des Sowjetstaates. Wenn die deutsche Armee wenigstens dieses Gebiet ganz erobert hätte, hätte sie sich rühmen können – aber, der Winter 1941/42 und andere Umstände brachten die Wende: Zunächst Stillstand und dann eine ständige Rücknahme der Ostfront. Wem fiele da nicht Napoleon ein?

Wie bereits erwähnt, lag in diesem Umland auch unser von vier Städten eingegrenzte Operationsfeld, in welchem wir in einer Art Wartestellung auf das Wunder warteten, den Vormarsch von hier aus in Richtung Osten fortzusetzen. Wir selbst, die kleinen Landser, hatten doch keine Ahnung und wollten es auch gar nicht wissen, was die Tausende von Kilometern vom Mutterland entfernte Front für Probleme beim Nachschub und bei der Besetzung der Linien mit sich brachte. Ein Glück, dass sich die Russen zu diesem Zeitpunkt überhaupt noch nicht organisiert hatten, das dauerte noch zwei Jahre. Eine lange Zeit, in der aber auch die deutsche Armee nur noch wenig zuwege brachte, Deutschland hatte zu lange Fronten in allen Himmelsrichtungen.

Doch in den Januartagen 1945 war der Glaube an die Verteidigungskraft der deutschen Wehrmacht noch nicht ganz erschüttert. Noch wurde ein gewaltsamer Durchbruch der Russen nicht in Erwägung gezogen, obwohl wir als kleines Häuflein Soldaten Mitte Januar 1945 kurz vor der Gefangennahme einen solchen bereits ahnen konnten. Immerhin hörten wir den Donner der Panzerfahrzeuge ganz in unserer Nähe. Der Tag unserer Gefangennahme, der 17. Januar 1945, ist gleichzusetzen mit dem Beginn der Großoffensive der Roten Armee an der sich durch Polen ziehenden Front, wo sie auf der ganzen Breite vorging. Es war eine Vorhut dieser militärischen Walze, die in Richtung Westen alles niedermachte. Von Soldaten dieser Vorhut wurden wir an dem genannten Tag gefangengenommen.

# Kapitel 12

# Die Gefangenschaft –
# Beobachtungen und Gedanken

Zunächst eine Bemerkung zu meinem obigen Bericht über die russische Gefangenschaft: Er hätte mit Zeichnungen, Fotos und Bildern aus dem „Heimkehrer" etc. vervollständigt werden sollen. Doch für diese Zeit sind derartige Dokumente schwer zu bekommen: Wer konnte unter diesen Umständen zeichnen oder fotografieren? In einem Land, in dem die Zeit vor 200 Jahren stehengeblieben zu sein schien.

Doch nun wieder zurück in die Zeit zu Beginn meiner Gefangenschaft: Durchhalteparolen und strenge Disziplin waren sicher Gründe dafür, dass es in den letzten Monaten vor Ende des Krieges kaum Auflösungserscheinungen gab. Ein weiterer Grund bestand wohl darin, dass der Deutsche am liebsten alles zweihundertprozentig machen möchte. Eine zuweilen gute Eigenschaft, die sich aber auch ins Gegenteil verkehren kann.

Durch die von den Russen eingesetzten Deutschen *(meist Offiziere)*, die zwischen den Russen und uns Gefangenen zu vermitteln hatten, hörten wir zum ersten Mal von den Vernichtungslagern *(von den Konzentrationslagern hatten wir von Anbeginn an gewusst)*. Wir konnten es kaum glauben, dass Menschen zu solchen Scheußlichkeiten fähig waren. Zudem erhielten wir durch die bereits erwähnte, in den russischen Gefangenenlagern angeschlagene „Nationalzeitung" Nachrichten von draußen. Die Nachrichten von den Vernichtungslagern berührten uns besonders, waren wir doch in einer ähnlichen Lage, auch wenn wir den Russen solche Gräueltaten nicht zutrauten.

In dieser Zeit begannen sich bereits die ersten Spannungen zwischen Russland einerseits und Amerika und England andererseits, zu zeigen. Truman wurde heftig angegriffen. Wir waren erstaunt, weil wir noch die riesigen Mengen amerikanischer

Lastkraftwagen, die gewaltigen Lebensmittelanlieferungen Amerikas (*ohne die die Russen verhungert wären*) und vieles mehr vor Augen hatten. Das vermittelte uns einen unvergesslichen Eindruck vom Bolschewismus, dem doch vom Westen sehr geholfen worden war. So kann sich die Rote Armee nicht rühmen, den Faschismus vom Osten her im Alleingang besiegt zu haben, da standen Amerika und England mit aller Macht dahinter. Immerhin eroberten die Russen Berlin: eine geschichtliche Tat für sie.

## Beobachtungen und Gedanken

Es dauerte nicht lange, da waren wir kaum noch von den Russen zu unterscheiden. Sie hatten uns unsere guten deutschen Uniformstücke abgenommen und uns dafür aus ihren Kleiderkammern das Letzte gegeben (*das letzte zumindest, was die Qualität betraf*): russische Steppjacken und -hosen. Die rein äußerliche deutsche Herrlichkeit versank immer mehr, doch der Diktatur waren wir nicht entkommen: Es umgab uns eine neue, die uns noch größere Rätsel aufgab. In den langen Jahren, die ich in ihr gelebt habe, steht sie immer noch als etwas Besonderes vor meinen Augen. Sie hat die Menschen auf ihre ganz eigene Art geprägt.

Im Folgenden möchte ich nun einige Beobachtungen und Gedanken aus der Zeit meiner Kriegsgefangenschaft aufführen, die von historischem Interesse sein mögen und vielleicht auch zu Gedanken über unsere Gegenwart und Zukunft anregen können.

## Architektur und Automobile

In den russischen Städten gab es jene bombastisch wirkenden öffentlichen Bauwerke wie Theater, Stadthallen, Parteipaläste und ähnliches, bei denen, aus der Ferne betrachtet, eine hervorragende Architektur angewandt zu sein schien; dabei waren Ornamente, Säulen, Geländer, Brüstungen usw. aus Gips, der, übermalt, Marmor vortäuschen sollte. Echter Marmor oder behauener Stein waren selten.

In den Jahren 1945-1948, der Zeit, in der wir in sklavischer
Weise dem Sowjetstaat zu dienen hatten, sah ich nur die eine
russische Automarke: „Sis". Und davon auch nur Lastkraftwagen. Nicht ein einziges Mal begegnete mir ein Personenwagen
russischer Herkunft. Die Robustheit der Sis-Wagen war nicht
zu übertreffen und das Vorhandensein von nur einer Automarke
hatte den Vorteil, dass Ersatzteile fast immer zur Stelle waren.
Das führte jedoch auch dazu, dass auf einen fahrbaren Wagen
ca. zehn defekte kamen. Die „Sis" wurden an der Front massenhaft eingesetzt. Geschütze und andere militärische Fahrzeuge
hatten Räder, bzw. Reifen, die nicht luftgefüllt, sondern an Stelle von Luft mit einer hartgummiartigen Masse gefüllt waren.
Sie schienen aus dem Ersten Weltkrieg zu stammen. Soweit
man Augen und Ohren dafür hatte, konnte man eine Menge
derartiger Beobachtungen machen, aber meist haben Soldaten
andere Interessen.

## Fortschritte in Militär und Sport

Nach 1945 wollte die Sowjetunion mit aller Gewalt das nach-
holen, was sie glaubte versäumt zu haben. In manchen Bereichen mit Erfolg. So gab es zum Beispiel auf dem Gebiet des
Sports sichtbaren Fortschritt, der verstärkt in den Westen transportiert wurde. Wer hätte sich in der ersten Hälfte der 40er Jahre, als das Land sich noch in einer Art mittelalterlichen Rückständigkeit befand, träumen lassen, das sich 45 Jahre später die
elegantesten russischen Eisläufer in allen Teilen Europas zeigen
und die russischen Sportler auch in anderen Sportarten glän-
zen würden? Wer ab 1945 das Land beobachten konnte, wusste
vom Ehrgeiz der Machthaber. Dieser Ehrgeiz betraf auch das
Militär: Bald hatten auch die Russen die Atombombe, die vielleicht bis heute einen weiteren Krieg verhindert hat. Wer weiß?

## Falsche Sicherheiten

In gewissem Sinne gab es ein Gefälle der soldatischen Tugenden in Deutschland von Nord nach Süd: Bayern, Österreicher,
ganz allgemein Süddeutsche, wiesen – nach ungeschriebenen

169

Gesetzen – darin einen Mangel auf. Doch wir alle trugen die von der deutschen Führung bis zuletzt nie in Frage gestellte Siegesgewissheit auch noch einige Zeit in der Gefangenschaft mit uns herum. Viele glaubten im Januar 1945 immer noch daran und in den ersten Wochen der Gefangenschaft wollten viele den Hoheitsadler erst gar nicht von ihrer Uniform entfernen, obwohl uns die Russen das schon lange befohlen hatten *(auch wegen des verpönten Hakenkreuzes)*. Aber wir dachten, die deutsche Armee müsste doch zurückkommen.

Zu schlimm waren ja auch die neuen Verhältnisse, in die wir geraten waren. Das Gefühl, jederzeit vom Tod ereilt werden zu können, das wir bereits an der Front immer mit uns getragen hatten, begleitete uns auch während der Gefangenschaft weiter. Wir wussten nie, was die Russen nun mit uns anstellen würden, was sicher auch an ihrer Unberechenbarkeit slawischer Prägung lag.

## Entlarvte Propaganda

Die Kriegszeit 1939-1945 war die Zeit, in der die von beiden Seiten eingesetzte Propaganda auf besonders fruchtbaren Boden fiel. Vor allem bei den Soldaten, meist jungen Menschen, die empfänglich für Anregungen und Eindrücke waren. Man glaubte der Propaganda *(auch wenn man dann doch froh war, wenn es nicht so kam, z.B. was die sofortige Liquidierung der deutschen Kriegsgefangenen durch die Russen betraf)*. Die Wirklichkeit sah anders aus. Man sieht jetzt auf einmal Filme über Russland aus der Zeit des Ersten und Zweiten Weltkriegs, die von der NS-Regierung verboten worden waren. Diese Filme *(besonders interessant waren die aus dem Ersten Weltkrieg)*, hätten die NS-Propaganda ganz wesentlich korrigiert.

## Chaos und Überforderung

Die Zeit vom Tag der Gefangennahme bis zum 8. Mai 1945, dem Ende des Zweiten Weltkrieges, war auch für uns eine Zeit der Ungewissheit. Noch hätte die Lage der Russen, und damit auch unsere, sich durch das Kriegsgeschehen grundlegend wenden können. Doch der kontinuierlich Richtung Westen gehende Vormarsch der Russen hielt entgegen unserer Hoffnungen an. Noch konnten wir nicht glauben, was da vor sich ging, noch wurde doch vom Endsieg der deutschen Wehrmacht gesprochen. Es dauerte lange, bis auch der größte Optimist einsah, dass wir alle nur Propaganda aufgesessen waren. Verraten und verkauft, nicht an irgendjemand, sondern an die Großmacht Russland. Was würde sie mit uns anstellen?

Als wir in Brest-Litowsk ins Lager kamen, war die Stadt völlig zerstört. Während Tausende von Gefangenen über diesen Ort in alle, auch die entlegensten Teile Russlands geschafft wurden, blieben wir dort. Ein besseres Faustpfand und bessere Arbeitskräfte zur Beseitigung der Schäden in dieser Stadt hätten sie nicht besitzen können. Auch wenn sie es *(zunachst zumindest)* nicht richtig zu nutzen wussten.

Die Kopf- und Organisationslosigkeit der Russen hinsichtlich ihrer Kriegsgefangenen in den letzten Wochen des Krieges zeigte sich etwa darin, dass Mengen von Menschen sich an Orten befanden, wo es überhaupt nichts zu tun gab. Diese waren dann zur Untätigkeit gezwungen, während es an anderer Stelle, wie in diesem Brest-Litowsk, wo sich weit weniger Gefangene befanden, so viel zu tun gab, dass unsere Antreiber nicht wussten, wo sie uns zuerst einsetzen sollten.

## Düstere Aussichten

Angesichts der Schäden in Brest-Litowsk und der daraus resultierende Arbeit äußerten die Pessimisten unter uns die Befürchtung, dass unsere Gefangenschaft nie enden würde und wir bis an unser Lebensende in Russland bleiben müssten. Es waren vor allem Ältere, die das sagten, was für uns Jüngere recht schockierend wirkte. Zu diesen düsteren Aussichten kam, dass nicht nur die Verteilung der Menschenmasse den Russen Kopfzerbrechen bereitete, sondern auch die gesundheitlichen und medizinischen Probleme, besonders bei den älteren deutschen Kriegsgefangenen.

Wie schon an anderer Stelle berichtet, starben den Russen die
40- bis 50-jährigen Männer nur so weg. Jene Männer, die als
Reserven für die deutsche Wehrmacht von überall her, aus
Zuchthäusern, Gefängnissen, Konzentrationslagern und Hei-
men, geholt worden waren und dort schon an Entkräftung ge-
litten hatten. Die an Entbehrungen gewöhnten und meist in
einfachen Verhältnissen aufgewachsenen Russen, standen vor
einem Rätsel, wenn sie zusehen mussten wie viele dieser älteren Männer wie die Fliegen dahinstarben. Anders als uns die
deutsche Kriegspropaganda hatte weismachen wollen, hatten
die Russen nämlich nicht vor, alle kurzerhand zu liquidieren.
Immerhin sind lebende Menschen auch arbeitende Menschen.

## Eine Zeit des (Ge-)Duldens

Die Menschen der westlichen Welt, lebten verglichen mit denjenigen in der östlichen, doch in einer Art Luxus und Perfektion. Dass dadurch eine Menge menschlicher Eigenschaften verschüttet werden, Eigenschaften, die auf die Herausforderungen
des Lebens gerichtet sind, lernte man mit allen Konsequenzen
in den Tagen der Unfreiheit.

Wer sich als Soldat bis dahin noch nicht in Geduld geübt hatte,
der lernte es nun in der Gefangenschaft, in einer Welt, die zeitlich hundert und mehr Jahre zurückversetzt schien. Wir waren
jetzt für die kleinsten Vergünstigungen dankbar und entwickelten
mit der Zeit, den Russen ähnlich, eine Lethargie. Das Ende dieses Prozesses könnte so ausgedrückt werden: Komme ich heute
nicht, komme ich morgen, komme ich morgen nicht, komme ich
übermorgen. Eine Philosophie, die in dieser Form durchaus noch
steigerbar war: Russische Mentalität, wie wohltuend hast du uns
umfangen! Diese Mentalität war lebenserhaltend.

## Stadt, Land, Fluss

Die Menschen der westlichen Welt lebten in der Mitte der 40er
Jahre verglichen mit denjenigen in der östlichen, doch in einer
Art Luxus und Perfektion. Dass dadurch eine Menge mensch-

licher Eigenschaften verschüttet werden, Eigenschaften, die auf
die Herausforderungen des Lebens gerichtet sind, lernte man
mit allen Konsequenzen in den Tagen der Unfreiheit. An der
untersten Grenze des Menschseins angelangt, wurden Kräfte
freigesetzt, die keiner in sich vermutet hätte. Der Geist bewegte
sich in engen Grenzen und Richtungen. Wie schrieb Schiller
im Prolog zu „Wallensteins Lager": „...im engen Kreis veren-
gert sich der Sinn; es wächst der Mensch mit seinen größeren
Zwecken".

Heute beobachten wir das genaue Gegenteil davon im menschlichen Zusammenleben und im menschlichen Tun und Lassen.
Wir entfernen uns von unseren Ursprüngen. Das Zerstörerische,
ja Selbstzerstörerische daran, wird heute deutlich sichtbar. Um
die Umwelt brauchte man sich damals nicht zu sorgen, schon
gar nicht in einem so dünn besiedelten und von Urwäldern
durchzogenen Land wie Russland. Den Gegensatz zwischen
der Landbevölkerung, dem Leben auf dem Lande, und den Verhältnissen in den Städten empfand man allerdings nirgendwo
stärker als in der Sowjetunion. Doch auch wenn die Verstädte-
rung dort mittlerweile weiter fortgeschritten sein mag: Betrachtet man die Fläche des Landes und die Anzahl der in diesen
Regionen lebenden Menschen, so sind die Verhältnisse gerade
umgekehrt im Vergleich zu Deutschland, wo man –um ein ganz
schlimmes Beispiel zu nennen – schon von zubetonierter Landschaft sprechen kann. Dafür wäre Russland doch zu groß.

## Personenkult und Wettbewerb

Die beiden herausragenden Feldherrn des Zweiten Weltkriegs,
im positiven wie im negativen Sinn, Hitler und Stalin, haben
die Welt damals vollkommen verändert, sodass die Führer der
anderen am Krieg beteiligten Länder fast zur Bedeutungslosig-
keit herabsanken. Ein nie dagewesener Personenkult breitete
sich aus, dessen leistungssteigernde Wirkung nicht abzuspre-
chen war. Ob Völker heute noch einmal zu solchen Leistungen
angespornt werden könnten? Bei dem Bestreben der Russen,
den westlichen Standard einzuholen, ergaben sich oft ganz gro-

teske Situationen: Die Russen hatten ja nun eine Menge Wissen und Forschungsergebnisse von deutschen Wissenschaftlern kassiert und zu dem Heer ihrer eigenen Arbeiter kam das Heer der Kriegsgefangenen. Das sollte ihre Pläne beschleunigen. In jedem Falle waren sie, wie bereits mehrfach erwähnt, Meister der Improvisation, wovon wir Deutschen uns eine Scheibe abschneiden könnten angesichts unserer teuren Perfektion. Beispiele solcher Improvisation habe ich in der Schilderung der Gefangenschaft gebracht. Wie die Perfektion hat allerdings auch die Improvisation eine Schattenseite.

## Die dunkle Seite der Improvisation

Während ich diese Zeilen schreibe, ist die Katastrophe von Tschernobyl gerade ein Jahr alt und hat gezeigt, dass oberflächliches Handeln auf dem Gebiet der Kernenergie schreckliche Folgen haben kann. Doch nun sind wir bei meiner Zeitstudie in der zweiten Hälfte der 1940er Jahre. Um vorab noch ein positives Beispiel hoher Improvisationskunst zu nennen, sei nochmals der Eisenbahnverkehr auf der eingleisigen Strecke zwischen Brest-Litowsk und Minsk erwähnt, mit dem Beutegut aus Deutschland transportiert wurde und dessen Beobachtung immer wieder Abwechslung in unser graues Dasein brachte. Dieser Verkehr verlief ohne Einsatz von viel Technik oder menschlicher Arbeit im Tag- und Nachtverkehr reibungslos.

Doch es gibt auch andere Beispiele, wie der geschilderte Brückenbau in Kobrin, bei dem die Improvisationskunst nur durch den rücksichtslosen Einsatz von „Menschenmaterial" möglich war. Dieser Brückenbau ist beinahe mit dem Pyramidenbau in Ägypten zu vergleichen, wo es am Bauobjekt von Menschen nur so wimmelte. Dieses und andere Bauobjekte wurden z.B. in Sibirien, an Flüssen, Kanälen und Eisenbahnen zu Leidensstationen Tausender Russen, die bestimmt nicht sagen konnten, sie befänden sich im „Paradies der Arbeiter und Bauern" *(wie sich Russland selbst vielsagend bezeichnete)*. Äußerste Disziplin war schon nötig, um jahrelange Strapazen durchzuhalten, ebenso eine gute Gesundheit – und glücklich der, der sie hatte.

# Was zählt, wenn es darauf ankommt

Was mich betrifft, so kam ich nie an einen Punkt, an dem ich meinte, nicht mehr weiterleben zu können. Eine gute Erinnerung an das Elternhaus, die Heimat und die Verwandten, die mir als Soldat so fleißig geschrieben hatten, gab mir die Kraft weiter durchzuhalten. Religiöse Einflüsse spielten damals bei mir noch keine Rolle, das atheistische Land, indem wir uns befanden, hätte uns auch keine vermitteln können. Alle diese, mehr im Geistigen liegenden, Faktoren wurden jedoch von einem sehr materiellen, ständigen Hungergefühl überdeckt. Einem Hungergefühl, das mit dem, was wir heute kennen, wenn einmal eine Mahlzeit ausfällt oder wir sogar einen ganzen Tag lang nichts zu essen bekommen, nicht zu vergleichen ist. Diese ganze besondere Art des Hungers lenkte die Gedanken in eine ganz bestimmte Richtung. Der Selbsterhaltungstrieb ließ die Menschen die unmöglichsten Dinge tun. Eine Konzentration auf das Wesentliche, ja das Allerwesentlichste, war nötig, um nicht in völlige Abgestumpftheit zu verfallen.

## Überlebenskampf

Menschen, die von früher her an ein hartes Leben gewöhnt waren, taten sich jetzt leichter und wir bewunderten die wenigen, die in dieser Situation noch Humor aufbringen konnten. In dieser verzweifelten Situation war das die Sinne betäubende Rauchen für die meisten fast noch wichtiger als Brot und Suppe, schädigte jedoch die Gesundheit bis zu nicht wieder gut zu machenden Beeinträchtigungen, die bei vielen erst in der Heimat sichtbar wurden. Wenn es guter Tabak gewesen wäre, den die Raucher da verpafften, wäre es noch gegangen, aber es war das Minderwertigste der Pflanze, das in manchen Fällen von noch viel Schlimmeren ersetzt wurde.

## Perspektivenwechsel

Was nutzten uns in dieser Atmosphäre von Lethargie und Hoffnungslosigkeit jetzt Disziplin und perfektes Handeln, der Art wie wir sie im deutschen Heer gelernt hatten? Wir mussten uns umstellen und dem Trott folgen. Unsere einzige Verantwortung bestand nun darin, die Norm zu erfüllen. In diesem Land, das wirkte als sei es noch im Mittelalter verhaftet, schien es an Zeit nicht zu fehlen. Was sonst in einem Monat zu geschehen hatte, geschah jetzt innerhalb eines Jahres. Wie schön wäre jetzt eine häufigere briefliche Verbindung mit der Heimat gewesen, wenngleich an manchen Tagen und zu mancher Stunde der Geist auszusetzen schien. Der einzige Lesestoff, den wir in russischer Gefangenschaft hatten, war die bereits erwähnte „Nationalzeitung", die am Brett angeschlagen war. Die Beiträge darin stammten von Emigranten, Generälen, Politikern und sonstigen, dem kommunistischen System nahestehenden Leuten. Namen wie Pieck, Ulbricht, Paulus, Seydlitz und viele andere tauchten auf, von denen sicher manche nicht aus freien Stücken geschrieben haben.

Aus dieser Zeitung erfuhren wir zum ersten Mal etwas über die Vernichtungslager für Juden und andere, dem NS-Staat nicht genehme Menschen. Auch lasen wir von den Schäden, die von den Deutschen in der Sowjetunion verursacht worden waren und auf wieviel sich deren Summe in Rubeln belief. Man erfuhr von den beginnenden Spannungen zwischen Russland und Amerika bzw. England, wo damals Churchill noch Premierminister war, aber bald darauf abgelöst wurde. Allerdings führten die Gedanken in dieser Zeitung nur in eine Richtung, nämlich zum kommunistischen System hin. Die Propaganda, die nicht gerade wohltuend aus vielen Artikeln hervortrat, wurde im Lager ergänzt durch die, etwa monatlich stattfindenden, Versammlungen der „Antifa", in der die kommunistisch eingestellten Gefangenen sprachen und sich Vorteile erwarteten. Kein Russe hätte ihnen da den Rang ablaufen können, so gut machten sie ihre Sache. Ja, beim Deutschen braucht man eben nur aufs Knöpfchen zu drücken...

## Aus erster Hand

Wir erfuhren aber auch von den Russen direkt manches über ihr Land. Sie erzählten zum Beispiel vom Sport (*der Masse an guten Sportlern, bei einer Bevölkerung von ca. 200 Millionen Menschen)* und von Zukunftsplänen, mit welchen sie den Westen vielleicht einholen könnten. Sie liebten ihr Land sehr. Das erzählte uns ein ausnahmsweise sehr gut deutschsprechender Russe, einer der neuen Sowjetmenschen, so eine Art Aufseher vom Ganzen, um ein Beispiel zu nennen. Zudem gab es in unseren Reihen sogar welche, die eine russische Gefangenschaft während des Ersten Weltkrieges erlebt hatten und wir hörten ihnen mit Interesse zu, wenn sie von ihren Erlebnissen aus dieser Zeit vor 1920 berichteten – zum Beispiel auch von seltsamsten Verhaltensweisen der gefangengehaltenen Deutschen und anderer.

## Zwangsarbeit

Während die russischen Machthaber im Ersten Weltkrieg mit der Masse von Gefangenen nichts anzufangen gewusst hatten, war dies nach 1945 nicht mehr der Fall. Die Methoden der Ausbeutung waren inzwischen auch bei ihnen, einem Volk niedrigen zivilisatorischen Standes, herangereift. Zudem hatte der Einblick in die Verhältnisse im Westen sie einiges gelehrt, wo zehntausende russischer Kriegsgefangener und Zwangsarbeiter eingesetzt wurden. Die Ausbeutung von Patenten, Spezialwissen und hochentwickelter deutscher Technologie war für sie ebenso neu und gewinnbringend, wie die für den Krieg entwickelten Technologien, die nun für zivile Zwecke eingesetzt wurden. Bis zu Beginn des Maschinenzeitalters um 1800 gab es in der Geschichte der Menschheit nur kleine technische Fortschritte, die sich im neuen technischen Zeitalter in zunehmendem Maße beschleunigten. Aus diesem rasanten Fortschritt der modernen Zivilisation des Maschinenzeitalters wurden wir herausgerissen, als wir 1945 in den Bereich des Sowjetstaates kamen, der immerhin noch ein Teil Europas ist, d.h. in den westlichen Teil der Sowjetunion.

## Grundgedanken

Hier komme ich nun zur Kernfrage der bisher angestellten Überlegungen: Kann ein Mensch überleben, wenn er aus einer technisch weit entwickelten Zivilisation in eine Zivilisation versetzt wird, in der Fortschritt sich nicht vorwärts, sondern eher rückwärts bewegt? Und wenn ja, für wie lange? An uns selbst konnten wir in dem unzivilisierten Land doch tagtäglich feststellen, dass wir einem stetigen Anpassungsprozess unterworfen waren, der dem Selbsterhaltungstrieb entsprang und uns immer primitiver werden ließ, weil wir nicht untergehen wollten. Dies als Botschaft für diejenigen, die ein solches Erlebnis von schier endlosem Abgeschnittensein von jeglicher Zivilisation bislang nicht hatten. Denn ich denke, dass die aus einem solchen Erlebnis resultierenden Erkenntnisse sich in der sich immer mehr zuspitzenden Krise der Menschheit als nützlich erweisen könnten.

Mein Bericht „3.500 Tage der Unfreiheit" soll, ausgehend von den vorangegangenen Ausführungen und Bemerkungen, dabei helfen, Antworten auf Fragen von heute zu geben. Von tiefschürfenden Überlegungen bis zur Nüchternheit der letzten Tage der russischen Gefangenschaft sei noch berichtet.

## Ende und Anfang – oder umgekehrt?

Zwei, drei Tage vor unserer endgültigen Entlassung hielt ein russischer Offizier noch eine letzte Ansprache an uns. Dabei stellte er klar, dass es uns, im Vergleich zu den vergangenen Jahren schlecht ergehen würde, sollten wir nochmal im Bereich des Sowjetstaates bei einer kriegerischen Handlung erwischt werden. Diesen Ausspruch möchte ich nicht unerwähnt lassen, denn was der Offizier damit hatte sagen wollen war, wie gut es uns in der Gefangenschaft doch noch ergangen sei. Das Wort „gut" klingt fast wie Hohn und ganz der Propaganda der Stalinzeit angepasst. Das war das Ende und zugleich der Anfang einer mehr als bewegten Zeit, an die sich besonders jene erinnern sollten, die Wege für eine Lösung suchen, um aus der heutigen Krise herauszukommen. Oder haben wir etwa keine Krise?

Dazu eine provokative Bemerkung: Ansprüche und Wohlstand von heute halbiert, wären immer noch mehr als genug im Hinblick auf die Zeit der totalen Einschränkungen, die eventuell auf uns zukommt. Die Menschen im Deutschland von 1948, wie ich es bei meiner Heimkehr vorgefunden habe, waren von den davorliegenden Jahren der Kriegs- und Nachkriegszeit geprägt. Die Merkmale dieser Zeit: Mehr Zusammenhalt, weniger Bürokratie, das einfache Leben wurde wertgeschätzt und der Luxus verpönt. Die meisten Dinge, die wir heute als „normal" bezeichnen, galten damals als Luxus.

## Überlagert, nicht vergessen

Von denen, die die Zeit seit Kriegsbeginn 1939 in all ihren Höhen und Tiefen miterlebt haben, sind viele während des Krieges, nach dem Krieg und auch noch viel später infolge der im Krieg erlittenen Schäden gestorben. Hinzu kommen die, die noch länger lebten, von denen die Älteren nun aber auch so langsam wegsterben, sodass heute wohl nur noch ein kleines Häuflein solcher am Leben ist, die durch Glück, gute Gesundheit und vielleicht der richtigen Einstellung zum Leben und zur jeweiligen Lage all die Jahre überwunden und durchgestanden haben, so wie es bei mir der Fall war.

In den 1950er Jahren, als die Erinnerungen an Krieg und Gefangenschaft noch recht frisch waren, stand mir oft der Sinn danach, aus dieser Zeit zu berichten, doch die Aufgaben des neuen Lebens haben mich daran gehindert. Man war doch wieder sehr darin eingespannt. Heute erinnere ich mich trotz des großen Zeitabstands wieder an viele kleine, aber auch große und herausragende Begebenheiten, die in der Berufszeit und der damit verbundenen Hektik von anderen Dingen überlagert worden waren.

## Das Lager Iwazewitschi

Die Beschreibung unserer Leidensstraße *(im wahrsten Sinne des Wortes)* zwischen Brest-Litowsk und Baronowitsche mit den Lagern Beresa und Kobrin ist nur dann vollständig, wenn ich auch über das östlich von Beresa befindliche Lager Iwazewitschi berichte.

Die unterschiedlichen Lager waren von unterschiedlichen Atmosphären geprägt und bei jeder Verlegung hofften wir auf eine Besserung, vor allem auf bessere Verpflegung, was selten in Erfüllung ging. Um das Bild des Lagerlebens abzurunden, seien einige Streiflichter aus dem Lager Iwazewitschi aufgezeigt:

Es war gerade Sommerzeit, so ließen die Russen – auch für ihre eigene Belustigung – einige Artisten auftreten. Was das Essen anbelangte, so stand vor dem Lager ein voll behangener Birnbaum, dessen unreife Früchte binnen kurzem von den Wachen verputzt wurden, die ebenso Hunger litten wie wir. Auch Störche, die sich auf den umliegenden Wiesen niederließen, wurden kurzerhand abgeschossen. Man sieht, auch die Russen hatten immer Hunger. Was für ein Land! Zur Vervollständigung des Bildes sei noch erwähnt: Der unvergessene Dr. Weegmann, der uns in Beresa das kleine Orchester schenkte, wurde von diesem Lager Iwazewitschi nach Beresa strafversetzt, weil er sich widersetzte, als die Russen Unmögliches von ihm verlangten, dem er nicht nachkam.

## Abschluss

Zum Schluss möchte ich noch einen unvergesslichen, aber auch versöhnlichen, Moment erwähnen, das Auftreten des Lagerorchesters Beresa: Diesem gehörte auch ein Sänger an, einer, dem all die Umstände nichts anhaben konnten, dem es die Sprache und die Stimme nicht verschlagen hatte und so erklang der Schlager „Wochenend und Sonnenschein…" in die düstere Umgebung hinein. So viel Kultur und Wohlklang in dieser hässlichen Lagerbaracke!

# Kapitel 13

# Aus der Vergangenheit für die Zukunft lernen

Ich schreibe diese Zeilen in den 1980ern. Ein Jahrtausend neigt sich dem Ende zu. Im Rückblick auf meine Erlebnisse kamen mir zahlreiche Gedanken zu den Problemen der Gegenwart, die auch für zukünftige Generationen interessant und hilfreich sein könnten.

Die hier geschilderte Zeit war tatsächlich eine Universität des Lebens: So wie ein Studium das Denken der Menschen prägt und ihnen neue Erkenntnisse vermittelt, so haben dies auch die Jahre des Krieges und der Gefangenschaft mit uns getan. Ein über mehrere Jahre dauerndes Leben, bei äußerst karger Ernährung, bei Schwerstarbeit in den russischen Gefangenenlagern und unbeeinflusst von den Vorteilen, Genüssen und Vergnügungen zivilen Lebens, muss einen Menschen verändern. Oft sind meine Erinnerungen an diese Zeit mein Maßstab für ein an Übertreibungen reiches Leben wie wir es heute antreffen.

Mit meinen Darlegungen, Eindrücken und Erkenntnissen aus fast 50 Jahren, also über das Jahr 1948 hinausgehend, will ich zum Vergleich anregen, ob wir uns doch nicht zu sehr von unseren Ursprüngen entfernt haben. Die Beispiele aus Gesellschaft, Politik, Ökologie und Wirtschaft erheben keinen Anspruch auf Vollständigkeit. Sie erscheinen mir jedoch wichtig, lehrreich und richtungsweisend. Kritische Gedanken haben bei mir bereits nach meiner Heimkehr im Oktober 1948 eingesetzt. Ihre Äußerung wurde verlacht, ist aber zwischenzeitlich bestätigt worden: Denn vor welchen Problemen stehen wir heute? Vor Problemen, die der Mensch in seiner Maßlosigkeit herbeigeführt hat.

Ist der Mensch, die Menschheit, überhaupt noch imstande mit all den Problemen fertig zu werden? Woran orientieren sich junge Menschen, die in diesen Wirrwarr von Problemen hineingeboren wurden? Es hat in meinem Leben einen Punkt gegeben, an dem ich – als die äußeren Umstände jeden zwangen, Ballast abzuwerfen – viele Dinge, die mir zuvor notwendig erschienen, als vollkommen nutzlos erkannte. Sollten wir bald wieder vor einem solchem Zeitpunkt stehen?

Auf den nächsten Seiten möchte ich versuchen, die Problematik in ihrer Gesamtheit darzustellen und Lösungsansätze zu zeigen, welche die Verwobenheit der einzelnen Probleme berücksichtigen.


# 1. Verlust an Natürlichkeit und Lebendigkeit

Lange Zeit brachte der Westen seinen „Fortschritt" zu den Naturvölkern in sogenannte unterentwickelte Gegenden der Welt. Ob es richtig war? Manchmal scheint es eher so, als könnten wir von diesen Menschen lernen. Vielleicht müssen wir auch nicht einmal in die Zeiten zurück, in denen in Europa noch Naturvölker lebten. Vielleicht reicht es schon, den Lebensstil unserer Großeltern und Urgroßeltern wieder zu entdecken, um zurück zu einem „menschlichen", „artgerechten" Leben zu finden.

Das Dorf, in dem ich lebe, hat mit dem Dorf, wie es vor 100 oder mehr Jahren ausgesehen hat, nicht mehr viel gemeinsam. Geht man an einem Sonntagmorgen durch den Ort, kann man stundenlang an schönen Häusern und gepflegten Gärten vorbeispazieren, ohne einen Menschen zu treffen. Alles ist sauber und ordentlich und außer ein paar älteren Leuten ist niemand zu sehen: keine Kinder, kein Kindergeschrei – Totenstille. Das mag dem einen oder anderen gefallen, aber ein gutes Zeichen ist es nicht, es fehlt so viel Lebendiges, das wir bei uns selbst und in der Natur zerstört haben.

Es gibt weitere Erscheinungen in unserer Gesellschaft, die in ihrer Tragweite noch nicht richtig erkannt sind, zum Beispiel die Überalterung. Die älteren Menschen spüren die Einsamkeit, wenn sie abgeschnitten von den jüngeren sind. Ein gehobener Lebensstil, Reisen, Seniorentreffen und großzügig eingerichtete Altenheime können die Einsamkeit etwas vergessen lassen, doch das mehr oder weniger harmonische Zusammenleben in der Großfamilie, das vor Jahrhunderten die Regel war, können sie nicht ersetzen.

## Überholter Generationenvertrag

Das zahlenmäßige Missverhältnis zwischen Alten und Jungen, ausgelöst unter anderem durch den Geburtenrückgang, aber auch tödliche Unfälle *(oft unter Alkoholeinfluss)*, Rauchen, Alkohol, unvernünftige Lebensweise und schlechten Essgewohnheiten, wird zwar gesehen, jedoch nicht behandelt. Eine Rolle spielt dabei sicherlich, dass unser soziales Netz in Mitteleuropa immer dichter geknüpft wurde und die Menschen sozial bestens abgesichert sind. Der sichere Schoß der Großfamilie, der früher an der Stelle des sozialen Netzes stand, ist zumindest materiell nicht mehr notwendig.

Allerdings ist dieses soziale Netz nur bei einem hohen Stand von Beschäftigung und Erzeugung von Gütern möglich – doch diese Erzeugung geht auf Kosten unserer natürlichen Ressourcen. Es steht außer Zweifel, dass die Schraube von Leistung und Verbrauch zurückgedreht werden muss: Die Verschmutzung von Luft und Wasser können wir nicht dauerhaft so fortführen, ohne unser Überleben zu gefährden. Wir müssen die Müllberge beträchtlich verkleinern, die Böden entgiften... die Reihe der notwendigen Maßnahmen kann fortgesetzt werden. Populär sind diese Maßnahmen natürlich nicht, aber lebens- ja überlebenswichtig. Umweltgerechtes Verhalten eines jeden Einzelnen ist nötig und hier wiederum sollte nicht gekleckert, sondern geklotzt werden, auch wenn es schwer fällt zum Beispiel weniger Auto zu fahren, oder es ganz sein zu lassen... Energiefressende Haushalte und Industrieanlagen müssen ihren Verbrauch drosseln und beim Flugverkehr sind drastische Einschränkungen nötig.

Es mag paradox klingen, aber um zurückzukehren zu Lebendigkeit und Natürlichkeit gehört auch ein gewisses Maß an Disziplin. Leider sind Tugenden wie Disziplin, Genügsamkeit, Verantwortungs- und Pflichtgefühl, die wir so dringend für ein gutes und nachhaltiges Leben sowohl in sozialer als auch in ökologischer Hinsicht bräuchten, heutzutage nicht mehr gefragt. Sie gelten als „nationalsozialistisch", dabei sind es doch einfach nur universelle und zeitlose menschliche Tugenden.

# Zurück zu den Wurzeln

In einer Zeitschrift las ich einmal, dass sich bestimmte Tierarten, und durchaus nicht wenige, seit Millionen von Jahren nicht verändert haben. Sie sind in ihrem Aussehen und in ihrer Lebensart heute genau noch so zu finden wie vor langer Zeit. Der Mensch, eine späte Spezies, entwickelte sich über die Jahrtausende auch allmählich und passte sich so an das Leben auf der Erde an. Doch dann begann auf einmal ein frenetischer Wechsel von Sitten, Gebräuchen und technischen Hilfsmitteln, was so gar nicht unserer Natur – der Natur überhaupt – zu entsprechen scheint. Zweifelsohne bringt dieser rasante Wandel nicht nur Angenehmes mit sich, im Gegenteil es scheint sich Verhängnisvolles anzubahnen.

## 2. Überkonsum schadet Natur und Seele

Vor vielen Jahre meinte einmal ein Amerikaner, wir würden leben, als hätte ein jeder von uns für seine Arbeit 60 Sklaven für sich eingespannt. Mit den Sklaven meinte er die heutige Technik, die Energie in Kraft umwandelt, um Menschenkraft zu ersetzen. Ich möchte hier einmal eine ganz provokative These aufstellen, wenn sie mir vielleicht auch nicht abgenommen wird: Wirtschaftlicher Rückschritt bedeutet ökologischen Fortschritt; damit ist alles auf einen Nenner gebracht.

Der Flug der Astronauten, technischen Experimenten gewidmet, hat diesen Weltraumpionieren zu unerwarteten Erkenntnissen verholfen: Als sie unsere Erde durch den Weltraum gleiten sahen, erkannten sie aus ihrem Raumschiff heraus, nicht nur die unzähligen Wunden, die wir Menschen unserem Planeten zugefügt haben, sondern auch, wie abhängig wir von diesem Planeten sind, den wir gerade zerstören. Das war wahrscheinlich eine wichtigere Erkenntnis als alle Entdeckungen, die sie bei ihren technischen Experimenten gemacht haben.

Mittlerweile wissen wir: Es leben zu viele Menschen auf der Erde, die, im Gegensatz zu früheren Jahrhunderten, hohe Ansprüche an den Lebensstandard stellen, wofür die natürlichen Grundlagen fehlen. Wir leben von der Substanz. Man erhoffte sich von einem stetigen Wirtschaftswachstum eine Abnahme der Arbeitslosigkeit und die Erhaltung des Wohlstandes – doch bedenkt man die Folgen eines solchen Wachstums in einem dicht besiedelten Land? Gelegentlich melden sich mittlerweile Stimmen die einen Schrumpfungsprozess fordern, um die Natur zu schonen. Die wichtigsten Industrienationen der Welt – ihre Repräsentanten treffen sich in regelmäßigen Abständen – tun fast so, als gäbe es nichts auf der Welt, das wichtiger sei als Wirtschaftswachstum, das sie gleichsetzen mit dem Wohlergehen der Konzerne. Aber gerade in diesem Bereich türmen sich die Weltprobleme auf und werden dort am besten sichtbar. Die Konzerne sind es, die den größten Teil der Bodenschätze der Erde nutzen und verbrauchen. Es ist abzusehen, wann diese erschöpft sind, wenn weiter so geplündert wird.

Gerade in der Massenproduktion müsste ein Schrumpfungsprozess in Gang gesetzt werden, um die Bodenschätze zu schonen. Ein Prozess, der dem explosionsartig verlaufenden und seit Jahrzehnten andauernden wirtschaftlichen Wachstum entgegenlaufen, ihn aufhalten und ins Gegenteilige verkehren würde. Das mögen heute noch Utopien sein, sie können aber in kurzer Zeit auch Wirklichkeit werden; können, nein müssen es.

## Konzerngewinne – kein Garant für Wohlergehen von Natur und Mensch

Erinnern wir uns an den Amerikaner, der die Technik, die jedem Einzelnen von uns zur Verfügung steht, mit 60 dienstbaren Sklaven gleichsetzte. Leben wir in dieser Hinsicht nicht bereits alle in übermäßigem Luxus und Wohlstand? Wem dient eine Steigerung der Produktion denn jetzt noch? Doch eigentlich nur noch bestimmten Branchen oder Unternehmen und nicht mehr dem Wohlergehen von Mensch und Natur.

In so vielen Bereichen ist Schrumpfung nötig: Bei der Flut der unnötig verschriebenen Medikamente und Therapien zum Beispiel. Natürlich müssen Krankheiten und Unfälle behandelt werden – doch was ist mit Wohlstandskrankheiten, die mit Medikamenten behandelt werden, wo sie doch durch entsprechende Lebensweise verhindert werden könnten? Gewinner sind hier die Hersteller der Medikamente, nicht die Patienten. Und was ist mit dem Moloch Verkehr? Den Müllbergen? Den allgegenwärtigen Giftstoffen, Lebensmittelzusätzen und so weiter? Steigern die unsere Lebensqualität, oder nur Aktienwerte?

## Megalomanie im Maschinenzeitalter

Vor einigen Jahren hat der Unsinn begonnen: Da wurden überall auf einmal seltsame Rekorde aufgestellt wie zum Beispiel die längste Wurst, der größte Kuchen, der schwerste Fleischkäse usw. Die Wohlstandsgesellschaft übertraf sich nochmal selbst. Auch auf technischem Gebiet gab es Rekorde, man denke an die Mondlandung... Im Gegensatz zu früheren menschlichen Errungenschaften haftet all dem eine Vergänglichkeit an: Die Pyramiden, die griechisch-römische Architektur, die christlichen Dome, Münster und Kirchen... all das waren zur damaligen Zeit Rekordleistungen, die wir heute noch, wenn zum Teil auch nur als Ruinen, bewundern können.

Was ist der Grund für diesen Wandel? Liegt er in der Denkweise der Menschen? Einer der bedeutsamsten Einschnitte in dieser Denkweise ist mit dem Beginn des Maschinenzeitalters festzustellen und in diesem begründet. Eine steile, endlose Aufwärtsentwicklung schien nun eine Selbstverständlichkeit. Dabei merkten wir nicht, wie wir immer stärker von der Technik beherrscht und abhängig wurden. Doch nun haben wir einen Punkt erreicht, in dem ein Fall in die Tiefe gar nicht mehr so unmöglich erscheint. Man denke an Tschernobyl, womöglich ein Vorbote dieser Entwicklung.

## 3. Selbstgemachte Katastrophen

Es gibt einmal die Naturkatastrophen, auf die wir keinen Einfluss haben – und dann gibt es diejenigen, die wir selbst sehenden Auges herbeiführen. Die Naturzerstörung in unserer

Region, mit über 200 Menschen auf einem Quadratkilometer, verursachen wir selbst und die daraus resultierenden Probleme potenzieren sich: Flächenversiegelung, Stress, Lärm- und Lichtverschmutzung, Müllberge… Bereits in der Aufbauphase der vergangenen 40 Jahre wurden unendlich viele Fehler gemacht: Man denke nur an die Bausünden in Form lieblos hochgezogener Hochhäuser. Später zerstörte die Flurbereinigung nicht nur den Charakter unserer Landschaft, sondern hatte auch verheerende Auswirkungen auf unsere Mitwelt. Allein der Verlust der zahlreichen Hecken war gleichbedeutend mit dem Verlust von Lebensraum zahlreicher kleiner Vögel, Säuger, Reptilien und Insekten und dem Verlust von Boden durch Erosion. Tagtäglich hört man von Umweltzerstörung: Was muss noch geschehen, um endlich eine Umkehr durchzusetzen?

Da ist der Moloch Verkehr. Es ist noch gar nicht so lange her, dass gelegentlich gemächlich dahintuckernde Automobile auf schmalen, beiderseits mit Bäumen bepflanzten, Landstraßen den Verkehr bildeten. Ich habe sie noch erlebt, den Opel-Laubfrosch, den Dixi, den Hanomag… Ich wurde als Bub darin mitgenommen - Erlebnisse aus Großmutters Zeiten, die aber bis heute haften geblieben sind. Das sind ganz andere Erlebnisse, als manche rasante – aber im Stau endende – Autofahrt von heute auf einer sechsspurigen Autobahn. Wann wird dieser Wahnsinn aus Luftverschmutzung und Flächenversiegelung enden?

Und was ist mit der Atomenergie? Man erinnere sich, wie die Amerikaner in den 40er Jahren diese Energieart und damit eine neue Art von Bombe auf den Weg brachten. Eine Art Sonnenfeuer war auf die Erde geholt worden. Man erinnere sich an Tschernobyl. Man erinnere sich an die noch ungelöste Frage der Endlagerung des anfallenden radioaktiven Abfalls. Wenn wir weiterhin in dem Maße abhängig von Wirtschaftswachstum und Technik bleiben wie bisher, werden wir diese ständig schwelende Gefahr mir ihren ungelösten Problemen nicht mehr los. Neben radioaktiven Abfällen wären ja auch noch die chemischen Kampfstoffe, die tonnenweise in der Welt lagern (*es ist nur zu verständlich, dass meine Generation, die wie keine vor-*

*her in den Strudel von Krieg und Vernichtung geraten ist, sich vehement gegen eine Wiederbewaffnung der Bundesrepublik gewendet hat und diese bis heute noch nicht verstehen kann).* Wird es uns gelingen diese giftigen und radioaktiven Abfälle zu beseitigen und den Globus wieder sauber zu bekommen. Oder gehen wir daran zugrunde?

## Verraten und verkauft

Und wir vergiften unseren Boden nicht nur, wir degradieren ihn auch zum Spekulationsobjekt: Dichtbesiedeltes Land und hohe Wirtschaftskraft haben Bauland zur Mangelware werden lassen. In den Städten klettern die Quadratmeterpreise nicht selten in vierstellige Höhen. Die Bodenspekulation blüht. Nicht wenige Menschen bei uns betreiben damit ein gutes Geschäft. Die Folgen unseres nicht mehr zu überbietenden Wohlstandes sind noch nicht abzusehen – doch ich kann mir nicht vorstellen, wie diese Entwicklungen ein gutes Ende nehmen könnten. Wir brauchen eine radikale Umkehr.

Ich habe in meinem Bericht versucht, den unvorstellbaren Zwang zu beschreiben, der von den beiden Diktaturen ausging, die ich erlebt habe. Heutzutage würde sich in unseren Breiten niemand mehr ein derart schikanöses Leben gefallen lassen. Doch nun müssen wir uns selbst zu Einschränkungen zwingen, wenn wir unsere Mitwelt und Lebensgrundlage – Flora und Fauna, Luft, Wasser und Erde – erhalten wollen. Was nötig ist, um den Schaden abzuwenden, wissen wir doch eigentlich, warum läuft dann trotzdem alles weiter Richtung Abgrund? Hier möchte ich auf ein weiteres bedenkliches Phänomen aufmerksam machen:

## Blinder Aktionismus

Zeitungen, Illustrierte, Fernsehen, Rundfunk etc. vermitteln den Menschen zahlreiche Informationen – doch führt dieses Übermaß an aus einem größeren Zusammenhang gerissenen Informationen nicht eher zu mehr Verwirrung und Überforderung? Verlieren wir dadurch nicht immer mehr die Fähigkeit, uns auf das Wesentliche zu konzentrieren und Ziele konsequent und langfristig zu verfolgen? Auffällig in der öffentlichen Debatte ist, dass Themen punktuell gewählt werden, kurze Zeit im Mittelpunkt stehen und dann in Vergessenheit geraten, während das große Ganze und die Zusammenhänge außer Acht gelassen werden. Mal war das Waldsterben besonders wichtig, wurde dann nach kurzer Zeit von der Reinhaltung der Gewässer abgelöst, dann stand das Müllproblem im Mittelpunkt und so ging es munter weiter, ohne dass eines der Probleme gelöst oder eine ganzheitliche Lösung überhaupt gesucht wurde.

Gehen wir einige hundert Jahre zurück, in der sich Natur und Gesellschaft sehr viel langsamer veränderten als heute, in denen sich das Wissen und das Umfeld der Menschen nicht von Generation zu Generation, ja zum Teil innerhalb einer Generation, drastisch veränderten: Damals waren die Menschen wohl sehr viel stärker in die Natur und die Gemeinschaft eingebunden und mit ihnen verbunden und haben daraus Leben, Kraft und Sicherheit im Handeln geschöpft. Ein wenig davon konnten wir in den russischen Weiten erleben, Reminiszenzen, die den Fortschrittsglauben von heute fragwürdig erscheinen lassen.

# 4. Glaubensfragen

Was hält uns in einer solch ständig in Bewegung befindlichen Welt? Was kann uns als Halt und Orientierung dienen? Eine christliche, wenigstens davon beeinflusste, Erziehung in jungen Jahren, kann bei einem Menschen viel Gutes bewirken und manche Glaubensgrundsätze werden ihn sein ganzes Leben lang begleiten. 1934 wurde mir dieser nachdenkenswerte Konfirmationsspruch mit auf den Weg gegeben: „Deinen Willen, mein Gott, tu ich gerne und Dein Gesetz hab ich in meinem Herzen." *(Psalm 40,9)*. Dieser Spruch ist mir im Gedächtnis geblieben und hat mir auch in den schwierigsten Situationen Trost und Stärke gespendet. Aber auch fortschrittliche Technologien können zu neuen Einsichten verhelfen. Oben hatte ich ja bereits auf die Astronauten verwiesen, die – als sie unsere Mutter Erde aus einigen hundert Kilometern Entfernung beobachteten – zu der Erkenntnis gelangten, dass wir auf diese Erde auf Ge-

deih und Verderb angewiesen sind. Dass wir die Probleme aller
Völker nur im Miteinander und nicht im Gegeneinander lösen
können. Einer der Astronauten bemerkte, er habe trotz größter
Bemühungen keine der Grenzen ausmachen können, ohne die
man sich eine Landkarte oder einen Globus doch gar nicht vorstellen kann. Natürlich, die vier bis fünf Milliarden Menschen,
die heute auf der Erde leben, müssen irgendwie geordnet, re-
giert, genährt, gekleidet und was sonst noch alles werden. Vielleicht ist dafür neben dem Weltdenken auch ein Lokal- oder
Regionaldenken ganz angebracht.

Aber vielleicht sind wir auch zu satt und zu überheblich, um
uns die Demut des Christentums oder die Einsicht der Astronauten zu eigen zu machen und danach zu leben.

Wir müssen uns wohl selbst einem disziplinierteren und ein-
facheren Lebensstil verordnen, wenn wir unser Überleben und
das unserer Kinder sichern wollen. Tatsächlich kann ein Leben
in äußerster Beschränkung – angefangen von körperlichen Be-
dürfnissen bis hin zu geistiger Anregung – wie ich es als russischer Kriegsgefangener erlebte zu einer Selbstreinigung und
Selbstbesinnung ohnegleichen führen. Wir waren der Situation
vollständig ausgeliefert. Körperlich zu schwach zum Fliehen
mussten wir auf unsere inneren geistigen Ressourcen zurück-
greifen. Je anpassungsfähiger der Einzelne war, desto größer
war seine Chance zu überleben. Die simple Feststellung: „Vo-
gel friss oder stirb" drückt es in wenigen Worten aus. Und auch
bei der Heimkehr der Gefangenen war ein Anpassungsprozess
nötig, der oft Jahre dauerte.

## Geistige Pioniere

In seinem Buch „So lasst uns denn ein Apfelbäumchen pflanzen" behandelt Hoimar von Ditfurth die Zukunftsaussichten
des Menschen. Auch wenn der Autor insgesamt eher pessimis-
tisch ist, hofft er doch darauf, dass wir Lösungen finden, unser
Schicksal noch zum Guten zu wenden. Sein Werk hat bereits
zahlreiche Menschen berührt und zum Nachdenken gebracht.
Auch Herbert Gruhl hat in seinem Werk „Ein Planet wird ge-

plündert" auf die Probleme der Gegenwart hingewiesen und Zukunftsszenarien entworfen. Sie waren einzelne Vordenker und wir können nur hoffen, dass sie mit der Zeit die Zustimmung einer breiten Masse finden werden.

## Nur ein Wimpernschlag

Gemäß seiner heutigen durchschnittlichen Lebenserwartung ist der Mensch geneigt, in Zeiträumen von maximal 70-80 Jahren zu denken. Doch der Zeitraum des Maschinen- und Industriezeitalters stellt nur einen winzigen Moment in der einige 10.000 Jahre dauernden Menschheitsgeschichte dar *(und die Zeitspanne wird noch unbedeutender angesichts der milliardenalten Erdgeschichte)*. Ein Nichts sind wir bei diesen Vorstellungen, aber dieses Nichts will die Welt beherrschen. Dabei zerstören wir, die wir immer mehr den Kontakt zur Natur und damit auch zu unserem Wesen verlieren, unsere eigenen Lebensgrundlagen.

Wie schreibt Hoimar von Ditfurth in seinem oben erwähnten Buch: „Wir stehen nicht am Anfang des Prozesses der Zerstörung der Biosphäre, nein, wir stehen bereits mitten drin". Er erwähnt Luthers Apfelbäumchen, das dieser noch pflanzen wollte, auch wenn er wüsste, dass morgen die Welt untergehen würde. Der Baum, wie in früheren Zeiten, er sollte uns wieder heilig werden.

## SCHLUSSGEDANKEN

Oktober 1948 bis Oktober 1988, eine Zeitspanne von 40 Jahren, beginnend am absoluten Nullpunkt meines Lebens. Als Kriegsgefangener besaß ich nichts als die zerlumpten Kleider, die ich am Leibe trug, einen Essnapf, einen Löffel, ein Messer – und wenn es hochkam Kartoffeln. Meine körperliche Verfassung war auf ein Minimum gesunken, meine Unterkunft war primitiv und die wenigen Rechte, die wir Kriegsgefangenen innehatten, waren ein weiteres Merkmal dafür, dass wir uns an der untersten Grenze des Menschseins befanden. Glücklich war, wer sich noch einen regen Geist bewahrt hatte. So selbstverständlich war das gar nicht: Welche Anregungen gab es schon in diesem Zustand? Höchstens die, jeden Tag zu verfluchen – oder unsere Bewacher und Unterdrücker zu überlisten.

Am Ende der Gefangenschaft stand eine neu gebildete Person, eine neue Persönlichkeit, das Resultat von Durchhaltevermögen, Anpassungsfähigkeit und Einfühlsamkeit. Der Mensch also Ergebnis seiner Mitwelt? Einer Mitwelt, die nicht nur aus anderen Menschen, aus sozialen Umständen besteht, sondern auch aus unserer natürlichen Umgebung. Diese Mitwelt – gesellschaftlich wie natürlich – ist heute in Gefahr. Selbst die jüngeren Jahrgänge erkennen das bereits. Fehleinschätzungen über Fehleinschätzungen haben uns der Vernichtung und Ausrottung nähergebracht und bald erreichen wir einen Höhepunkt, nachdem es nur einen Abstieg geben kann. Wie wir diesen Abstieg gestalten, davon hängt ab, was uns Gegenwart und Zukunft bringen.

Der Mensch von heute will wissen, wie es früher, also einige tausend Jahre zurück, auf der Welt ausgesehen hat und wie die Menschen damals lebten. Unser großes Interesse an Ausgrabungen, mündlichen Überlieferungen, Büchern aus frühester Zeit, manche noch handgeschrieben, uralten Gemälden und Zeichnungen ist ein sicheres Zeichen dafür, dass wir dem reinen Fortschrittsdenken und Glauben nicht so recht trauen und wir nach Maßstäben suchen, die in der Vergangenheit liegen.
Mein Bericht ist von Gewissenhaftigkeit, Ernst und Wahrhaftigkeit getragen. Im Rückblick auf einen Zeitraum von mehr als 40 Jahren wurde sicherlich einiges klarer, vielleicht sogar abgeklärter – möglicherweise aber auch hier und da verklärt. Doch im Großen und Ganzen, so denke ich, ist es mir gelungen, objektiv genug zu bleiben. Es ist kein Bericht eines Militaristen, eines Geschichtsschreibers oder Geschichtsforschers, eines Politikers oder eines Literaten: Einfachheit soll ihn auszeichnen, er soll für jeden verständlich sein. Er soll zeigen, dass wir eine Ausgewogenheit finden müssen, zwischen der unglaublichen Primitivität des menschlichen Lebens in Krisenzeiten und dem Übermaß an Wohlstand und Reizen in den fetten Jahren. Ein maßvolles Leben sollte das Ziel sein.

Meine persönlichen, manchmal sehr persönlichen, Gedanken stelle ich hiermit zur Diskussion. Die Schilderungen von Fronteinsätzen und aus Kriegsgefangenenlagern sollen dem Leser ein Bild aus diesen Tagen vermitteln, ein nicht alltägliches.

Auch sind es die Gedanken eines in einer dicht besiedelten Gegend lebenden Menschen. Die Enge erzeugt solche Gedanken, und Menschen, die in riesigen Ländern wie den USA, Russland oder Kanada leben, werden sie unter Umständen für absurd halten. Aber – und hier komme ich wieder auf die Astronauten zurück – wenn wir die Erde aus einigen hundert Kilometern Entfernung beobachten, stellen wir fest: Von diesem Raumschiff Erde gibt es kein Entkommen: Alle, die darauf leben, sind auf ein sinnvolles Miteinander angewiesen. Eine große Aufgabe.

# Meine Tagebuchaufzeichnungen
# Ein Soldatenleben, Afrika – Russland

Genau am 16. März 1981 habe ich mit der Abschrift der Taschenkalender begonnen. Daraus ist dieses Buch entstanden. Die Eintragungen in die Taschenkalender sind original für immer. Beispielhaft über 9 Jahre eines *(meines Soldatenlebens)* zu berichten. Bei jedem war es anders. Mir ist eine Rückschau nach langer Zeit vergönnt, weil ich alles überstanden habe.

## Vorbemerkung

Ich bin am 02. Oktober 1940 zur Beobachtungs-Ersatz-Abteilung 7, Stabsbatterie, nach München 13, Schwere Reiter Straße eingezogen worden. War dann bis 26.12.1940 dort zur Ausbildung *(technische Truppe)*, dann Versetzung nach Belgien zur Beobachtungsbatterie (Pz) 326, deren Angehöriger ich bis 31.10.1941 war.

*Schwere Reiterkaserne, München 1940*

*Schwere Reiter Kaserne, München 1940*

*Schwere Reiter Kaserne, beim Exerzieren 1940*

*Schwere-Reiter-Kaserne, München 1940, auf der Stube*

# Tagebuchaufzeichnungen 1941

*Erster Ausgang in München 1940*

*Transport nach Belgien um die Weihnachtszeit 1940 ab München über Frankfurt-Köln-Aachen zum belgischen Kohlerevier*

Am 26.12.1940 per Bahn nach Belgien, zunächst bis Mons, dort am 27.12.1940 abends 22 Uhr eingetroffen. Am 28.12.40 am Ziel in Maine St. Paul, dort im Privatquartier bei Monsieur Edmond Dehuit, 94 Chaussée de Jolimont. Das Quartier ein Glücksfall, ein älteres Ehepaar, Eltern hätten nicht besser sein können, für sie war ich dort und später Monsieur Jean.

**01.01.:** Erste Wache
**02. – 05.01.:** Keine Eintragungen
**06.01.:** Zweite Wache
**07. u. 08.01.:** Keine Eintragungen
**09.01.:** Kino La Louvière:
Der untreue Ekkehard
**10. – 15.01.:** Keine Eintragungen
**16.01.:** Kino La Louvière:
Das Herz der Königin
**17.01.:** Keine Eintragung
**18.01.:** Dritte Wache
**19.01.:** Nach Küchendienst ins
Theater Louvière mit
Andreas und Heinrich,
„Zarewitsch"
(Programm vom 19.01.1941,
Dimanche)
**20.01.:** Fußdienst bei Leutnant
Schönfelder, es hat über
Nacht getaut, (Bemerkung.:
es ist damit höchstwahr-
scheinlich beim Fußdienst ein
Strafexerzieren gemeint, bei
dem der Morast des Geländes
die Sache noch verschärfte);
das heißt robben und hin-
legen
**21. u. 22.01.:** keine Eintragungen
**23.01.:** Nachmittags im Theater La
Louvière: „Komödie der
Irrungen", abends im Kino
**24.01.:** Vierte Wache
**25.0l.:** Keine Eintragung
**26.01.:** Mit der Straßenbahn in
Charleroi (Bemerkung:
nirgendwo sonst habe ich ein
dichteres Straßenbahnnetz
gesehen und fuhren die Züge
der Straßenbahn schneller
als dort in Belgien; es kostete
uns Soldaten nichts, weite
Ausflüge in der Freizeit gaben
uns Abwechslung)

**27. u. 28.01.:** Keine Eintragungen
**29.01.:** Fünfte Wache
**30.01.:** Vormittags Besichtigung,
nachmittags Führerrede,
abends Kino La Louvière,
**31.01.:** Keine Eintragung
**01.02.:** Abends in La Louvière:
Kapelle Jerochnik

*Bei einer Übung in der Pfalz 1941*

**02.02.:** Küchendienst, sechste
Wache
**03. – 05.2.:** Keine Eintragungen
**06.02.** Siebte Wache, Kamerad-
schaftsabend in La Louvière
(Bemerkung: das Etappen-
leben im winterlichen und
friedlichen Belgien des
Jahres 1941 ließ fast ein
Ende des Krieges hoffen; ein
halbes Jahr später folgt der
Einmarsch in Russland, der
Traum war aus)
**07.02.:** Keine Eintragung
**08.02.:** Achte Wache bis 09.02.
**10. u. 11.02.:** Keine Eintragungen
**12.02.:** Neunte Wache
**13. u. 4.02.:** Keine Eintragungen
**15.02.:** Mit der Straßenbahn zu
Schwimmbad Mons
**16.02.:** Zehnte Wache
**17. u. 18.02.:** Keine Eintragungen
**19.02.:** Elfte Wache
**20. u. 21.02.:** Keine Eintragungen
**22.02.:** Schwimmbad Mons

**23.02.:** Mit der Straßenbahn in Charleroi, Zwölfte Wache

**24.02.:** Führerrede

**25.02.:** Im Variété von La Louvière

**26. – 27.02.:** Keine Eintragungen

**28.02.:** Dreizehnte Wache (Bemerkung: zum 2-monatigen Aufenthalt in Belgien, Januar/Februar 1941: die Gegend, in der wir stationiert waren, kann mit dem Ruhrgebiet verglichen werden, Bergwerke, Halden und Fabriken; es war Winter und so auch von der Jahreszeit her gesehen ein wenig trostlos; da nützten auch die vielen Kneipen nichts, wenn sie doch meist leer waren, es gab wenig zu essen und kaum Alkohol)

**01.03.:** Abfahrt nach St. Haine St. Paul nach Charleroi, Givet (Frankreich), Neuf-Chateau, Arion (Belgien), erster Tag des

*Fahrt in die Pfalz, Halt in Luxemburg*

Umzuges (Stellungswechsel) (Bemerkung: während dieser Zeit in Belgien hatte die Einheit ihre Aufgabe als Besatzungstruppe zu erfüllen, außerdem wurde die Ausbildung vervollständigt für den baldigen Abzug der Truppe an die Front, in diesem Fall in Afrika)

**02.03.:** Zweiter Tag des Stellungswechsels: Arion, Luxemburg, Trier, Idar-Oberstein, Ziel Ulmet am Glan

**03. – 06.03:** Keine Eintragungen

**07.03.:** Auf Truppenübungsplatz Baumholder, zum ersten Mal auf einem Truppenübungsplatz; Baumholder spielt auch heute wieder eine Rolle

**08.03.:** Keine Eintragung

**09.03.:** Untersuchung, nachmittags Spaziergang zum „Steinernen Mann" in Ulmet (in Ulmet waren wir bei einer Familie Rudolf Stoffel, die eine Metzgerei betrieben, einquartiert; der Name steht noch bei den Adressen im Kalender)

**10.03.:** Übung

**11.03.:** Übung

**13. u. 14.03.:** Keine Eintragungen

**15.03.:** Abends Erdesbach-Patersbach-Ulmet (Bemerkung: in Ulmet: zu wissen, bald nach Nordafrika versetzt zu werden, versetzte uns doch in eine gewisse Unruhe, schon bei dem Gedanken, so weit von der Heimat entfernt an

*Freunde Willi und Andreas in Trier; Andreas Maier ist am 12.10.1986 in Deggendorf gestorben; mit Willi Pöschl telefonierte ich Ende 1979 zum ersten Mal*

*Übung in der Pfalz 1941*

der Front zu stehen zu müssen – im Ring um Tobruk, wie in etwa bekannt war, nur noch Wüste um uns herum; Ulmet, die Wartestellung für den ca. 3.000 km entfernten Einsatz im italienischen Libyen)

**16.03.:** Ehrenwache am Denkmal Ulmet

**17. – 19.03.:** Keine Eintragungen

**20.03.:** Fünfzehnte Wache

**21.03.:** Urlaub, Ulmet-Augsburg

**22.03.** Besuch bei Tante Lies, Riedingerhaus (frühere Arbeitsstelle), nachmittags Augsburg-Nördlingen

**23.03.:** Nördlingen, abends Kino

**24. u. 25.03.:** Keine Eintragungen

**26.03.:** Rückfahrt, Nördlingen-Nürnberg, Besuch bei Leo, Sack/Heinrich

**27.03.:** Nürnberg-Frankfurt-Mainz-Lauterecken (Übernachtung)-Ulmet

**28.03.:** Übung

**29.03.:** Um 16 Uhr nach Heidelberg (über Homburg, Kaiserslautern, Neustadt, Ludwigshafen, Mannheim), Übernachtung im Hotel Schieder am Bahnhof

**30.03.:** Vormittags Heidelberger Schloss, nachmittags Rückfahrt, im Kino in Homburg, dann Hotel, 9 Uhr in Ulmet

**01. u. 02.04.:** Keine Eintragungen

**03.04.:** Nachm. beim Zahnarzt in Kusel

**05. u. 06.04.:** Keine Eintragungen

**06.04.:** Vormittags Schießen

**07.04.:** Sechzehnte Wache

**08. – 12.04.:** Keine Eintragungen

**13.04.:** Verladen (Stellungswechsel nach Nordafrika)

**14.04.:** Um 7.43 Uhr Abfahrt in Ulmet, Strecke Mainz, Darmstadt, Aschaffenburg, Würzburg, Ansbach, München, Rosenheim, Kufstein, Innsbruck, Brennerpass, Bozen, Bologna; Ansbach – Bologna am 15.04.

*Am Brenner 1941*

**16.04.:** Florenz, Rom, Neapel – 15.04.: Zugwache (17.)

**17.04.:** Morgens 7 Uhr Ankunft in Neapel, entladen, nachmittags zum Quartier Institut „Constanzo Ciano" (im Stadtteil Bagnioli)

**18.04.:** Nachmittags in der Stadt Neapel: Hafen mit Kriegsschiffen und deutschen Truppentransportern, anschließend im Restaurant bei Wein, Makkaroni und Eiern

**19.04.:** Ganze Batterie beim Ausflug nach Pompei und auf den Vesuv mit den LKWs (Bemerkung.: der Vesuv war damals noch in Tätigkeit, die Dampfwolke über der Spitze aus vulkanischer Asche, ein charakteristisches Bild der Umgebung von Neapel; wer sich auf die Spitze traute, konnte die periodischen Dampfausbrüche aus nächster Nähe beobachten)

**20.04.:** Vormittags Arbeitsdienst, nachmittags Spaziergang durch Neapel

**21.04.:** Vormittags Arbeitsdienst, nachmittags 1,5 Stunden im Hafen Neapel, Bootsfahrt auf dem Mittelmeer, abends im Ristorante

**22.04.:** Vormittags Arbeitsdienst, nachmittags Ausflug nach Sorrent am Golf von Neapel, 40 km

**23.04.:** Im Hafen, Verladen auf den Transporter „Rialto", Erste Nacht auf dem Schiff

*Zerstörer an Siziliens Küste 1941*

**24.04:**

# Auf dem Schiff im Hafen von Neapel

**25.04.:** Morgens 1.30 Uhr Beginn der Fahrt nach Afrika, Erster Teil bis Palermo/Sizilien, Ankunft abends um 20 Uhr, die Nacht auf dem Schiff im Hafen; bei der Fahrt: Begleitung 4 Zerstörer, mehrere Flugzeuge, Wetter windig, regnerisch, keine Zwischenfälle

**26.04.:** Nacht im Hafen von Palermo, den ganzen Tag in Palermo, da vorm. und nachm. Ausgang, Stadt mit Kirchen angesehen, viele verfallene Viertel, sehr schöne Stadt, aber auch wilde Viertel, abends mit Andreas im Café beim Wein, Wetter windig, Sonne sehr warm, abends gab es endlich wieder neues Geld

**27.04.:** Die Nacht wieder auf dem Schiff im Hafen von Palermo, auch vormittags auf dem Schiff, nachmittags Spazierfahrt mit einer Kutsche durch Palermo, chinesisches Haus besucht (sehr schön, anschließend im Café, um 20.30 Uhr wieder auf dem Schiff

**28.04.:** Geleitzug fährt in östliche Richtung von Palermo weiter, es geht ständig der Küste entlang, mittags durch die Meerenge von Messina nach Süden, plötzliches Kehrtmachen und

*Unsere Uniformen, vor dem Einsatz in Derna 1941*

Einlaufen in den Hafen von Messina, herrliches Wetter

**29.04.:** Die Nacht im Hafen von Messina, die Stadt besucht, sehr schöne Stadt, Einkäufe gemacht, mittags um 13.30 Uhr beginnt die Ausfahrt von Messina, vor dem Hafen kehrt Schiff um, am Nachmittag nochmals Ausgang nach Messina

**30.04.:** Morgens 4 Uhr Auslaufen in westlicher Richtung, vorbei an Palermo, um Sizilien herum nach Tripolis

**01.05.:** Ganze Nacht auf Fahrt, vormittags gab es Alarm, sehr heiß ab Mittag, ab und zu feindliche Schiffe gesichtet, an einer Treibmine vorbei, abends um 21.30 Uhr in Tripolis, mehrere Torpedos (Anzahl nicht bekannt, wurde uns nicht gesagt, um uns nicht zu beunruhigen) gehen zwischen unserem und nachfolgenden Schiff hindurch

**02.05.:** Nacht im Hafen von Tripolis, Entladen, nachm. um 15.30 Uhr Fahrt zum Lager durch die Stadt Tripolis, abends Wache (18.), Mitternacht Fliegeralarm in Tripolis, beim Entladen von einem englischen Flieger überflogen (Bemerkung: die ersten Stunden und Tage auf dem afrikanischen Kontinent ab diesem Datum: eine wahnsinnige Hitze, blauer, wolkenloser Himmel, Sandstürme und trostlose Wüstensteppe, schlimmer als die Kriegshandlungen, in die wir bald einbezogen wurden)

**03.05.:** Umtausch unserer PKW, Entladen und Laden, vormittags 10 Uhr ein englisches Flugzeug bombardiert einen im Hafen liegenden Transporter, nachmittags 15 Uhr Abfahrt Richtung Bengasi auf der schönen Straße an der Küste entlang,

1. Teil bis Sirte, Fahrt bei Nacht, bei Tag Schlaf

**04.05.:** In Sirte, vorm. Baden im Meer, Schlafen bis 16 Uhr, Abfahrt 16 Uhr nach Bengasi, 2. Teil bis zum Tor der Wüste „Arco di Fileni" dauernde Sandwüste, nachts Sandsturm u. Gewitterregen

*Tripolis in den Tagen des Afrikakrieges 1941*

**05.05.:** Weiter bis Agedabia, immer Wüste, Sandsturm ungewöhnlich heiß, in Agedabia Rast, dann weiter nach Bengasi, vorbei an unzähligen Autos (defekt) am Straßenrand, starke Verwüstungen, abends in Bengasi, übernachten im Zelt, Fliegeralarm

**06.05.:** Vormittags Arbeitsdienst, nachmittags Einräumen des Wagens und Waschen, Übernachten im Zelt, 19. Wache von 21-6 Uhr

**07.05.:** Weiterfahrt in Richtung Derna durch die Cyrenaika, dabei in Form einer Übung, endlich wieder kultivierte Gegend, die letzten Grünflächen

**08.05.:** Übernachten im Zelt 50 km vor Derna, Rast in Derna und weiter in Richtung Tobruk, bis 27 km vor Tobruk beim weißen Haus Halt, abwarten des Einsatzbefehls, man hört bereits die Geschütze von Tobruk, Sandsturm, fast den ganzen Tag keine Sonne

**09.05.:** Nachts in Bereitstellung und
früh zum Einsatz 3 km hinter
der Front, mit Stabsfunkmeister
(Stfm.) Vermessung und Legen
einer Telefonleitung, heftiger
Artilleriebeschuss durch die
englische Artillerie, Übernachtung im Zelt (Stabsfunkmeister
hieß Schubert)

**10.05.:** Den ganzen Tag beim Zelt,
Übernahten im Zelt, graben
eines Loches für Zelt,
Waschen

*Stellung in der Wüste, d.h. im Ring um Tobruk 1941*

*Derna in den Tagen des Afrikakrieges
(Süßwasserquellen) 1941*

**11.05.:** Wie 10.05.

**12.05.:** Vermessen mit Stabsfunkmeister bei einem englischen
Tank, Ausheben eines Loches
für Zelt, Zelt umgebaut, nachmittags Stuka-Angriff der
Deutschen

**13.05.:** Eintreffen der Schallstaffel
und Auffahren von schwerer
Artillerie (15 km), nachmittags
Abfahrt zum Einsatz,
Aufbauen

**14.05.:** Aufbauen, Graben, Stellungswechsel, Zeltbau, Nachtwache,
englischer Spähtrupp geht vor,
kommt bis 300 m ans Zelt
heran

**15.05.:** Wie 14.05., nachts Panzeran-
griff auf Tobruk, ein englischer
Spähtrupp greift an

**16.05.:** Vermessen, eine Granate in
Auswertung, Graben

**17.05.:** Vormittags Fertigstellung der
Graben, Ausruhen, Stellungswechsel mit Schallfunk, abends
bei Auswertung Essenempfang,
nachts Wache, mehrere englische Angriffe

**18.05.:** Vormittags beim Tross zum
Verbinden, Ausruhen,
am linken Arm entsteht
ein großes Furunkel, Lutz
kommt zur Messstelle

**19.05.:** Vor Tobruk

**20.05.:** Beim Arzt wegen des
Furunkels

**21.05.:** Wir bekommen Draht an
Stelle von Schallfunk,
Verbinden am Arm

**22.05.:** Verbinden am Arm, Briefeschreiben, ungeheure Hitze
am heißester Tag,
3 Skorpione im Zelt

*Messstelle A in der Wüste 1941*

**23.05.:** Starker Sturm mit Sand und Staub, vormittags beim Arzt zum Verbinden, abends gibt es das erste Mal Bier, neue Diensteinteilung

**24.05.:** In der Frühe Kaffeeholen bei der Auswertung, wieder Sandsturm, vor uns liegende Infanterie-Flak geht zurück und wir liegen allein in dem Gebiet

**25.05.:** Vormittags starker Beschuss durch Artillerie, beim Arzt zum Verbinden

**26.05.:** Stfm. Schubert kommt zur Auswertung, deutsche Artillerie schießt ein, rege Artillerie-Tätigkeit (Bemerkung: eine Messstelle - Mikrofon für Schallaufnahmen - sah so aus: sie war ca. 1 m in den felsigen Boden eingelassen und so groß, dass man in dieser Vertiefung auch noch sitzen konnte)

**27.05.:** Briefeschreiben

**28.05.:** Wie vor

**29.05.:** Wie vor

**30.05.:** Infanterie gräbt sich in unserer Nähe ein, nachmittags große Explosion beim Feind zu sehen, 300 m hohe Stichflamme

**31.05.:** Beförderung zum Gefreiten wird bekanntgegeben, nachts auf Störungssuche, Leitung durch Panzer 300 m abgerissen und mitgeschleift, 1 Stunde

*Gefreiter Willi Pöschl 1941*

**01.06.:** Fernsprechleitung an der Straße eingegraben, sehr heiß, Bau eines Sonnendaches, Panzerabwehr gräbt sich in unserer Nähe ein und geht in Stellung, es ist Pfingsten/Sonntag

**02.06.:** Morgens ganz bedeckter Himmel, mittags sehr heiß, nachm. Beginn des Sandsturmes, der Feind schießt mit 21 cm Geschützen

**03.06.:** Stellungswechsel der Auswertung, morgens englisches Flugzeug, Sandsturm während der ganzen Nacht und tagsüber ziemlich heftig, nur mehr ein Mann auf Wache

**04.06.:** Nachts ruhig, sehr feucht, vormittags wieder leichter Sandsturm, verstärkt sich gegen Abend, Huber und Gutmann kommen

**05.06.:** Infanteristen bei und in unserem Zelt, nachmittags Störung in der Leitung, mit Lutz auf

*Einsatz beim Wettertrupp der Beobachtungsbatterie Pz 326, (Hauptmann Schlicke war der Batteriechef) 1941*

*Soldatenfriedhof am
Weißen Haus bei Tobruk 1941*

Störungssuche, abends bei Auswertung zum Essenempfang, Feuerschein über Tobruk

**06.06.:** Regen gegen morgen, Himmel ganz grau und regnerisch, Sandsturm hat aufgehört, angenehme Temperaturen, wenig Artillerietätigkeit, morgens wieder Leitungsstörung

**07.06.:** Nachts Spähtrupptätigkeit, in Nähe Messstelle, schöner, nicht zu heißer Tag, Draht wird abgebaut, Funkgerät in Tätigkeit

**08.06.:** Vorbereitung zum Stellungswechsel, Artillerie der Engländer sehr ruhig, Regen und Bewölkung

**09.06.:** 4 Uhr Stellungswechsel (8 km vom Meer entfernt), Bau des Zeltes, Deckungsgraben, Italiener helfen, nachts Leitungsstörung, Stukaangriffe nachts
(Bemerkung: bei den Grabarbeiten an diesem Tag war ich am Abend so erschöpft, dass ich bei der nachfolgenden nächtlichen Telefonwache das Klingeln überhörte; es war ausgerechnet der Batterie-Chef am anderen Apparat, der gleich ein Donnerwetter losließ, als ich mich verspätet meldete, und mir „Bau" verordnete - einige Tage später - , es war der sehr impulsive Hauptmann Schlicke, der allen „Afrikanern", speziell unserer Batterie, unvergesslich bleiben wird)

**10.06.:** Fertigstellen der neuen Stellung (Sender, usw.), englische Flieger über uns, ungewöhnlich heiß, abends Stukaangriff, Italiener bei unserem Zelt

**11.06.:** Morgens großer Stukaangriff, sehr heiß, Stfm. beim Zelt, vormittags windig, wenig Artilleriefeuer und -tätigkeit

**12.06.:** Angenehme Temperaturen, windig, Artillerietätigkeit mittel, Besuch der Italiener am Zelt

**13.06.:** Um 1/2 6 Uhr schlägt eine Granate in nächster Nähe (30-40 m) des Zeltes ein, bis 10 Uhr stärkere Artillerie-Tätigkeit, Leitung zum neuen Mikrophon, Vermessungs-Trupp bei uns, Temperaturen mittel, Bau von Deckungsgraben

**14.06.:** Am Morgen wieder verstärkte Artillerietätigkeit, die Hitze nimmt zu, einige Einschläge Nähe Zelt, Temperatur angenehm, Leitungsstörung, Umbau des Mikrofons

*Tobruk-Ost: kein Baum, kein Strauch 1941*

*Tobruk-Ost: unter dem Sonnendach
1941*

**15.06.:** Verstärkte beiderseitige Artillerie-Tätigkeit, die Hitze nimmt zu, Waschen, gegen Abend stärkeres Artilleriefeuer

**16.06.:** Am Morgen um 4.30 Uhr geht ein englisches Munitionslager in die Luft, um 12 Uhr Angriff der Engländer Nähe Messstelle, starke Artillerietätigkeit

**17.06.:** Um 5 Uhr Durchbruchsversuch der Engländer mit Panzer Nähe Küste, Beschuss am Mittag, mehrere Stukaangriffe

**18.06.:** Vormittags starke Artillerietätigkeit, ruhiger Tag, sehr stürmisch, niedrige Temperatur, Italiener zu Besuch

**19.06.:** Ruhiger Tag, immer noch Sandsturm, Italiener hier, gegen Abend starke Artillerietätigkeit

**20.06.:** Morgens starke Artillerietätigkeit, Sandsturm, kühl, italienischer Barbier (?) (Bemerkung: die Eintragungen habe ich größtenteils mit Bleistift gemacht, in deutscher Schrift, sie sind durch den regen Gebrauch des Kalenders und die lange Zeit zum Teil unleserlich) am Zelt, sonst ruhig

**21.06.:** Das Wetter bessert sich, wenig Artillerietätigkeit (Bemerkung: die Hitze setzte uns von Tag zu Tag mehr zu, auch die Fliegenplage, kein Wunder, wenn Krankheiten sich in Windeseile verbreiteten; wo man heute für das geringste „Düftchen" ein Spray hat, gab es für diese gesundheitliche Bedrohung höchsten Grades nichts)

**22.06.:** Wie 21.02.

**23.06.:** Briefeschreiben

**24.06.:** Ab 13 Uhr beim Tross (wahrscheinlich wegen Strafe wegen Überhörens eines nächtlichen Telefonanrufes des Batteriechefs, im Zelt, wenig Essen); (Bemerkung: verschämt, es sollte die Strafe aus den Auf-

zeichnungen nicht ersichtlich sein, habe ich sie nur ungenügend vermerkt; Ehrgeiz? heute lacht man darüber, denn welcher Soldat ist nie in eine solche Situation geraten; der „Bau" in einem Umfeld von Wüste und Frontstellungen hatte etwas Groteskes an sich, fast war es Erholung, wie man es nimmt; die Verpflegung bestand aus Wasser und Brot, wenn einem die Kameraden nicht anderes Essbares zwischen Zeltwand und Boden hindurchschoben; es gab Einsätze, die jeglicher Logik entbehrten, so sah ich es wenigstens, solche fielen mir besonders schwer und es gab schon mal Differenzen)

**25.06.:** Wie 24.06.

**26.06.:** Wie 25.06.

**27.06.:** Bis 13 Uhr beim Tross, abends wieder zur Messstelle zurück

**28.06.:** Vormittags Kaffeekochen und Aufräumen, nachmittags 16.30 Uhr Stellungswechsel nach der alten Messstelle

**29.06.:** Ausbau der Stellung, morgens und abends starker Beschuss durch Artillerie, Leitungsstörung

**30.06.:** Nichts Besonderes, gegen Abend wieder Leitung in 800m Entfernung durchschossen, starke Artillerietätigkeit, nachts nochmals Störung nach 700m

**01.07.:** Vormittags Kochen, ganzen Tag kein Artillerie-Feuer bekommen, um 22.30 Uhr abends wieder Störung in 700 m Entfernung

**02.07.:** Den ganzen Tag ungewöhnlich heiß, kein Wind, wenig Artilleriefeuer

**03.07.:** Um 5 Uhr Artilleriefeuer, den ganzen Tag starker Wind (Sandsturm) zum Essenholen

**04.07.:** Kühler Morgen, kein Artilleriefeuer, starke deutsche
Artillerietätigkeit am Abend
und bei Nacht, Sandwind

**05.07.:** Um 6 Uhr wieder der
Artilleriefeuer, Sandwind,
Leitungsstörung bei Straße

**06.07.:** Angenehme Temperaturen,
um 12 Uhr bei Messstelle B,
selbst gekocht, abends Lutz
zum Zahnarzt

**07.07.:** Abends Lutz wieder zurück,
nachts starke Artillerietätigkeit
und MG-Feuer

**08.07.:** Nichts Besonderes, Mews
zum Tross, abends beim
Sanitäterzelt

**09.07.:** Waffenappell, Lutz zum Tross

**10.07.:** Lutz zurück, Gutmann mit
Wagen zur Messstelle

**11.07.:** M.B. bei uns (M.B. ist wahrscheinlich Messstelle B)

**12.07.:** Kaffeekochen, Leitungsstörung und elektr. Licht ins Zelt

**13.07.:** Nichts Besonderes, abends zum
Essenfassen bei Lichtauswer-
tung

**14.07.:** Bickel zum Vorwarner, nur
mehr zwei Funker auf Messstelle

**15.07.:** Vormittags Kaffeekochen,
mittags gekocht, Hasenöder
zur Messstelle (Hasenöder war
meines Wissens ein München-
er), abends bei Lichtauswer-
tung zum Essenfassen

**16.07.:** Früh Kaffeekochen, mittags
Leitungsstörung, nachts
Artilleriefeuer

**17.07.:** Vorm. Kaffeekochen,
heftiger Sandsturm,
vormittags verstärkte
Artillerietätigkeit der
Engländer, abends Leitungsstörung

**18.07.:** Nichts Besonderes, Besuch
von Rommel angekündigt
aber ausgefallen, abends auf
Störungssuche, damals und
dort begannen die Heldentaten
des General (später wurde er

Generalfeldmarschall) Rommel

**19.07.:** Mittags Befehl: Stellungswechsel vorbereiten, abends
Stellungswechsel nach Auswertung, Sammeln

**20.07.:** Ganzen Tag auf Fahrt zur neu-
en Stelle im Osten von Tobruk,
Nähe Meer, Schluchten, viele
Steine, Leitungsbau bei Nacht

**21.07.:** Ausbau der neuen Stellung,
nachmittags Leitungsstörung,
100 m herausgerissen, zum
ersten Mal Übernachten in der
Grotte (natürliche Höhle)

**22.07.:** Nachm. beim Baden am Meer,
abends Freiberger zu uns

**23.07.:** nichts Besonderes, abends
kein Essen

**24.07.:** Von 11-12 Uhr zu Fuß zur
Auswertung, nachmittags
Aufnahme zu Besuch, zwei
Mann von Auswertung bei uns

**25.07.:** Nachmittags beim Baden
am Meer, abends zu Fuß
zur Auswertung und
Essenempfang

**26.07.:** Mittags beim Baden am Meer
an anderer Stelle, zwei Mann
neu zu uns

**27.07.:** Mittags zur Auswertung,
Ansprache des Chefs,
Auszeichnungen

**28.07.:** Abends zur Auswertung zum
Essenempfang, 2 neue Gäste

**29.07.:** Vormittags Störungen, nachmittags am Meer und Wasser
heraufgeholt und gewaschen,
Waffenappell

**30.07.:** mittags beim Baden am Meer,
große Ölflecke

**31.07.:** Vorm. Beschuss durch feindliche Artillerie, nachmittags
geschlafen, abends zum Essenempfang, Auswertung

**01.08.:** Vormittags unten am Meer,
Andreas zur Erholung hier

**02.08.:** Nichts Besonderes

**03.08.:** Englische Flugzeuge bombardieren, abends zur Messstelle D

**04.08.:** Bei Messstelle D, sehr windig
und staubig

**05.08.:** Ganzen Tag heftiger Sandsturm, morgens Owm. Ammer-
bach und Uffz. Gundermann
zur Erkundung

**06.08.:** Um 7 Uhr kurzer Beschuss
durch Artillerie, Zusammen-
packen und Fahrt wieder zur
Messstelle A, abends gibt es
Bier, Schinken, Weintrauben,
Pfirsich

**07.08.:** Wieder bei Messstelle A,
nichts Besonderes, abends gute
Tomatensuppe und AM

**08.08.:** Nachts Artillerietätigkeit,
abends zum Essenempfang
Auswertung, es gibt Kaiser-
schmarren und Apfelmus, um
20 Uhr wurde Leitung durchschossen,

**09.08.:** Ammerbacher und Reißner
wieder zu D, Gögelein und
Lutz wieder zur Messstelle,
abends gibt es 0,75 l Bier und
gute Erbsensuppe

**10.08.:** Nachmittags gut sichtbarer
Angriff unserer Bomber auf
den Hafen von Tobruk, nachts
starke Artillerietätigkeit

**11.08.:** Früh Kaffee gekocht,
abends Essenempfang bei
Auswertung

**12.08.:** Waffenappell fiel aus, Lt.
Neulingen und Wm. Grafe
auf Messstelle, abends gibt es
Weintrauben, Schinken und
Tomaten, wieder zwei Mann
zur Erholung bei uns, nachts
Flieger

**13.08.:** In der Frühe Artilleriebeschuss,
zwei Italiener am Haus, Bau
eines Bunkers für Messkäst-
chen (teilweise fertiggestellt)
abends gibt es Pfannkuchen,
Kantinensachen

**14.08.:** Besuch von Regiments-
Kommandeur angekündigt,
nicht erschienen

**15.08.:** Abends Essenempfang bei
Auswertung

**16.08.:** Vormittags 9 Uhr 12 englische
Flugzeuge bombardieren

*Panzer rollen in Afrika vor 1941*

Artilleriestellungen, nachmittags beim Baden und Waschen
am Meer

**17.08.:** Einige englische Flugzeuge,
Uffz. Seidel auf Messstelle
zur Errichtung einer Lichtmessstelle

**18.08.:** Abends zum Essenempfang
bei Auswertung, sonst nichts
Besonderes

**19.08.:** Auf Höhe der Messstelle
bombardieren deutsche Flieger
einen englischen Frachter, der
in 5 Min versank, 2 Boote davon kommen an die Küste (die
Insassen konnten entkommen)

**20.08.:** Briefeschreiben, wie auch fast
an jedem der vergangenen Tage

**21.08.:** Abends Austausch mit D, Fahrt
auf D und Essenempfang,
nachmittags Stuka auf den
Hafen von Tobruk, nachts kalt
und neblig

**22.08.:** Morgens bei Auswertung zum
Impfen und Untersuchung, auf
Messstelle nichts Besonderes,
kein Sandsturm!

**23.08.:** Nichts Besonderes, mittags
gekocht, nachts bei Lichtmessstelle Rot, englische Flieger
werfen unweit Bomben und
Leuchtfeuer

**24.08.:** Von 13-18 Uhr bei
Lichtmessstelle Rot, abends
wieder zu A und bei Auswertung Essenempfang

**25.08.:** Auf Messstelle A, früh Kaffee
gekocht, abends beim Arzt
zum Verbinden und Essen-

empfang, Batscheider bei uns
(Bemerkung: wir hatten in
diesen Tagen eine ganze Kiste
voll mit Ölsardinen, Anzeichen
starker Magen- und Darm-
beschwerden; die italienischen
und Konservendosen mit
Rindfleisch. mit der Aufschrift
„AM" wurden von uns mit
„alter Mann" umbenannt, so
zäh war das Fleisch und so
abgeneigt diesem noch einigermaßen brauchbaren Lebens-
mittel waren wir)

**26.08.:** Mauer vor Bunker gebaut
(vor der Höhle)

**27.08.:** Messstelle D zieht weg,
Radke bei uns

**28.08.:** Um 11 Uhr schießt Küstenbatterie. danach heftiger feindlicher Beschuss, abends beim
Essenempfang bei Auswertung,
Spinat, Kartoffeln, Fleisch-
küchle, Soße, Stellungswechsel
angekündigt

**29.08.:** Früh Kaffee gekocht, um 4 Uhr
wieder beschossen, mittags
einiges verpackt und abgebaut,
Abbaubefehl nach kurzer Zeit
wieder rückgängig, Verbleib
auf Messstelle

**30.08.:** Nachts gebrochen, sehr heiß,
Engländer schießt sich auf
Küstenbatterie ein, bei Licht-
messstelle den ganzen Tag,
Batscheider kommt zur Aus-
wertung, ein Teil beim Impfen

**31.08.:** Abends bei Auswertung zum
Essenempfang (Tomatensup-
pe, Pfannkuchen) (Bemer-
kung: in meinem Fall war ich
durch wochenlangen Durch-
fall so erschöpft, dass ich bei
einer Impfung bewusstlos
wurde und mich der Chef
schweren Herzens ziehen
ließ; keineswegs in ein
Lazarett, sondern zum
Dienst bei einem Trupp
mit leichter Arbeit)

**01.09.:** Abends zum Essenempfang

**02.09.:** Vormittags sehr heftiger Artilleriebeschuss, Gewehrappell,
abends gibt es Gazellenbraten

**03.09.:** Früh Artillerie-Feuer, nachts
regnet es ganz wenig, nichts
Besonderes

**04.09.:** Vormittags Tee gekocht, Gerät
reinigen, abends zur Aus-
wertung Essenempfang, sehr
ruhiger Tag, nachm. Andreas
und Heinrich hier, nachts regnet es zum ersten Mal heftig,
die Temperaturen nehmen ab
(Bemerkung: es waren doch
immerhin 1,5 Monate, die ich
auf dieser Messstelle aushielt,
wenn auch der tägliche blaue
Himmel und das blaue Meer
von mir kaum noch wahr-
zunehmen waren bei dem
geschwächten Körper)

**05.09.:** morgens Geschirrwaschen

**06.09.:** Von 9 – 12.30 Uhr Artilleriebeschuss, Lt. Klasing hier (Bemerkung: Lt. Klasing stammte
aus dem damals sehr bekannten
Verlag Velhagen und Klasing)

**07.09.:** In der Frühe zum Tross,
Druckerei, Fahrt zum Korps,
Eintreffen abends, im Fol-
genden beim Korps (Stab von
General Rommel)

**08.09.:** Herrichten der Stellung,
nachmittags gedruckt zum
ersten Mal, General Rommel
im weißen Haus (bei Tobruk)

**09.09.:** Nichts Besonderes, nachts Tief-
angriff eines englischen Jägers
(auf das Quartier von General
Rommel), die ersten Anzeichen
der Gelbsucht

**10.09.:** Die Gelbsucht wird schlimmer,
morgens beim Arzt, nachm.
mit PKW zum Lazarett Derna

**11.09.:** Ausweichlazarett Lazarett
Derna, um 10 Uhr Abfahrt
zum Lazarett nach Bengasi mit
3 PKW, um 18 Uhr Ankunft
(vorläufig), nachts Fliegeralarm

**12.09.:** Lazarett Bengasi, ganzen Tag dort, Grieshammer ist auch dort, am nächsten Tag soll es nach Tripolis weitergehen

**13.09.:** Um 5 Uhr aufstehen, zum Flugplatz Bengasi, ein kurzer Flug mit einer „Savoia", Motor defekt, nach Landung Start nach Tripolis zum Lazarett, Flug zum großen Teil über dem Meer, sehr ruhig, mit Autobus zum Lazarett, noch 25 km, nachts Fliegeralarm

**14.09.:** Lazarett Tripolis (auch im Folgenden), vormittags im evangelischen Wehrmachtsgottesdienst, anschließend erste genauere Untersuchung, dann Essen und Ruhe (Sonntag), Libyen, mit der italienischen Hauptstadt Tripolis, war damals Kolonie

**15.09.:** nachts Fliegeralarm

**16.09.:** Morgens zum ersten Mal trübes Wetter mit Regen, sonst nichts Besonderes, Bekanntgabe der Leute, die wegkommen (auch ich dabei)

**17.09.:** Außer dem üblichen nächtlichen Fliegeralarm nichts Besonderes

**18.09.:** Wie vor, Ruhe, beim Arzt wegen Wunde, Abgeben der Bekleidung

**19.09.:** Fliegeralarm von 4-6 Uhr und von 20-21 Uhr, Ruhe, nachm. hatten wir schon Vorbereitungen getroffen zur Abfahrt, wurde aber verschoben

**20.09.:** Fliegeralarm von 1-3 Uhr nachts, nichts Besonderes sonst, abends kleiner Rundgang im Lazarettpark (trotz vieler Luftangriffe hielten sich die Zerstörungen in Grenzen)

**21.09.:** Um 12 Uhr Fliegeralarm 10 min. lang

**22.09.:** Noch keine Aussicht auf Abfahrt mit Schiff, nachmittags in einen anderen Saal gezogen, von 11-14 Uhr Flieger-Alarm von 10.30–12.30 Uhr Fliegeralarm

**23.09.:** Von 10.30 – 12.30 Uhr Fliegeralarm

**24.09.:** Ab heute Vollkost, von 9-11 Uhr Fliegeralarm

**25.09.:** Von 9-11 Uhr Fliegeralarm, nachmittags Filmvorführung: „Operette"

**26.09.:** Nichts Besonderes

**27.09.:** Von 8-9 Uhr Fliegeralarm, nachm. Filme (Wochenschau)

**28.09.:** Von 9-10 Uhr Wehrmachtsgottesdienst, Vorbereitung zur Abfahrt mit Schiff, ein großer Transport, neuer Kranker kommt

**29.09.:** Abfahrt wird immer wieder hinausgeschoben, von 9.30-11.30 Uhr Fliegeralarm

**30.09.:** Von 10-13 Uhr Fliegeralarm

**01.10.:** Fertigmachen zur Abfahrt, 10 Uhr Abfahrt zum Hafen, 15 Uhr Schiff läuft aus

**02.10.:** Auf dem Lazarettschiff, nichts Besonderes, abends passieren wir die Straße von Messina

**03.10.:** An Capri vorbei geht es auf Neapel zu, Messe der Katholiken auf dem Schiff, um 12 Uhr Anlegen im Hafen, Besuch eines Admirals, Schokolade etc. werden verteilt, um 16 Uhr den Lazarettzug bestiegen

**04.10.:** Mit dem Lazarettzug nachts durch Italien, um 8 Uhr den Po überquert, um 10 Uhr in Verona, um 16 Uhr am Brenner, um 18 Uhr in Innsbruck, um 20 Uhr in Rosenheim, Zug in Kolbermoor (neben dem 1939 besuchten Arbeitsdienst-Lager) abgestellt und übernachtet

**05.10.:** Morgens 4 Uhr weitergefahren nach Traunstein ins Reservelazarett Knabenseminar, nachmittags sehr schönes Wetter, Spaziergang im Garten

**06.10.:** Wie vor (Bemerkung: die „Afrikaner" galten schon als eine besondere Truppe und wurden dementsprechend gut behandelt; man hatte viel Substanz verloren körperlich; umso mehr wurmte es einen, als wir in dem von uns Bayern ungeliebten Ostpreußen und hier wiederum in Königsberg preußische Strenge und Disziplin erfahren mussten; von Afrika schienen sie dort noch nichts gehört zu haben)

**07.10.:** Wie vor

**08 – 11.10.:** Wie Tage vorher, ebenso 10. und 11.10.

**12.10.:** Besuch der Eltern, Ausgang bis 22 Uhr

**13.10.:** Wie vor

**14.10.:** Verabschiedung der Eltern, nachmittags Spaziergang in Umgebung, Weinleite, Stadt Traunstein

**15. – 25.10.:** Reservelazarett Traunstein

**26.10.:** Nachmittags Ausgang, Film: könnte „Schimmelreiter von der Hallig" heißen, anschließend Kirchenkonzert

**27.10.:** Nachmittags Vortrag im Speisesaal: Traunstein und Umgebung

**28.10.:** Reservelazarett

**29.10.:** Entlassungsuntersuchung

**30.10.:** Fahrt zum Ersatztruppenteil nach Königsberg, um 14 Uhr in Traunstein abgefahren, um 17.30 Uhr in Augsburg bei Tante Lies und Besuch bei Arnold, um 21.20 Uhr weitergefahren bis Nürnberg

**31.10.:** In Nürnberg umsteigen, um 8.30 Uhr in Berlin, um 10.50 Uhr in Berlin abgefahren, um 20 Uhr in Königsberg, übernachtet privat in der Kaiserstraße

**01.11.:** In Königsberg, um 9 Uhr in der Kaserne gemeldet, Umkleiden usw., Zimmer 79/2. Batterie (Bemerkung: zum 1. Mal in Ostpreußen - für einen Bayern schon etwas Besonderes, auch in menschlicher Hinsicht)

**02.11.:** Beobachtungs-Ersatz-Abteilung 1

**03.11.:** Morgens beim Arzt im Revier: 14 Tage Urlaub

**04.11.:** Um 19.45 Uhr in den Urlaub gefahren ab Königsberg

**05.11.:** Um 6 Uhr in Berlin, dort ab um 10.37 Uhr, in Nürnberg an um 19 Uhr, bei der Fahrtunterbrechung in Nürnberg: in Mauthalle zum Essen, übernachtet in Wehrmachts-Unterkunftsheim, Frau Sack/Heinrich besucht (in der Gleisbühlstraße)

**06.11.:** Um 7.06 Uhr in Nürnberg ab, 5 Stunden in Pleinfeld mit Kamerad aus Wemding, um 13 Uhr nach Nördlingen, dort um 15 Uhr angekommen

**07.11.:** Nördlingen, vormittags angemeldet, bei Heini Schaffner, nachmittags beim Baden, abends mit Vater im Kino, um 21.30 Uhr Fliegeralarm, (Bemerkung: das mittelalterliche Nördlingen überstand den Krieg gut)

**08.11.:** Vormittags Spaziergang in der Stadt, nachmittags wegen Paket auf der Bahn, abends Frau Brunner zu Besuch

**09.11.:** Vormittags bei Frau Schaffner, nachmittags mit Vater Spaziergang nach Herkheim, Ederheim und Hohlheim

**10.11.:** Vorm. Spaziergang zur Post

**11.11.:** Vormittags Marienhöhe, mittags bei Familie Schaffner, abends mit Mutter im Kino

**12.11.:** Vormittags Briefe sortiert, Spaziergang zur Post

**13.11.:** Vormittags beim Zahnarzt, 2 Plomben, nachmittags beim Frisör und bei Grimm, abends Frau Brunner zu Besuch

**14.11.:** Vormittags Zahnarzt, Bahn, 12.44 Uhr nach Augsburg, dort

14.01 Uhr, Besuche bei Arnold
und Tante Lies
**15.11.:** Übernachtung bei Tante Lies,
um 6.41 Uhr nach Riederau
weitergefahren, Ankunft
8.30 Uhr, Spaziergang zum See
**16.11.:** In Riederau/Ammersee
Spaziergänge etc.
**17.11.:** Um 10.46 Uhr zurück nach
Augsburg, dort um 12.30 Uhr,
Besuch bei Arnold und Familie
Welter, um 17.30 Uhr nach
Nördlingen gefahren, dort um
19 Uhr
**18.11.:** Vormittags Besuch bei Strasser,
nachmittags mit Strasser im
Café und abends im Kino
(Strasser, Sohn von Baumeister
Strasser, Nördlingen)
**19.11.:** Vorm. verschiedene Gänge,
15.08 Uhr nach Nürnberg,
Strasser an die Bahn, 18.20 Uhr
Nürnberg und Besuch bei Leo
**20.11.:** Nach Königsberg zurück,
um 14.16 Uhr in Nürnberg
abgefahren, um 22 Uhr in
Berlin, um 23.15 Uhr dort
weitergefahren
**21.11.:** Um 9.30 Uhr in der Kaserne
bei der 2. Batterie, Beobachtungs-Ersatz-Abteilung 1
**22.11.:** Königsberg, von der
2. Batterie zur Stabsbatterie
versetzt, abends ausgegangen,
eingekehrt,
**23.11.:** Vorm. versch. Gänge, nachm.
Ausgang Kino Filme: Aufruhr
im Damenstift, leichte Muse
**24.11.:** Vorm. Innendienst, Hof, Bekleidungskammer, nachmittags
ab 12 Uhr Läufer vom Dienst,
auf der Schreibstube, mittags
Obgfr. Nellen getroffen, Grieshammer bei der 3. Batterie
**25.11.:** Vormittags bis 12 Uhr Läufer
vom Dienst, Grieshammer
und Eckstein getroffen, abends
mit Gefr. Max Kimpel aus-
gegangen
**26.11.:** Vorm. Arbeitsdienst, hat eventuell etwas mit einer Strafe zu

*Grab des Unvergesslichen Kameraden
Hugo Nellen gefallen 13. Oktober 1942*

tun (Nachtposten etc.), immer
wieder dieser Drill und die
Strafen, uns unverständlich,
aber in der preußischen Kaserne
an der Tagesordnung, mittags
Grieshammer besucht, abends
mit Max und Grieshammer in
der Bibelstunde (Bemerkung:
hat etwas mit einer Strafe zu
tun; Einteilung zur Nachtwache,
z.B. um den Soldaten wegen
einem kleinen Vergehen zu
bestrafen; Drill und Strafen uns
unverständlich, in der preußischen Kaserne aber normal)
**27.11.:** Vormittags im Hallenbad beim
Schwimmen, nachm. Lampen
aufgehängt und repariert,
abends in der Stadt beim Bäcker
**28.11.:** Schalter und Lampen repariert,
nachm. Fußdienst und Lampen
repariert, abends bei Grieshammer, um 21 Uhr ins Bett
**29.11.:** Vormittags Fußdienst, mittags
Wache, 2. Nachtposten
von 21-23, 1-3 und 4-5 Uhr
**30.11.:** Stabsbatt./B.E.A. 1, Wache
1-3 und 4-5 Uhr nachts, nachmittags Ausgang mit Max,
Grieshammer zur evangeli-
schen Versammlung
**01.12.:** Vormittags Dienst in Kaserne,
nachmittags Gänge in der Stadt

für Oberwachtmeister mit Gefr.
Schlifski

**02.12.:** Vormittags und nachmittags
Gänge in der Stadt

**03.12.:** In Wohnung von Oberwachtmeister, zur Schreibstube
kommandiert, Börsenkeller
mit Max

**04.12.:** Dort Kartei angelegt, abends in
der Stadt und Kuchen gekauft

**05.12.:** Vormittags Schreibstube
Urlaubskartei angelegt,
nachmittags Schreibstube,
abends in der Stadt gegessen
und Kuchen gekauft

*Die Seeckt-Kaserne in Königsberg-
Ponarth 1941/1942*

*Max Kimpel von der Schreibstube und
Willi Pöschl in der Seeckt-Kaserne
Königsberg-Ponarth 1941/1942*

*Der „Spieß" in Königsberg-Ponarth
Seeckt-Kaserne 1941/1942*

**06.11.:** Um 16 Uhr nach Schreib-
stubendienst ausgegangen,
Café, Kino: Familienanschluss,
um 20 Uhr wieder daheim,
Knöpfe angenäht,
um 22 Uhr ins Bett

**07.12.:** Vormittags Stube sauber
gemacht, ab 12 Uhr Wache

**08.12.:** Wache bis 12 Uhr, nachmittags
Schreibstube, Konzertver-
anstaltung, abends daheim
(Bemerkung: Ponarth, ein Vor-
ort von Königsberg mit einer
großen und bekannten Braue-
rei, lag weit vom Stadtzentrum
weg, so auch die Kaserne; nur
nach langer Fahrt mit der
Straßenbahn gelangte man
zum Stadtzentrum)

**09.12.:** Vormittags Schreibstube

**10.12.:** Wie vor, nachmittags in
Wohnung Oberwachtmeister
Klingel angebracht

**11.12.:** Vormittags Schreibstube, nachmittags Führerrede, abends
zum Essen in der Stadt

**12.12.:** Kurier nach Insterburg, um
20 Uhr zurück

**13.12.:** Schreibstube, nachmittags in
der Stadt mit Max, Kirchenkonzert im Dom (Bach),
abends bei Uffzn.,
um 23 Uhr ins Bett

**14.12.:** Bei der Paketpost am Bahnhof
zur Aushilfe von 6-14 Uhr,
nachmittags 2 Stunden ge-
schlafen, abends mit Max
zum Essen

**15.12.:** Bis 10 Uhr auf der Schreibstube, ab 12 Uhr Nachtposten

**16.12.:** Vormittags Wache, bis 12
Uhr Läufer, nachmittags auf
Schreibstube, abends mit Max
im Opernhaus: „Entführung
aus dem Serail", um 22 Uhr zu
Hause

**17.12.:** Vormittags Schreibstube, ab 12 Uhr Läufer vom Dienst, Egger von der Bb 326 getroffen

**18.12.:** Läufer vom Dienst bis 12 Uhr, nachm. auf Schreibstube, abends mit Grieshammer im Spatenbräu, um 21 Uhr zu Hause

**19.12.:** Auf Schreibstube an der Kartei gearbeitet

**20.12.:** Wie vor, abends mit Grieshammer in der Stadt, Kino, Spatenbräu, um 21 Uhr zu Hause

**21.12.:** Vormittags Stube in Ordnung gebracht, nachmittags mit Grieshammer im Café und beim Abendessen im Börsenkeller

**22.12.:** Schreibstube, abends Weihnachtsfeier der Batterie bis 22 Uhr in der Kantine (Spelsesaal)

**23.12.:** Schreibstube bis 10 Uhr, 11 Uhr Ansprache des Abteilungs-Kommandeurs, ab 12 Uhr Wache, Läufer und Nachtposten

**24.12.:** Wache bis 12 Uhr, Luftschutzbereitschaft, Hl. Abend auf der Stube

**25.12.:** Vormittags auf Stube, nachmittags mit Grieshammer in der Stadt: Bruno Welter getroffen, im Café, Kino und beim Abendessen, um 22 Uhr im Bett

**26.12.:** Vormittags mit Max und Grieshammer in Kirche Unterhaberberg, Abendessen, dann Kino: „Der Gasmann"

**27.12.:** Schreibstube, am Bahnhof und Paket geholt

**28.12.:** Vorm. mit Grieshammer in der Kirche, mit ihm nachmittags im Tiergarten, anschließend beim Abendessen, 20 Uhr zu Hause

**29.12.:** Schreibstube

**30.12.:** Wie vor, Rechnungsführer, abends bei Grieshammer

**31.12.:** Schreibstube, Rechnungsführer, abends mit Lt. Schönfelder und 9 Afrikanern im „Hammerkrug" bei einer Silvesterfeier

# Tagebuchaufzeichnungen 1942

**01.01.:** Um 1 Uhr von der Silvesterfeier zurück, vormittags Kaserne, nachmittags in der Stadt: Café Müller, anschließend Kino: Oh diese Männer, dann beim Abendessen „Hegenbarth"

**02.01.:** Stabbatterie/Beob.-Ers.-Abt. 1, vorm. Schreibstube Rechnungsführer, abends am Bahnhof wegen Paket, Bruno (Welter) getroffen, wird versetzt

**03.01.:** Vormittags Schreibstube, Rechnungsführer, nachmittags mit Grieshammer in der Stadt, Café, anschließend im Spatenbräu beim Abendessen

**04.01.:** Vormittags Stubendurchgang, nachmittags Wache 3. Tagesposten, Wache

**05.01.:** Wache, nachmittags beim Rechnungsführer, in der Stadt und Gänge gemacht (Bemerkung: in Königsberg war ich viel mit 3-4 Gleichgesinnten zusammen; wir besuchten kulturelle Veranstaltungen und Gottesdienste)

**06.01.:** Wie 05.01.

**07.01.:** Wie vor, nachmittags Gfr. Hasenöder getroffen, abends auf der Stube und Brief geschrieben

**08.01.:** Zur Bekleidungskammer kommandiert

**09.01.:** Als Kurier mit 0gfr. Wiegang nach Insterburg, ab 8.30 Uhr, zurück 20 Uhr

**10.01.:** Vormittags Pöschl getroffen, Kartoffelkeller, Stuben gereinigt, abends mit Pöschl im Café und Kino

*Obergefreiter Ludwig Rauch rechts,
Seeckt-Kaserne, Königsberg-Ponarth 1942*

*Willi Pöschl im Kreise seiner Familie in
Landshut, nach dem Afrikaeinsatz und vor
Königsberg/Preußen 1942*

**11.01.:** Vormittags Stubendurchgang,
nachmittags mit Grießhammer
und Pöschl Café

**12.01.:** Vorm. nach Jüterborg abgestellt
werden, beim Sonderdienst;
Bemerkung: bei einer Ab-
stellung nach Jüterborg hätte
meine soldatische Laufbahn
eine ganz andere Richtung
genommen: man kann sagen,
dass von diesen Tagen an sich
ein gewisser „innerer" Widerstand im Denken und Handeln
breit machte, man durfte ihn
nicht zeigen, ob diese Abstellung nach Jüterborg gute oder
schlechte Bedeutung gehabt
hätte, kann man heute eventuell
mit „weniger gute" bezeichnen,
ich gehörte keinesfalls zu den
100%igen, schon gar nicht zu
diesem Zeitpunkt, als Afrika
uns noch in den Knochen
steckte; war die Zeit ein
Tiefpunkt in meinem Leben?
eine Frage, die Umgebung vermittelte keine Hochstimmung!

**13.01.:** Vormittags und nachmittags
Bekleidungskammer

**14.01.:** Bekleidungskammer,
Soldbücher eingetragen

**15.01.:** Wie vor, abends Unterhaltung
auf Schreibstubenzimmer

**16.01.:** Vormittags Bekleidungskammer, Wache, stellvertretender
Wachhabender

**17.01.:** Wache, nachmittags Café am
Kaiser-Wilhelm-Platz und
Kino: Annelie

**18.01.:** Vorm. geschrieben, nachm.
Café am Kaiser-Wilhelm-Platz

**19.01.:** Vormittags Sonderdienst, nachmittags Arbeitsdienst, abends
mit Grießhammer zum Essen

**20.01.:** Vormittags Untersuchung
(Bemerkung: die gesundheitlichen Nachwirkungen des
Wüstenkrieges hatte ich nicht
überwunden; für meinen Ein-
wand erntete ich nur Zynismus;
ich sei gesund)

**21.01.:** Vormittags ins Revier,
Impfreaktion

**22.01.:** Revier, Besserung

**23.01.:** Vormittags Revier, nachmittags
bei Batterie Innendienst

**24.01.:** Vormittags Unterricht, Innendienst, nachmittags in der
Stadt, Café Gelhar (Bemerkung: Besuche in Cafés und
Gaststätten dienten der Auf-
besserung der Verpflegung)

**25.01.:** vormittags Stubendurchgang

**26.01.:** Vormittags beim Kartoffelschälen, abends Kette gekauft
(für Tante Minni)

**27.01.:** Vorm. Arbeitsdienst, nachmittags bei Uffz. Reiter, 300 Mark
Afrikazulage mit Postanwei-
sung nach Hause gesandt

**28.01.:** Vormittags Unterricht,
Kartoffelschälen, nachmittags
Arbeitsdienst

**29.01.:** Vormittags Kartoffelkeller,
nachmittags Einkleidung
zur Versetzung

**30.01.:** Vormittags Verabschiedung,
Abfahrt auf 31.1. verschoben,

um 17 Uhr Führerrede,
um 19 Uhr Abmarsch

**31.01.:** Um 11.17 Uhr in Richtung Eydtkau abgefahren, abends in Virballen/Litauen, um 0.20 Uhr weiter nach Wilna, große Kälte 20-30° Kälte Bemerkung: Vom Einsatz in Russland (Jan 42-Jan 45) habe ich leider keine Aufnahmen, erst recht Tagen nicht aus den russischer Gefangenschaft (Jan 45-Okt 48)

**01.02.:** Um 6 Uhr in Kauen, um 16 Uhr in Wilna, abends in der Stadt im Wehrmachtheim, Übernachtung in Versprengtensammelstelle

**02.02.:** In Wilna, vorm. Stadt besichtigt, ganzen Tag am Bahnhof, abends im Soldaten-Variété

**03.02.:** Tag am in Wilna, um 11 Uhr in Richtung Minsk abgefahren über Molodetschno, um 11.45 Uhr (wahrscheinlich abends) in Minsk, im Bahnhof übernachtet, 28 Grad Kälte

**04.02.:** Ab 31.1. Versetzung und Fahrt an die Front, in Minsk vormittags Stadt angesehen, vollständig zerstört, im Soldatenheim, nachmittags Frontbuchhandlung, Soldatenkino: In einer Nacht im Mai

**05.02.:** In Minsk, am Bahnhof übernachtet, ganzen Tag am Bahnhof, keine Weiterfahrt möglich

**06.02.:** In Minsk, um 5 Uhr aufgestanden, morgens keine Weiterfahrt, nachmittags im Soldatenkino: Jakko (sehr gut)

**07.02.:** Um 7.30 Uhr von Minsk in Richtung Gomel weitergefahren, um 24 Uhr in Gomel, Bahnhof überfüllt, keine Schlafgelegenheit

**08.02.:** In Gomel, kein Weiterkommen wegen Brückensprengung, in einen Vergnügungspark umgezogen und dort übernachtet, gut warm da dort Zentralheizung

**09.02.:** Um 7.30 Uhr aufgestanden, 10 Uhr zum Bahnhof, abends 18 Uhr ging der Zug weg, Fahrt nach Brjansk

**10.02.:** Fahrt nach Brjansk

**11.02.:** Um 12 Uhr in Brjansk, dort bei Frontsammelstelle übernachtet, 13 Uhr in Zug (Transport) nach Orel gestiegen, keine Heizung!!

**12.02.:** In Brjansk, um 5 Uhr geht Zug nach Orel ab, um 12 Uhr in Orel Frontsammelstelle, von Frontsammelstelle mit Auto zur Batterie abgeholt, zum ersten Mal in russischem Bauernhaus übernachtet auf Heu, Tolle getroffen

**13.02.:** Vormittags auf Schreibstube, umgezogen, nachmittags gelesen, von 23-1 Uhr Patrouille im Dorf Luschki bei Orel

**14.02.:** Vorm. auf Schreibstube, dem Batteriechef vorgestellt, nachmittags Waffen empfangen, Wache bei der Abteilung, wird wieder kälter (Bemerkung: bei der Battr. ein Uffz. Lalla, ein Spinner, so seltsam wie sein Name)

**15.02.:** Stabsbatterie/Beob. Abt. 1 Orel, Wache von 23-1 Uhr, um 3 Uhr zu Hause, vormittags Gewehr gereinigt, feindliches Flugzeug über Orel, bleibe der Stabsbatterie zugeteilt

**16.02.:** Patrouille von 01-03 Uhr, komme zur Gefangenenwache in Orel, um 11 Uhr abgefahren, 1. Wache von 21-22.30 Uhr, Außenstreife mit Gfr. Heißenberg, nachts Fliegerangriff; Bemerkung: das Wach-Kommando ab 16.02. war für russische Kriegsgefangene, die in einem großen Gefängnis in Orel untergebracht waren; es dauerte mehrere Wochen

**17.02.:** Gefangenenwache: 3-4.30 Uhr, von 13-15 und

21-23 Uhr Torwache, nachts
Fliegerangriff

**18.02.:** 5-7 Uhr Torwache, Brief an
Arnold, Gefangenenwache:
14-21 Uhr, 1-3 Uhr,
Fliegeralarm

**19.02.:** Wache, Innenposten von
13-15 und 21-23 Uhr

**20.02.:** Wache, Innenposten von
9-11 Uhr, Außenstreife von
22.30-24 Uhr

**21.02.:** Wache, Außenstreife
4.30-6 Uhr, nachmittags nach
Luschki zum Kameradschafts-
abend, um 23.30 Uhr zu Hause

**22.02.:** 3-5 Uhr Patrouille in Luschki,
um 17 Uhr zur Wache zurück,
von 17-19 Uhr Innenstreife

**23.02.:** Innenposten von 1-3 und 9-11,
Außenstreife von 22.30-24 Uhr

**24.02.:** Außenstreife 4.30-6 Uhr,
Torposten von 13-15 und
21-23 Uhr, von jetzt an
zusammen mit Ogfr. Schupita

*25.02.:* Torposten, Unterkunftswache
(Bemerkung: fast während
des ganzen Wachkommandos
herrschte strengster Winter,
noch trostloser für die gefangenen Russen)

**26.02.:** Unterkunftswache,
Innenstreife

**27.02.:** Innenstreife, Außenstreife

**28.02.:** Außenstreife, Torwache

**01.03.:** Torwache, Unterkunftswache,
zu Mittag gibt es Braten, Kartoffeln, Soße und Pudding

**02.03.:** Unterkunftswache, Innenstreife, gefangene Russen singen
und tanzen

**03.03.:** Innenstreife, Außenstreife

**04.03.:** Vormittags zur Entlausungsan-
stalt, nachmittags bei Batterie
Stiefel getauscht, um 17 Uhr
Torwache

**05.03.:** Stabsbatterie/Beob.-Ers.-Abt.1,
Wache in Orel, Torwache,
Unterkunftswache

**06.03.:** Unterkunftswache, Innenstreife

**07.03.:** Innenstreife, Außenstreife

**08.03.:** Außenstreife, Torwache, mittags Tauwetter

**09.03.:** Torwache, Unterkunftswache,
zur besonderen Verwendung

**10.03.:** Unterkunftswache, Innenstreife, Soldatenkino: Das
himmelblaue Abendkleid (Bemerkung: bei einer Entlausung
in der Stadt Orel wurde mir
mein Soldbuch gestohlen; enthielt 300 Mark; der Spieß hieß
Neubauer, mir nicht gerade
wohlgesonnen, wollte es zur
Strafsache machen; mein Haar-
wuchs am Ohr - Koteletten -
wäre unsoldatisch, bemängelte
er außerdem)

**11.03.:** Innen- und Außenstreife

**12.03.:** Außenstreife, Torwache

**13.03.:** Tor- und Unterkunftswache

**14.03.:** Unterkunftswache,
Innenstreife

**15.03.:** Innen- und Außenstreife,
starker Schneesturm, sehr kalt

**16.03.:** Außenstreife, Torwache

**17.03.:** Torwache, wachfrei, abends
Bratkartoffel gemacht,

**18.03.:** wachfrei, Innenposten,
ab jetzt zusammen mit
Ogfr. Birkhahn

**19.03.:** Innen- und Außenstreife

**20.03.:** Außenstreife, Torwache,
ab jetzt zusammen mit
Gfr. Neufang

**21.03.:** Torwache, Unterkunftswache

**22.03.:** Unterkunftswache,
Innenstreife

**23.03.:** Innen- und Außenstreife, nachmittags Soldatenkino: Ehe man
Ehemann wird

**24.03.:** Außenstreife, Torwache,
Tauwetter setzt ein

**25.03.:** Torwache, Unterkunftswache
(Bemerkung: die Stadt Orel,
konnten wir leider nur
selten besuchen)

**26.03.:** Unterkunftswache, Innenstreife

**27.03.:** Innenstreife,
Außenstreife, nachmittags
kleiner Spaziergang durch Orel

(Bemerkung: es gab schon die sogenannten „Bratkartoffel-verhältnisse", gerade in Orel; einige konnten dem nicht widerstehen)

**28.03.:** Außenstreife, Torwache

**29.03.:** Tor- und Unterkunftswache

**30.03.:** Unterkunftswache, Innenstreife

**31.03.:** Innen- und Außenstreife, es gibt Rindfleisch aus dem Gefangenenlager

**01.04.:** Außenstreife, Torwache, ab jetzt mit 0gfr. Aßmann

**02.04.:** Tor- und Unterkunftswache (Bemerkung: Orel war vom Krieg stark mitgenomm en; seine frühere Ausstrahlung konnte man erahnen, eine typische russische Mittelstadt)

**03.04.:** Unterkunftswache, Innenstreife

**04.04.:** Innen- und Außenstreife, es gibt Kuchen für Ostern

**05.04.:** Ostersonntag, Außenstreife, Torwache

**06.04.:** Tor- und Unterkunftswache

**07.04.:** Unterkunftswache, Innenstreife

**08.04.:** Vorm. Gefangene zur Kirche gebracht, dem Gottesdienst beigewohnt, anschließend großer Tumult wegen Gaben der Bevölkerung an die Gefangenen, (Bemerkung: wir konnten dem Ostergottesdienst mit den Gefangenen beiwohnen und konnten feststellen, dass bei den früheren Angehörigen der roten Armee, die sie doch alle waren, Atheisten, echte Gläubigkeit überwog), Außenstreife

**09.04.:** Außenstreife, Torwache (zu der Wache allgemein: sie dauerte bis 9.4.; welche unglaublichen Tragödien, menschenunwürdige Vorgänge, welches Elend sich hinter diesen Gefängnismauern abspielten, wird einem bei

diesem Rückblick bewusst; man steckte doch selbst in der Lage größter Anspannung, war Soldat und tat seine Pflicht)

**10.04.:** Tor- und Unterkunftswache, ab 1.4.42 der 1. Batterie zugeteilt

**11.04.:** Unterkunftswache, Innenstreife, vormittags im Bad, durch Streife kontrolliert, Soldbuch nicht mehr zu finden

**12.04.:** Innenstreife, abends nach Luschki zum Funkkursus

**13.04.:** Funkunterricht in Luschki, Quartier hergerichtet

**14.04.:** Vormittags Funkunterricht, nachmittags Morsen, abends Verpflegungsempfang

**15.04.:** Vormittags Unterricht, nachmittags frei

**16.04.:** Von 4-6 Uhr Patrouille, die Oka führt Hochwasser und viel Treibeis, das Wasser kommt fast ans Haus heran

**17.04.:** Funken, Morsen

**18.04.:** Vormittags Unterricht, nachmittags frei, Verpflegungs-empfang, Meldung, dass Soldbuch weg ist

**19.04.:** Frei, von 2-4 Uhr Patrouille

**20.04.:** Vormittags Antreten, nachmittags in Orel und Schlitten abgeliefert (Bemerkung: der Geburtstag Hitlers, irgendwie wurde seiner gedacht; wir mussten antreten)

**21.04.:** Von 12-14 Uhr Patrouille, vormittags Unterricht und Antreten, nachmittags Morsen

**22.04.:** Unterricht, nachmittags kleiner Arbeitsdienst, abends Päckchen gemacht, Verpflegungs-empfang

**23.04.:** Unterricht, nachmittags Morsen

**24.04.:** Funken, Impfen, Morsen, von 12-14 Uhr Patrouille

**25.04.:** Morsen, nachmittags Spaziergang

**26.04.:** Nachmittags Führerrede, Verpflegungsempfang, von

Schreibstube neues Soldbuch

**27.04.:** Von 4-6 Uhr Patrouille, Funken, russischer Flieger wirft Bomben und Flugblätter (die Luftangriffe waren recht harmlos, da hatten die Russen nicht viel zu bieten)

**28.04.:** Funken und Morsen, Schneesturm und sehr kalt

**29.04.:** Von 0-2 Uhr Patrouille, Funken, Morsen

**30.04.:** Unterricht, Morsen, Verpflegungsempfang, von 18-20 Uhr Patrouille, Fliegerangriff

**01.05.:** Unterricht, nachmittags frei

**02.05.:** Unterricht, nachmittags frei, ganzen Tag Regenwetter

**03.05.:** Von 0-2 Uhr Patrouille, Spaziergänge um Luschki, an zerstörten Flugzeug (die Spaziergänge um Luschki, waren recht zivil, man atmete Frühlingsluft und war intensiv mit der Natur verbunden, nötig Pausen)

**04.05.:** Unterricht, Morsen Verpflegungsempfang

**05.05.:** 2-4 Uhr Patrouille Unterricht, Morsen

**06.05.:** Funke, Mittagessen in Orel, Abteilung Wach, Wache

**07.05.:** Unterricht, Morsen, von 18-20 Uhr Patrouille

**08.05.:** Unterricht Morsen

**09.05.:** Morsen, nachmittags frei, auf Leitungsinstandsetzung

**10.05.:** Spaziergang Umgebung Luschki

**11.05.:** Unterricht, Funken, nachmittags vor dem Haus gearbeitet, 14-16 Uhr Patrouille

**12.05.:** Unterricht, Morsen, Auseinandersetzung mit Haupt-Wm., von 18-20 Uhr Patrouille

**13.05.:** Vormittags Leitungsstörung behoben, nachmittags Wiederholung Funkunterricht

**14.05.:** Vormittags Prüfung Funkunterricht, nachmittags Funken im Freien, bei Bialdyga, von 22-24 Uhr Patrouille

**15.05.:** Vormittags und nachmittags Funken im Freien, Abschluss des Funkkurses

**16.05.:** Vormittags Antreten und Arbeitsdienst, nachmittags Sport, sehr warm

**17.05.:** Vormittags Antreten, Zusammenpacken für neue Wache in Starawoy Kolodes, von 20-22 und 2-4 Uhr Patrouille

**18.05.:** Vormittags Antreten, Ansprache des Batterie-Chefs, Abfahrt zur neuen Wache, mittags in der neuen Wache angekommen und eingerichtet, abends wegen Leitungsstörung zum nächsten Bahnhof (Bewachung der dort verlaufenden Bahnlinie), ab jetzt Feldwache Bemerkung: die Bewachung eines Teilstückes der Bahnlinie Orel-Kursk war in den Frühlingstagen des Jahres 1942 ein vergleichsweise recht angenehmer Dienst; wir hatten viel zu laufen, gefahren wurde nicht; es sei an den WM bzw. OWM Köhl, einen Ostpreußen, erinnert, der einen Putzer (Bursche) benötigte; ich war der Putzer

**19.05.:** Um 5 Uhr Abmarsch der Streife, ca. 25 km gelaufen, in 4-5 Dörfern (Uffz. Rymk (?), Ogfr. Kiwitt, Gfr. Lubinski)

**20.05.:** Vormittags und nachmittags Arbeitsdienst, Betten gebaut, Quartier gereinigt, von 16-18 Uhr Unterkunftswache

**21.05.:** Arbeitsdienst, Quartier eingerichtet, neue Betten

**22.05.:** Vormittags und nachmittags Arbeitsdienst, von 20-24 Uhr Bahnstreife

**23.05.:** Arbeitsdienst, Stube gereinigt, es gibt Sekt, Rotwein und Bier, von 22-24 Uhr Unterkunftswache

**24.05.:** Vormittags Kartoffelschälen, Besuch des Chefs, Tag Ruhe, geschrieben

**25.05.:** Ganzen Tag Ruhe, nachmittags Spaziergang in der Umgebung, Frühlingsfest im Wald

**26.05.:** Von 4-6 Uhr Unterkunftswache, vormittags und nachmittags Arbeitsdienst am Deckungsgraben

**27.05.:** Vormittags an Deckungsgraben weitergearbeitet, nachmittags frei, von 12-14 Uhr Unterkunftswache, gespielt

**28.05.:** Um 6 Uhr Zivilüberwachung losgegangen, ca. 25 km Weg, um 12.30 Uhr zurück, nachmittags geschlafen

**29.05.:** Von 2-4 Uhr Unterkunftswache mit Dörmer, vormittags Arbeitsdienst, Gewehrappell, nachmittags frei, Gewitter

**30.05.:** Bereitschaft wegen an der Bahn gesichteten Partisanen, von 2-4 Uhr Unterkunftswache, russische Flieger werfen Bomben in Nähe, vormittags Fußball gespielt, nachmittags frei, von 18.30-21.30 Uhr Bahnsicherung

**31.05.:** Regimentsstab zur Einquartierung, kleine Spaziergänge in Nähe, wachfrei

**01.06.:** Vorm. kurzer Arbeitsdienst, Marketenderwarenempfang, nachmittags Bunker fertiggestellt, von 22-24 Uhr Unterkunftswache; Bemerkung: schon hier Bunkerbau, der über all die Jahre hinweg betrieben wurde, die Arbeit erinnerte an Sklavenarbeit, oft wurde wegen Stellungswechsel so ein Bunker gar nicht bezogen

**02.06.:** Vormittags frei, geschrieben, nachmittags Arbeitsdienst

**03.06.:** Vormittags und nachmittags Infanterie-Gefechtsausbildung in Nähe, von 21-24 Uhr Bahnstreife

**04.06.:** Vormittags Infanterieausbildung im Gelände, nachm. kleiner Arbeitsdienst, dann frei

**05.06.:** Ganzen Tag frei, nachmittags wieder langeTruppenverschiebungen auf Straße durch den Ort

**06.06.:** Von 2-5 Uhr Bahnsicherung, bis 9.30 Uhr geschlafen, Arbeitsdienst, nachmittags frei

**07.06.:** Ganze Nacht geregnet, sehr schlechtes Wetter, ganzen Tag auf Zimmer, geschrieben, gegen Abend Verpflegungs-Wagen aus dem Schlamm gezogen

**08.06.:** Von 24-2 Uhr Unterkunftswache, vormittags und nachmittags Arbeitsdienst an Stellungen (Bemerkung: die Böden dort, Randgebiet der Ukraine, waren das Fruchtbarste, was ich je gesehen habe; warum gab es früher in Russland Hungersnöte bei dem „Überfluss" an Ackerland?)

**09.06.:** Wie vor (Arbeitsdienst)

**10.06.:** Russischer Flieger muss in unserem Gebiet notlanden, Fliegerarbeitsdienst fällt aus, nachts starke Fliegerangriffe auf Orel

**11.06.:** Vormittags und nachmittags Arbeitsdienst, von 19.30-24 Uhr bei notgelandetem russischem Flieger mit Neufang und Essen dorthin gebracht

**12.06.:** Vormittags geschlafen, nachmittags Arbeitsdienst an Stellungen, russischer Flieger kommt tief über uns, von 10-12 Uhr Unterkunftswache

**13.06.:** Vormittags Arbeitsdienst, nachmittags frei, geschrieben

**14.06.:** Von 24-2 Uhr Unterkunftswache, vormittags Impfen und frei, Chef hier, nachmittags frei, geschrieben, kleiner Spaziergang

**15.06.:** Vormittags Sport, auf Zimmer und Gewehrreinigen, nachmittags kleiner Waldlauf

**16.06.:** Von 22-1 Uhr Bahnstreife, vormittags frei, nachmittags Gewehrappell und Arbeitsdienst, beim Schuster, ganzen Tag Regenwetter

**17.06.:** Von 2-4 Uhr Unterkunftswache, vorm. Besuch des Chefs, von 9-11 Uhr Fuß-dienst (Exerzieren bei jeder Gelegenheit), nachm. frei

**18.06.:** Von 2-4 Unterkunftswache, vormittags Arbeitsdienst ausgefallen, auf Stube genäht, nachmittags Arbeitsdienst, keine Wache nachts

**19.06.:** Vormittags Kartoffelschälen, Morsen, nachmittags kurzer Fußdienst, anschließend frei, kleiner Spaziergang abends bei schönem Wetter

**20.06.:** Von 2-4 Uhr Unterkunftswache, vormittags Morsen, nachmittags frei, geschrieben, ganzen Tag Regenwetter

**21.06.:** Nachts keine Wache, vorm. frei, Kartoffelschälen, mittags Impfen, von 22-23.45 Uhr Bahnstreife

**22.06.:** Vormittags Morsen, anschließend Arbeitsdienst (Stellungen), nachmittags Fußballspiel, abends bei sehr schönem Wetter Spaziergang

**23.06.:** Von 4-6 Uhr Unterkunftswache, vormittags Arbeitsdienst in der Küche, nachmittags frei, Fertigmachen zum Abrücken, abends gibt es Kartoffeln mit Klopsen, von 18-19 Uhr auf Störungssuche, von 20-21.30 Uhr Bahnstreife

**24.06.:** Vormittags frei, 0,5 Stunde Morsen, nachmittags Auto gewaschen, Abrücken verschoben, abends kleiner Spaziergang, von 22-24 Uhr Unterkunftswache

**25.06.:** Vormittags Fußdienst, nachmittags Sport und Gewehrrei-nigen, abends geschrieben

**26.06.:** Von 4-6 Uhr Unterkunftswache, vorm. Gewehrappell, anschl. Putz- und Flickstunde, nur mehr 2 Mann auf Stube

**27.06.:** Von 24-2 Uhr Unterkunftswache, vormittags Kartoffelschälen, sonst ganzen Tag frei, abends geschrieben, von 20-22 Uhr Unterkunftswache

**28.06.:** Vorm.Kartoffelschälen, nachmittags Kartoffeln gekocht und Pudding

**29.06.:** Vormittags Arbeitsdienst, nachmittags frei, von 20-22 Uhr Unterkunftswache

**30.06.:** Vorbereitung für Abrücken, mittags gekocht, kleiner Spaziergang, von 22-24 Uhr Unterkunftswache

**01.07.:** Fertigmachen zum Abrücken, mittags von Feldwache nach Luschki, abends in Luschki im alten Quartier,

**02-07.:** Von 24-2 Uhr Unterkunftswache, vormittags Antreten und Arbeitsdienst abends starker Fliegerangriff auf Orel, mehrere Bomben in Nähe

**03.07.:** Vormittags Arbeitsdienst und Packen zum Abmarsch, nachmittags Verladen und Arbeitsdienst, Ansprache des Chefs

**04.07.:** Um 4 Uhr Abfahrt Richtung Bolchow, um 17 Uhr in Stellung eingetroffen, eingerichtet, bei Lt, Zabel, schöne Gegend, 30 km Bolchow; Bemerkung: am 04.07.1942 wurden wir in das erwähnte Viereck Orel - Tula - Kaluga und Brjansk, in Nähe des Ortes Bolchow beordert, wo wir längere Zeit operierten und wo inmitten dieses Gebietes der beschriebene Beobachtungsturm stand, von dessen Stand in ca. 20 m Höhe wir in die Gegend zwischen Tula und Kaluga sehen konnten, also

weit hinter die russische Front;
(weiteres; auf meiner Russlandkarte leider gibt es keine
genauen Generalstabskarten
der früheren Wehrmacht - habe
ich das Viereck markiert; der
Mittelpunkt der Fläche liegt bei
dem Ort Belew, genannt ist im
Tagebuch der Ort Bolchow, als
Orientierungspunkt; wo genau
nun der Holzturm stand, ist an
Hand der wenigen genannten
Orte nicht mehr festzustellen,
jedenfalls im Mittelpunkt der
Fläche; Kaluga und Tula liegen,
von dieser Mitte aus gesehen,
nördlich; die Front verlief
natürlich im Osten und nach
dieser Richtung ging unsere
Beobachtertätigkeit; in dem
flachen Land konnte man in
20-30 m Höhe unseres Turmes
doch sehr weit sehen)

**05.07.:** Stellung bei Bolchow:
vormittags und nachmittags
Arbeitsdienst, Bäumefällen,
Verpflegung gut, Tiefflieger,
von 22-24 Uhr Wache

**06.07.:** Arbeitsdienst, Blockhütten-
bau, nachmittags Bekanntgabe
Stellungswechsel, Wagen
ausgeladen

**07.07.:** Ganzen Tag frei in alter Stellung, nachmittags in Jagodnaja,
geschrieben

**08.07.:** Stellung Jagodnaja: Stellungswechsel 10 km, Arbeitsdienst,
Erkennungsmarke verloren

**09.07.:** Stellung Bobrowka;
vormittags Antreten,
Arbeitsdienst an Unterkünften,
nachmittags starkes Gewitter,
Regen, Erkennungsmarke
morgens wiedergefunden
Bemerkung: die seltsamen
Zeitzünderbomben (von Flugzeugen abgeworfen)
der Russen, bei denen ein kleines Windrädchen eine Schraube lockerte oder drehte, hatten

fast etwas Groteskes an sich;
war die Schraube ausgedreht,
an der ein Gewicht hing, fiel sie
zusammen mit dem Gewicht
auf den Zünder der Bombe, die
so explodierte; solche Bomben
sollten einige Meter über dem
Boden explodieren; es gab viele
Blindgänger, an denen man
diesen primitiven Mechanis-
mus studieren konnte;

**10.07.:** Von 2-4 Uhr Patrouille,
vormittags Antreten,
dann Arbeitsdienst an
Unterkünften

**11.07.:** Vorm. Arbeitsdienst, Impfen,
nachmittags zum Abteilungs-
stab kommandiert

**12.07.:** Von 24-2 Uhr Patrouille,
vormittags nach Abteilungsstab
umgezogen mit Funk, zur 3.
Batterie, abends Zelt fertig gebaut, nur Telegraphenverkehr

**13.07.:** Bei Abteilungsstab Funk-
verbindung zur 2. Batterie,
Telegraphenverkehr gut,
Gerät geprüft

**14.07.:** Längerer Funkverkehr zwecks
Prüfung der anderen Geräte,
nachmittags bei Batterie
Verpflegungsempfang

**15.07.:** Nachts Regenwetter,
Funkverkehr in Ordnung, nachmittags beim Artillerie-Regi-
ment, 1 Stunde Weg, zurück mit
Kommandeur
im Wagen, ganzen Tag schlechtes Wetter

**16.07.:** Vormittags bei Batterie,
Zusatzverpflegung, nachmittags Kartoffeln gebraten, Funk
in Ordnung, Wetterbesserung,
Hillmann bei Batterie

**17.07.:** Stellung bei Bolchow:
vormittags Gewehr gereinigt,
Funk in Ordnung, nachmittags
beim Regiment 2 Stunden,
abends gibt es Pudding, abends
schlechte Verständigung mit
Gegenstelle

**18.07.:** Funk in Ordnung, ganzen Tag beim Zelt, abends neue Verpflegung, heißes Wetter, nachts sehr feucht, abends 22 Uhr wegen starker Störungen keine Verbindung

**19.07.:** Funk in Ordnung, vorm. geschlafen, von 15-17 Uhr zum Regiment, abends gibt es Bier, Antreten

**20.07.:** Vormittags Socken gestopft, Funk in Ordnung, mittags Post- und Verpflegungsempfang

**21.07.:** Vormittags Wäsche gewaschen, Funk in Ordnung, nachm. Bekleidungskammer, abends Antreten, Pudding gekocht, Gewehr gereinigt

**22.07.:** Vormittags zieht andere Funkstelle in unsere Nähe, Heu für Zelt geholt, nachmittags beim Regiment, um 16.30 Uhr zurück, geschrieben, Wetter kühl

**23.07.:** Nur noch 2 mal Verbindung mit Gegenstelle, in Ordnung, nachmittags Verpflegungsempfang, um 18 Uhr bei Batterie, Vernehmung wegen Stiefel, Hose getauscht

**24.07.:** Vormittags kurz Antreten, nachmittags beim Regiment, beim Heimweg starker Regen, abends Gewehr für Revision gereinigt, Funk in Ordnung

**25.07.:** Waffen für Revision abgeliefert, um 11 Uhr Verständigungsprobe, Wetter wird besser, Gewehr geölt, nachmittags wieder Regen, Impfen

**26.07.:** Morgens herrlicher Sonnenschein, vormittags geschlafen, nachmittags von 15-17 Uhr beim Regiment, Melder, abends Verpflegung, um ll und 18 Uhr Funk in Ordnung

**27.07.:** Vormittags Funkverständigung gut um ll Uhr, Röhren gewechselt, nachmittags 2 Stunden im Wald und Stämme geladen, abends Pudding gekocht

**28.07.:** Vormittags und nachmittags im Wald und Stämme geschlagen, abends bei Batterie wegen Sammler und Röhren

**29.07.:** Vormittags bei Batterie wegen Wettermeldung, nachmittags beim Regiment, abends starke Artillerietätigkeit an der Front, nachts Dauerregen, sehr schlecht

**30.07.:** Vorm. Befehl zur Batterie zurück, wegen Regen verschoben, nachmittags Bier geholt, abends sehr kalt, Feuer gemacht, Funk abgebaut, beim Abteilungsstab

**31.07.:** Morgens wieder Sonne, Zusammenpacken, vormittags mit Kommandeur in Charewka, mittags Umziehen zur Batterie, dort Zelt gebaut und Quartier hergerichtet, Barb (?) (Bemerkung: Barb. = Barbarameldung, das heißt Wettermeldung für die Artillerie) allgemein: über unsere Funkgeräte: Type und Fabrikat habe ich vergessen; massenhafter Einsatz, nicht nur bei der Beob.-Abteilung, Sender- und Empfängerteil Größe ca. 50x30 cm mit ca. 5 m hoher steckbarer Antenne und Erdungsleitungen; diese legte man auf den Boden in Richtung Gegenstelle, fächerförmig, 5 Leitungen von ca. 3 m Länge; aus Bequemlichkeit wurden die Erdungsleitungen nur selten ausgelegt; das Gerät funktionierte auch ohne sie; nur bei großen Entfernungen waren sie nötig, Meldung, von 10-12 Uhr Wache

**01.08.:** Vorm. Antreten, Arbeiten i. der Küche, nachm. dasselbe, abends gibt es Marketenderwaren

**02.08.:** 9 Uhr Aufstehen, ganzen Tag dienstfrei, mittags in Charew-

**03.08.:** ... ka, abends 18 Uhr Antreten und Einteilung

**03.08.:** Vorm. Barbara-Meldung, von 8-11 Uhr vom Wald Stämme geholt, nachmittags ebenfalls, abends mit Kaffee bei Abteilung, Wache von 2-4 Uhr

**04.08.:** von 24-2 Uhr Wache, vormittags Arbeitsdienst und bei Abteilung, nachmittags Arbeitsdienst bei Küche, Antreten,

**05.08.:** Vormittags und nachmittags Arbeitsdienst, bei Küche, Antreten Arbeitsdienst bei Küche, abends Bratkartoffeln gemacht, Antreten, von 22-24 Uhr Wache

**06.08.:** Wie 05.08.

**07.08.:** Von 2-4 Uhr Wache, vormittags Erbsen, gegen Abend mit Joswig auf Störungssuche, um 20 Uhr zurück

**08.08.:** Vormittags Erbsen, um 17 Uhr nach Popow gefahren, von Artillerie beschossen, abends gibt es Pudding

**09.08.:** Von 2-4 Uhr Wache, vormittags geschrieben, nachmittags beim Reg.-Vet.-Rat und verschiedene Arbeiten

**10.08.:** Vormittags Arbeitsdienst, nachmittags bei Küche

**11.08.:** Morgens 4 Uhr Beginn des Angriffs, viele Flieger, vormittags mit Ofw. Schober zum Anschießen, sonst ganzen Tag frei, abends 22-24 Uhr Wache Antreten, Post weggebracht,

**12.08.:** Vormittags gewaschen und Socken gestopft, Tiefflieger, nachmittags frei, Wettermeldungen aufgenommen

**13.08.:** Von 24-2 Uhr Wache, vormittags Funkgerät in Ordnung gebracht, Sammler gewechselt, Meldungen aufgenommen

**14.08.:** Ganzen Tag Arbeitsdienst, Wettermeldungen aufgenommen, von 2-4 Uhr Wache

**15.08.:** Vormittags Arbeitsdienst bei Küche, mittags gibt es Braten und Gurkensalat, nachmittags Verpflegung, sehr schlechtes Wetter, ganzen Tag Regen

**16.08.:** Von 24-2 Uhr Wache, ganz schlechtes Wetter mit Regen, mittags bei Abteilung

**17.08.:** Vormittags Arbeitsdienst bei Küche, nachm. Holz gesägt, Verpflegungsempfang, abends Antreten wegen Streife

**18.08.:** Von 4-6 Uhr Wache, vormittags Holz gesägt, Bekanntgabe des Abmarsches, von 22-24 Uhr Wache

**19.08.:** Russen durchgebrochen, vorm. Zusammenpacken und Verladen, nachmittags nach Popow, dort übernachtet, Wagen verladen, Eisenberg Assenm. (?)

**20.08.:** Vormarsch, Abfahrt 8 Uhr in Popow, Stariza um 16 Uhr in Bereitstellung, Zelt und Graben gebaut, starke Artillerietätigkeit

**21.08.:** Von 12-2 Uhr Wache, vormittags Wasser geholt, Wagen eingeräumt, als Melder bei Abteilung

**22.08.:** Von 4-6 Uhr starke Artillerietätigkeit, viele Tiefflieger, Wasser im Dorf geholt, Kartoffeln gebraten, abends Verteilung der Ostmedaille durch den Chef

**23.08.:** Ganzen Tag Ruhe, gewaschen, nachmittags Artilleriefeuer, nachts kreisen ständig russische Aufklärer („Nähmaschinen")

**24.08.:** Von 2-4 Uhr Wache, ganzen Tag Ruhe, um 19 Uhr Antreten, nachts sehr kalt

**25.08.:** Von 10-12 Uhr schießt Artillerie in unsere Stellungen, 2 Tote und Verletzte, Stellungswechsel 3 km zurück, dort neu aufbauen, abends Wasserloch gegraben und Antreten (Bemerkung: in diesen Tagen waren die Kampfhandlungen um uns herum sehr rege, von unseren langen Aufenthalten in Bunkerstellungen waren wir verwöhnt, nun gab es ständigen Stellungswechsel; bei unserer Einheit hatten wir einige sogenannte „HIWIS" Hilfswillige, Russen, Polen oder andere Männer aus dem Osten, keine Soldaten, beschäftigt; bei den Toten war einer der Hiwi)

**26.08.:** Vormittags Antreten, Latrine gebaut, nachm. am Wasserloch weitergearbeitet, Antreten, von 20-22 Uhr Wache

**27.08.:** Vormittags Wasser getragen, Holz für Küche gemacht, mittags Antreten, Verteilung der Eisernen Kreuze durch Kommandeur

**28.08.:** Vormittags Arbeitsdienst Kartoffeln gebraten, bei der Küche, nachmittags ganzen Tag Ruhe, nachmittags russische Flieger, abends antreten

**29.08.:** Vormittags Wald durchkämmt nach Partisanen, russische Schlachtflieger, abends Antreten

**30.08.:** Von 4-6 Uhr Wache, ganzen Tag Ruhe, nachmittags Brot gebacken, abends Antreten

**31.08.:** Vormittags Arbeitsdienst bei der Küche, mittags beginnt es zu regnen, abends Antreten, sehr kalte Nacht, etwas Frost

**01.09.:** Vormittags Arbeitsdienst bei der Küche, wieder gutes Wetter, nachmittags Kartoffeln gebraten, Antreten

**02.09.:** Von 2-4 Uhr Wache, Frost, vormittags Antreten wegen Band zur Ostmedaille, Arbeitsdienst bei Küche, nachmittags Arbeitsdienst, abends Antreten

**03.09.:** Vormittags frei, sehr schönes Wetter, abends Antreten

**04.09.:** Vorm. Arbeitsdienst bei Küche, Fertigmachen zum Abmarsch in andere Stellung, nachm. Abmarsch, um 16 Uhr Eintreffen dort, Holz besorgt, 22-24 Uhr Wache

**05.09.:** Um 6 Uhr Wecken, 7 Uhr Abmarsch, zur Baustelle Winterbunker, ganzen Tag Erdarbeiten bis Abend, um 18 Uhr zurück, Antreten

**06.09.:** An den Bunkern weitergearbeitet von 7-18 Uhr

**07.09.:** im Wald Bäume für Bunker gefällt, abends Antreten und Kartoffeln gebraten

**08.09.:** Von 24-2 Uhr Wache, den ganzen Tag wieder Bäume gefällt, abends Regenwetter, Antreten

**09.09.:** Nachts starker Regen, im Wagen geschlafen, ganzen Tag auf Baustelle, Antreten

**10.09.:** Vorm. nach Stroh gefahren, Ziegelsteine geholt, schönes Wetter

**11.09.:** Von 2-4 Uhr Wache, ganzen Tag im Wald nach Stämmen, abends Antreten, Postempfang

**12.09.:** Vormittags nach Stroh gefahren, dasselbe nachmittags

**13.09.:** Ganzen Tag im Wald und Stämme geschlagen (Bemerkung: tausende Hektar Waldfläche bestanden nach unseren Holzeinschlägen nur noch aus 1 m hohen Baumstümpfen)

**14.09.:** Im Wald nach Bäumen, abends Kartoffeln gebraten (Bemerkung: die Wald- und Holzarbeit nahm überdimensionale Formen an)

**15.09.:** Vormittags Wasser geholt, Bäume gefällt, abends Antreten und Postempfang

**16.09.:** Im Wald Bäume gefällt, Antreten, gelesen

**17.09.:** Vormittags Bäume geholt, Regenwetter, nachmittags Gewehr gereinigt und sauber gemacht, Antreten

**18.09.:** Im Wald Stämme geholt, nachmittags starker Regen, Antreten

**19.09.:** Ganzen Tag auf Baustelle und gegraben, Antreten um 18 Uhr

**20.09.:** Von 24-2 Uhr Wache, vormittags auf Baustelle, Regen, nachmittags frei

**21.09.:** Auf Baustelle (Bemerkung: die am 23.8. erwähnten „Nähmaschinen" hatten nur die Russen, sie waren an der gesamten Ostfrontunter diesem Namen bekannt, kleine Flugzeuge, noch mit Stoff bespannte Doppeldecker, nur nachts eingesetzt, die uns den Schlaf raubten, einzelne Bomben warfen und mit abgestellten Motor km-weit dahinglitten; man hörte das Geräusch der Spanndrähte, in der Luft singend)

**22.09.:** Auf Baustelle, abends Antreten

**23.09.:** von 2-4 Uhr Wache, auf Baustelle

**24.09.:** Auf Baustelle

**25.09.:** Im Wald Holz fällen

**26.09.:** Im Wald nach Stämmen, von 24-2 Uhr Wache

**27.09.:** Vormittags Holz im Wald Holz fällen, nachmittags frei

**28.09.:** Im Wald gefällt, von 22-24 Uhr Wache

**29.09.:** Im Wald Stämme gefällt

**30.09.:** Führerrede: in diesen Tagen bis Mittag, nachmittags Führerrede (Bemerkung: in diesen tat die Rede Hitlers noch ihre Wirkung, besonders bei uns, unsere Einheit hatte noch keine Verluste bis dahin, noch waren wir optimistisch)

**01.10.:** Auf Baustelle, abends Antreten, Beförderungen usw., kommandiert zur 3. Batterie, Packen, von 22-24 Uhr Wache

**02.10.:** Ab jetzt bei der 3. Batterie/ Beob.-Abt. 1, um 7.30 Uhr dorthin, Abfahrt zu Stelle, wo Messstelle gebaut werden soll, Graben, Bäume gefällt

**03.10.:** Ausbau der Messstelle, Errichten eines Holzgerüstes für Bunker

**04.10.:** Vormittags weiter ausgeschachtet, nachmittags frei

**05.10.:** Am Bunker weitergearbeitet

**06.10.:** Vormittags Stämme gefahren, nachmittags am Bunker weitergearbeitet

**07.10.:** Am Bunker gearbeitet, Hochstand wird gebaut

**08.10.:** Vormittags nach Ziegelsteinen, nachmittags am Bunker weitergearbeitet

**09.10.:** Stämme geschält, abends gibt es nun öfters Kartoffeln, 3 Bunker im Bau

**10.10.:** Stämme geholt und geschält

**11.10.:** Nur vormittags am Bunker gearbeitet, an mehreren

**12.10.:** Ganzen Tag Regenwetter, ein Bunker fertig

**13.10.:** Vormittags mit Köhler zusammengearbeitet, Daumen verletzt, nachmittags am Köhlerbunker

**14.10.:** Vormittags Ziegelsteine geholt, nachmittags zur Batterie zurück wegen Versetzung zur Messstelle Rot

**15.10.:** Vormittags Gelände gesäubert, Generalfeldmarschall von Kluge, nachmittags zur Entlausung

**16.10.:** Vormittags Fahrt zur neuen Stelle, für Messstelle Rot Einrichten eines alten Bunkers für 7 Mann

**17.10.:** Loch für Bunker ausgeschachtet

**18.10.:** Weiter ausgeschachtet, abends Suppe gekocht

**19.10.:** Es regnet den ganzen Tag, nachts gearbeitet, auf Bunker Sand, es regnet v. d. Decke

**20.10.:** Weitergearbeitet, abends Kartoffeln gekocht

**21.10.:** Bunkerbau, nachmittags Wasser geholt und Kartoffeln gekocht

**22.10.:** Bunkerbau, nachmittags Kartoffeln, von jetzt an 3 mal am Tag, Funkverbindung mit Außenmessstelle

**23.10.:** Bunkerbau, nachmittags Suppe gekocht

**24.10.:** Ofen wird im Bunker gesetzt, nachmittags wieder Kartoffeln gekocht, Funkverbindung in Ordnung

**25.10.:** Bunkerbau (Bemerkung: es sollte eine richtige Stellung für den Winter werden)

**26.10.:** Kartoffeln eingemietet, ein Bunker wird bezogen

**27.10.:** Letztes Loch für Bunker gegraben, Funkgerät im Bunker montiert und umgezogen (Bemerkung: noch gab es keinen Schnee und keine Kälte)

**28.10.:** Bunkerbau, nachm. gekocht

**29.10.:** beim Ofensetzen mitgeholfen, nachmittags wieder Kartoffeln

**30.10.:** Vorm.s Grabarbeiten, nachm. Kartoffeln und Pudding

**31.10.:** Bunker-Bau (Bemerkung: dieses Mal lohnte sich der Ausbau des Bunkers, weil wir viele Wochen in ihm hausten und lebten)

**01.11.:** Bunkerbau

**02.11.:** An den Bunkern weitergearbeitet, Ofensetzen

**03.11.:** Am Fundament für Turm (aus Holz) gearbeitet, nachm. gekocht (Bemerkung: das Kommando und der Dienst beim Beobachtungsturm - Holzturm sind mir in besonderer Erinnerung, mitten im russischen Urwald, weitab von jeder Siedlung, Winter; wir konnten bis in die Gegend von Kaluga sehen und dabei eine große Anzahl russischer Truppenbewegungen; unweit unserer Stellung gab. es einen riesigen abgestorbenen Wald - also damals schon Waldsterben; weshalb abgestorben, war uns unklar, eine mit ca. 0,5 m dicken Stämmen bestandene Waldfläche; der Wald scheint schon viele Jahre so gestanden zu haben, die Stämme,

die wir für unsere Öfen dort holten, waren knochenhart und brannten wie Steinkohle, man sah es am Ruß; Holz sägen und spalten war, außer den vielen anderen Beschäftigungen, somit fast täglich im Programm, keine leichte Arbeit)

**04.11.:** Fundament für Turm, Bekanntgabe der Beförderung zum Ogfr.

**05.11.:** Arbeiten am Fundament, es fällt der erste Schnee

**06.11.:** Nacht sehr kalt, auch tagsüber, am Fundament gearbeitet

**07.11.:** Fundament fertiggestellt

**08.11.:** Bis 10 Uhr am zweiten Bunker gearbeitet, dann frei, Richtfest, Sonntagsessen, Waschen, Sekt, Wein

**09.11.:** Erdarbeiten an den Bunkern

**10.11.:** Mit dem Turmaufstellen (Bemerkung: alles wurde sehr Beginn solide und fachmännisch ausgeführt, Turm, Ofen etc.)

**11.11.:** Erdarbeiten am Bunker

**12.11.:** Erdarbeiten am Bunker, Besuch des Kommandeurs

**13.11.:** Vormittags auf Störungssuche, nachmittags Arbeiten am Turm

**14.11.:** Weitere Arbeiten am Turm

**15.11.:** Bis Mittag gearbeitet, nachm. gewaschen, zum Abendessen gibt es Wein und Klopse (Bemerkung: je nach Veranlagung des Kochs gab es gute und schlechte Essen; man war gespannt darauf)

**16.11.:** Arbeiten am Turm

**17.11.:** Arbeiten am Turm

**18.11.:** Arbeiten am Bunker, mit Erde bedeckt, Wachen werden gestellt

**19.11.:** Arbeiten am Bunker beendet

**20.11.:** Übernehme das Kochen für die Messstelle (Bemerkung: ein anderer Koch, Wember hieß er, war ein wahrer Kochkünstler; er nahm einen Topf mit Wasser, Graupen, alles was er

hatte, für die 10-fache Wasser-
menge ausreichend und kochte
einen Brei, der immer dicker
wurde, bis man ihn mit dem
Messer schneiden konnte)

**21.11.:** Vormittags Besuch des Chefs
**22.11.:** Besonderes Essen gekocht
**23.11.:** Kochen für die Messstelle
**24.11.:** Wie vor
**25.11.:** Wie vor, vorm. Bekanntgabe
des Urlaubs, abends Packen
**26.11.:** Vorm. Packen, Verabschiedung, um 11 Uhr bei Batterie
**27.11.:** Vormittags 8 Uhr Abfahrt
bei l. Batterie über Tupik,
auf Zwischenstation über-
nachtet in Sikejewo
**28.11.:** Urlaub, von Sikejewo um
7 Uhr abgefahren, mittags in
Brjansk, Frontsammelstelle
übernachtet, Entlausung
**29.11.:** Brjansk, vormittags im Soldatenheim, es gibt Wein und
Hähnchen zu Mittag, um 18
Uhr in Brjansk abgefahren
**30.11.:** Auf der Fahrt in den Urlaub,
vor Unetscha wird ein Dorf
von Partisanen überfallen,
Zug beschossen, mittags
in Brjansk, um 22 Uhr
in Minsk
**01.12.:** Vormittags 8 Uhr in Wilna,
weitergefahren bis Kauen,
dort Entlausung, um 24 Uhr in
Wirballen
**02.12.:** Morgens 5 Uhr in Wirballen,
Einteilung der Züge, Aufenthalt
bis 16 Uhr, 17 Uhr Abfahrt
nach Dresden
**03.12.:** Auf der Fahrt in den Urlaub,
um 10 Uhr in Dresden,
Abfahrt 12 Uhr nach
Nürnberg, 23 Uhr in Nürnberg,
um l Uhr in Pleinfeld
**04.12.:** Urlaub, um 7 Uhr Ankunft
in Nördlingen, vormittags
Marketenderwarenempfang,
abends im Kino: Die weiße
Majestät, Briefe geordnet
**05.12.:** Vormittags beim Baden und
geschrieben, nachmittags

Spaziergang, Heini Schaffner
getroffen
**06.12.:** Vormittags beim Spaziergang
Bschor getroffen, abends im
Sixtensaal, Kapelle Rooß
**07.12.:** Um 7 Uhr nach Augsburg
gefahren, Bekleidung ge-
tauscht, Besuche bei Arnold
und Ströbel, abends im getauscht, bei Arnolds
übernachtet
**08.12.:** Vormittags nach Nördlingen
zurück, beim Zahnarzt und
Umtausch. abends Kino:
Stern von Rio
**09.12.:** Vormittags beim Zahnarzt,
auf der Marienhöhe, vormittags
beim Zahnarzt, nachmit-
tags am Adlersberg, abends
Theater:
Glück auf der Alm
**10.12.:** Vorm. kleiner Spaziergang,
nachm. am Schönefeld,
Hohlheim
**11.12.:** Nachmittags Besuche
bei Grimm und Niklas,
nachmittags Spaziergang,
abends mit Vater
im Kino: Heimaterde
**12.12.:** Vormittags verschiedene
Gänge, mittags nach Augsburg
gefahren, abends im Stadttheater:
Die Frau mit dem Koffer,
bei Ströbel geschlafen
**13.12.:** Besuch bei Arnold, nach
Haunstetten Besuch bei Herrmann, abends mit Arnold im
Filmpalast: Fronttheater
**14.12.:** Vormittags beim Bahnhofs-
offizier, Urlaubsverlängerung,
nachmittags Tante Käte getroffen
**15.12.:** Vormittags am Theater
wegen Karten, bei Arnold,
nachmittags in der Stadt mit
Tante Minni, abends Operette:
Monika
**16.12.:** Vormittags auf dem Friedhof,
bei Arnold, nachmittags mit
Familie Ströbel in Leitershofen

abends mit Arnold im Apollotheater

**17.12.:** Vormittags bei Arnold, mittags von Augsburg abgefahren, nachmittags in Nördlingen (Bemerkung: die Siegeszuversicht war in diesen Tagen noch groß, besonders bei uns Jüngeren)

**18.12.:** Abends im Kino: GPU

**19.12.:** Vormittags im Bad, nachmittags in Möttingen zu Fuß

**20.12.:** Besuch bei Leo in Nürnberg, um 11 Uhr in Nürnberg, Mittagessen bei Leo, nachmittags am Plattnersberg (Café) Spaziergang, um 19.30 Uhr abgefahren über Donauwörth, 24 Uhr in Nördlingen

**21.12.:** Vormittags an der Post, Köller und Greiner getroffen, nachmittags bei Schaffner und Grimm, abends Fliegeralarm

**22.12.:** Vormittags geschrieben, auf der Post, abends mit Vater im Kino: Fiakerlied

**23.12.:** Vormittags kleiner Spaziergang zur Bahn, um 20 Uhr abgefahren mit Eltern nach Donauwörth

**24.12.:** Vormittags gelesen, nachmittags in der Stadt, abends Weihnachten gefeiert und Bescherung

**25.12.:** Packen, nachmittags Bschor getroffen, Kaffee getrunken, mit Vater kleiner Spaziergang zur Bahn, um 20 Uhr abgefahren mit Eltern nach Donauwörth

**26.12.:** Um 10 Uhr in Dresden, im Schloss und Zwinger, Mittagessen, im Zoo, um 17 Uhr abgefahren

**27.12.:** Um 12 Uhr in Eydtkau, von dort zu Fuß nach Virballen, um 22.38 nach Brjansk gefahren

**28.12.:** Morgens in Wilna, nachmittags in Minsk, die Kälte nimmt zu

**29.12.:** Vormittags in Gomel, abends 22 Uhr in Brjansk, dort bei Frontsammelstelle übernachtet, Jahol, Reimann, Pet. (?) getroffen

**30.12.:** Um 9 Uhr weitergefahren nach Sikejewo, um 16 Uhr dort eingetroffen und übernachtet, Scholz getroffen

**31.12.:** Um 5 Uhr nach Tupik weitergefahren, von dort mit Auto zur 1. Batterie, nachmittags zu 3. Batterie und auf Messstelle, Silvester gefeiert, 6 Päckchen erhalten (Bemerkung: Eindrücke bei einer Fahrt zurück zur Front: mitten in Deutschland volle Züge mit Soldaten und Offizieren, letztere geschniegelt und gebügelt, Etappenhasen; nach Osten zu wurden die Züge immer leerer und am Ende der Reise nur noch wenige Landser der untersten Dienstgrade in den Abteilen; wo waren sie alle, die den Krieg gewinnen wollten? vielleicht waren es gerade diese unscheinbaren Landser, die eine Tausende von Kilometern lange Front im Osten hielten; die wenigen, die am Ende der Fahrt ausstiegen, ein deprimierender Anblick)

# Tagebuchaufzeichnungen 1943

**01.01.:** Nach Ende des Urlaubs weiter bei der 3. Batterie, in den mittleren Bunker gezogen und eingerichtet, nachm. geschrieben

**02.01.:** Vormittags auf dem Turm und Einweisung für die Messstelle, Holz gesägt, nachm. Holz für Küche

**03.01.:** Nachm. gelesen: Roman einer Weltreise

**04.01.:** Stacheldraht gelegt, im Wald nach Holz, gelesen

**05.01.:** Bäume für Brennholz gesägt und geholt, nachmittags gelesen, geschrieben

**06.01.:** Von 3.30-5.30 Uhr auf dem Beobachtungsstand, Drahtverhau gezogen, gelesen und geschrieben, von 17.30-19.30 Uhr abends am Stand

**07.01.:** Vormittags gelesen, nachm. Holz für Batterie und umgezogen, am Stand von 19.30-19.30 Uhr

**08.01.:** Im Bunker eingerichtet, Holzmachen, nachmittags Geschirr für Pferde geholt, von 19.30-23.30 Uhr am Stand (Turm)

**09.01.:** Gewaschen und Holzmachen, nachmittags etwas gezeichnet, von 23.30-1.30 Uhr am Stand

**10.01.:** Die Messstelle bekommt eine Gans zu Mittag, am Stand v. 1.30-3.30 Uhr

**11.01.:** Vorm. am Turmmodell gearbeitet, nachmittags Holz für Batterie geholt, (Bemerkung: das lange und verhältnismäßig ungestörte Verweilen an dieser Stelle führte zu recht zivilen Tätigkeiten; wir lasen viel und bastelten ein Modell unseres Turmes)

**12.01.:** Von 3.30-5.30 und von 17.30-19.30 Uhr am Stand, vorm. am Stand, Besuch des Chefs

**13.01.:** Vorm. am Modellturm gearbeitet, von 19.30-21.30 Uhr am Stand

**14.01.:** Von 10-12 Uhr am Stand, gelesen: Krönungsoper (Mozartroman), von 21.30-23.30 Uhr am Stand, Kälte nimmt zu (-30°)

**15.01.:** Neue Einteilung, von 23.45-2 Uhr am Stand

**16.01.:** Vorm. Birke gefällt, Unterricht, nachmittags Besuch des Arztes

**17.01.:** Von 2-4.15 Uhr am Stand, 35°-40° Kälte

**18.01.:** Von 4.15-6.30 Uhr am Stand, vormittags Bäume für Küche gefällt, nachm. geschrieben

**19.01.** Von 8-11 Uhr am Stand, nachmittags im Wald und Stämme geladen, von 19.15-21.30 Uhr am Stand

**20.01.:** Vormittag am Modellturm weitergearbeitet, von 13-15 Uhr und von 21.30-23.45 Uhr am Stand

**21.01.:** Von 6.30-8.45 Uhr am Stand, vormittags Fernsprechleitung abeisen, nachm. Gewehr gereinigt, Verpflegungsempfang

**22.01.:** Vormittags im Wald, Stämme für Küche, nachmittags Schilder gezeichnet

**23.01.:** Schilder gezeichnet

**24.01.:** Von 4.15-6.30 und 8.45-11 Uhr am Stand, 17-19.15 Uhr am Stand

**25.01.:** Am Modellturm gebastelt (Leitern), von 19.15-21.30 Uhr am Stand

**26.01.:** Am Modellturm gearbeitet, von 21.30-23.45 Uhr am Stand

**27.01.:** Von 6.30-8.45 Uhr am Stand, Holz für Küche, gelesen, von 23.45-2 Uhr am Stand

**28.01.:** Gewaschen und Schneetauen für Küche

**29.01.:** Von 2-4.15 Uhr am Stand, vormittags gewaschen, Häuschen für Modellturm gebastelt

**30.01.:** Von 4.30-6.30 Uhr am Stand, Schneetauen und Modellarbeiten, Göring-Rede, von 17-19.15 Uhr am Stand (Bemerkung Göring-Rede, sein Ausspruch: „Hunde, wollt ihr ewig leben", der Fall von Stalingrad stand bevor)

**31.01.:** Von 8.45-11 Uhr am Stand, Schalter für Beleuchtung gemacht, von 19.15-21.30 Uhr am Stand

**01.02.:** Von 8.45-11, 13-15 und 21.30-23.45 Uhr am Stand

**02.02.:** Von 6.30-8.45 Uhr am Stand, Holz für Küche gemacht

**03.02.:** Von 23.45-2 Uhr am Stand, vormittags Bunker aufgeräumt, von 13-14 Uhr Unterricht

**04.02.:** Von 2-4.15 Uhr am Stand, um 8 Uhr zur Batterie, Gasraumprobe, um 12 Uhr zurück

**05.02.:** Von 4.15-6.30 Uhr am Stand, vormittags Holz für Küche, von 13-15 Uhr und von 17-19.15 Uhr am Stand

**06.02.:** Von 9-11 und von 19.15-21.30 Uhr am Stand, Gewehr für Revision gereinigt

**07.02.:** Vormittags Sachen gepackt, gelesen, von 11-13 Uhr am Stand, ebenso von 21.30-23.45 Uhr

**08.02.:** Vormittags beim Arzt und 1. Batterie wegen Hexenschuss, von 23.45-2 Uhr am Stand

**09.02.:** Vorm. Päckchen gemacht

**10.02.:** Von 2-4.15 Uhr am Stand, am Modell mitgeholfen, Holzkohle in Schuppen

**11.02.:** Nachmittags Marketenderwaren-Verteilung, von 4.15-6.30 und von 17-19.15 Uhr am Stand

**12.02.:** Gelesen und Schneetauen, von 8.45-11 und von 19.15-21.30 Uhr am Stand

**13.02.:** Beim Arzt und 3. Batterie zum Verpflegungsempfang, von 21.30-23.45 Uhr am Stand

**14.02.:** Von 6.30-8.45, 11-13 und 23.45-2 Uhr am Stand, Brunnen aufgetaut, warmes Wetter

**15.02.:** Vormittags im Wald nach Brennholz

**16.02.:** Am Brunnen gearbeitet, von 14-16.15 Uhr am Stand, Tauwetter

**17.02.:** Brunnen getaut, Bunkerbesatzung wechselt, 3 Neue, Holz für Batterie, ab jetzt mit Domm. (?) zusammen, von 4.15-6.30 und 17-19.30 Uhr am Stand

**18.02.:** Am Brunnen gearbeitet, Gewehrrevision, von 8.45-11 und 19.15-21.30 Uhr am Stand

**19.02.:** Von 13-15 und 21.30-23.45 Uhr am Stand

**20.02.:** Von 6.30-8.45 Uhr am Stand, Mittag gekocht und gewaschen

**21.02.:** Von 16-17 Uhr am Stand

**22.02.:** Von 2-4.15 Uhr am Stand, vormittags Holz gehackt, Wm. Rasche zur Messstelle

**23.02.:** Von 4-6 und 18-20 Uhr am Stand, Holz für Küche

**24.02.:** Von 8-10 und 18-20 Uhr am Stand, vorm. Holz für Küche, nachmittags Unterricht

**25.02.:** Gelesen und Sanitätsunterricht, von 14-16 und 20-22 Uhr am Stand

**26.02.:** Vormittags im Wald und Holz für Küche, von 12-14 und 22-24 Uhr am Stand

**27.02.:** Von 24-2 und 16-18 Uhr am Stand, Munition gegurtet

**28.02.:** Von 2-4 Uhr am Stand, Holz für Turm und Küche, nachmittags gebacken und gelesen

**01.03.:** Von 4-6 und 18-20 Uhr am Stand, beim Baden (Batterie) und Verpflegung holen

**02.03.:** Von 8-10 und 20-22 Uhr am Stand, vormittags Holz für Bunker

**03.03.:** Von 14-16 und 22-24 Uhr am Stand

**04.03.:** Von 12-14 und 24-02 Uhr am Stand, Hochzeitsfeier WM. Rasche

**05.03.:** Abu Telfan gelesen, von 16-18 Uhr am Stand

**06.03.:** Von 2-4 Uhr am Stand, vormittags Holz für Küche gemacht

**07.03.:** Von 4-6 und 18-20 Uhr am Stand, neue Platten bekommen und Grammophon

**08.03.:** Von 8-10 und 20-22 Uhr am Stand, mittags Holz für Küche geholt

**09.03.:** Von 14-16 und 22-24 Uhr am Stand, Bunker Schnee abgeschaufelt.

**10.03.:** Vormittags Holz für Bunker gemacht, gewaschen, Marketenderwaren, Musikübertragung neuer Plan, von 12-14 und 23-1 Uhr am Stand

**11.03.:** Verriegelung für Tür, nachm. gezeichnet, von 15-17 Uhr am Stand

**12.03.:** Von 1-3 und 15-17 Uhr am Stand

**13.03.:** Von 3-5 und 17-19 Uhr am Stand, vormittags an der Bank gearbeitet, mit zum Wasserholen, Feuerüberfall, sehr warm

**14.03.:** Von 7-9 und 19-21 Uhr am Stand, gelesen und geschrieben

**15.03.:** Von 12-15 Uhr und 21-23 Uhr am Stand

**16.03.:** Von 11-13 und 23-1 Uhr am Stand

**17.03.:** Vormittags Gasschutzunterricht, von 15-17 Uhr am Stand

**18.03.:** Von 1-3 Uhr am Stand, vormittags gewaschen, nachmittags Espen geschlagen

**19.03.:** Vormittags bei Batterie und Essen- und Verpflegungsempfang von 14-16 und 18-20 Uhr am Stand

**20.03.:** Vorm. Holz gemacht, von 6-8 und 20-22 Uhr am Stand

**21.03.:** Franken zur A-Stelle, sehr schönes Wetter, von 23-1.30 Uhr am Stand

**22.03.:** Von 12-14 Uhr am Stand, 1 Bombe fällt in Nähe, neue Leute von 1. Batterie, nachmittags Wasser holen

**23.03.:** Von 24-2 und 10-12 Uhr am Stand, nachmittags geschrieben, Franken weg, Kaffeekochen übernommen

**24.03.:** Von 2-4 und 18-20 Uhr am Stand, vormittags Halma gespielt, Verpflegung gefahren

**25.03.:** Vormittags Päckchen gemacht, Holz für Küche, geschrieben, von 18-20 Uhr am Stand

**26.03.:** Von 10-12 und 22-24 Uhr am Stand, Wehrm.E. erh. (?), Glakm. und Schuhm. weg, Wm. Rasche zur 2. Batterie

**27.03.:** Vormittags Holz für Bunker, von 14-16 und 23-1.30 Uhr am Stand, Versteigerung

**28.03.:** Bei der Batterie Verpflegung und Essen, von 4-6 am Stand, nachts frei

**29.03.:** Von 9-11 und 19-21.30 Uhr am Stand, Tauwetter

**30.03.:** Von 7-9 und 21.30-24 Uhr am Stand, geschrieben und gelesen

**31.03.:** Gewaschen, Brunnen gel., von 13-15 Uhr am Stand

**01.04.:** Von 24-2.30 am Stand, vormittags Brunnen gereinigt, abends Geburtstag gefeiert, Uffz. Metzger

**02.04.:** Von 2.30-5, 15-17 und 19-21.30 Uhr am Stand, morgens alles weiß, starker Schneefall, geschrieben

**03.04.:** Von 5-7 Uhr am Stand, vorm. aufgeräumt und geschrieben, Holzmachen, von 21.30-24 Uhr am Stand mit Wember

**04.04.:** Batterie Essenempfang

**05.04.:** Von 3-5 und 19-21 Uhr am Stand, geschlafen, nachmittags gelesen: Züricher Novellen

**06.04.:** Von 7-9 Uhr am Stand, Lt. Baumeister zur Messstelle, nachmittags Unterricht

**07.04.:** Von 3-5 und 19-21 Uhr am Stand, Arbeitsdienst Hof gesäubert, Bunker in Ordnung gebracht, nachm.Unterricht

**08.04.:** Von 7-9 und 19-21 Uhr am Stand, Arbeitsdienst Hof gesäubert, Unterricht, geschrieben

**09.04.:** Von 13-15 und 21-23 Uhr am Stand, sonst wie vor

**10.04.:** Essenempfang bei der Batterie, nachmittags Unterricht

**11.04.:** Von 1-3 und 15-17 Uhr am Stand, schönes Frühlingswetter, Marketenderwaren

**12.04.:** Von 2.15-4.30 Uhr und 13-15 Uhr am Stand, vormittags Gewehr gereinigt, nachmittags Appell, nachts frei

**13.04.:** Von 4.30-6.30 und 19.30-21.45 Uhr am Stand, vormittags im Wald Tarnmaterial für Batterie, Gewehrappell, nachts am Stand mit Uffz. Behrendt

**14.04.:** Von 9-11 Uhr am Stand, Chef hat Geburtstag, herrliches Frühlingswetter, nachmittags geschrieben

**15.04.:** Von 0-2 und 13-15 Uhr am Stand, vormittags geschrieben und Holz gesägt (Bemerkung: zu den März- und Apriltagen: Verpflegung und Anweisungen für unser Kommando mussten von weit her geholt werden, täglich von der Stelle, wo die Batterie lag; in den Wäldern um uns konnten wir beobachten, wie Soldaten von Strafkompanien Knüppeldämme - dünne Stämme, die quer zur Fahrtrichtung gelegt wurden, Tausende, einer am anderen, zu einer Straße – bauen mussten; so waren manche Waldgebiete, wenn noch so entlegen, von kilometerlangen Knüppeldämmen durchzogen; die Mückenplage war höllisch bei diesen Arbeiten und für die Sträflinge mehr als Strafe; nur so waren diese Urwälder von Fahrzeugen passierbar)

**16.04.:** Von 2-4 und 17-19 Uhr am Stand, vormittags gelesen, mittags Besuch des Kommandeurs und Unterhaltung, nachts frei

**17.04.:** Vormittags Brunnen geleert, Holz für Batterie, Verpflegungsempfang, von 18-20 und 20-22 Uhr am Stand

**18.04.:** Von 22-24 Uhr am Stand, vormittags geschrieben

**19.04.:** Vormittags Gasmasken gesucht für Appell, von 12-14 Uhr am Stand, 16 Uhr Appell, Wasser im Bunker nimmt zu, täglich 600 Liter laufen zusammen (Tauwetter!)

**20.04.:** Von 12-2 und 20-22 Uhr am Stand, zur Batterie Ansprache des Chefs, Beförderung und Auszeichnungen

**21.04.:** von 10-12 Uhr am Stand, vormittags Wasser getragen und Päckchen für Eltern, nachts frei, Weber kommt zu uns

**22.04.:** Von 4-6 und 20-22 Uhr am Stand, zur Batterie Essenempfang, bei der l. Batterie, Wember kommt weg, nachmittags Arbeitsdienst

**23.04.:** Von 8-10 und 22-24 Uhr am Stand, vormittags geschrieben, nachmittags gemeinsames Beisammensein mit Sekt, Propag. (?) auf Messstelle

**24.04.:** Vormittags Bunker sauber gemacht, von 12-14 Uhr am Stand, Wember weg, Hunderte von Buschwindröschen stehen um den Bunker

**25.04.:** Von 2-4 und 18-20 Uhr auf dem Stand, zur Batterie Verpflegungs- und Essenempfang, sehr warm, 2 Mann zur Messstelle, nachmittags geschrieben, nachts frei

**26.04.:** Von 8-10 und 20-22 Uhr am Stand, Pudding gekocht, nachm. Beisammensein bei Likör und Cognac

**27.04.:** Von 10-12 und 22-24 Uhr am Stand, vorm. aufgeräumt, abends mit Baupichler am Stand

**28.04.:** Zur Batterie Essenempfang von 9-13 Uhr, nachm. Unterricht

**29.04.:** Von 24-2 und 16-18 Uhr am Stand, Arbeitsdienst, Bunker instandgesetzt, Regen

**30.04.:** Von 2-4 Uhr am Stand, vorm. Arbeitsdienst, Bunker fertig, gewaschen, ganzen Tag Regenwetter, nicht frei

**01.05.:** Von 4-6 und 18-20 Uhr am Stand, vor. geschlafen, nachmittags Unterricht, nachts frei

**02.05.:** Zur Batterie Essenempfang, Schmidt und Weber zur A-Stelle, Pudding gekocht, von 20-22 Uhr am Stand

**03.05.:** Arbeitsdienst, Päckchen gemacht, von 12-14 und 22-24 Uhr am Stand, Hptm. Marius verabschiedet sich, Schilder gezeichnet

**04.05.:** Um 5 Uhr zur Batterie, Arbeitskommando, Masten für Telefonleitung, bei der Batterie Verabschiedung Hptm. Marius. Bei der 1. Batterie geschlafen (Bemerkung: um diese Zeit war für mich das Kommando am Turm beendet, auch die ruhigen Tage; jetzt begannen wieder Arbeitskommandos mit Graben und Bäume fällen, diese schleppen fast Tag für Tag; es war Schwerstarbeit)

**05.05.:** Zum Arbeitsdienst, Stämme für Leitung, zurückmarschiert zur 1. Batterie

**06.05.:** Leitungsbau nach Chatkowo, Löcher schaufeln, bei der 3. Batterie übernachtet

**07.05.:** Arbeitskommando, Masten setzen bis zur Reseta, abends geschrieben und Antreten

**08.05.:** Arbeitskommando, nach Chatkowo, bei der Heimfahrt von Tieffliegern beschossen

**09.05.:** Nach Chatkowo gefahren, dort Quartier bezogen, weiter Löcher gegraben, nachts viele Wanzen

**10.05.:** Arbeitskommando in Chatkowo, weiter gegraben, um 15 Uhr Schluss, bis Grün gekommen

**11.05.:** Arbeitskommando in Chatkow, Leitung ist bis Mittag fertig, um 16 Uhr zurück, letzte Nacht, beim Bauen beschossen

**12.05.:** Zusammenpacken, um 9 Uhr Abfahrt zur A-Stelle, nachmittags Leitung nach Blau abgebaut, 17 Uhr Antreten

**13.05.:** Ganzen Tag frei, vormittags Baden und Schreiben

**14.05.:** Bis Mittag frei, nachmittags Arbeit im Batterie-Revier, abends geschrieben

**15.05.:** Vormittags im Wald Tarnzeug geschlagen, mittags Antreten, geschrieben

**16.05.:** Vormittags Antreten, gewaschen, vom 16. zum 17. Wache, Gewitter und Regen

**17.05.:** Arbeitsdienst bei Batterie, Tarnung der Bunker, geschrieben

**18.05.:** Wie vor und Waffenappell

**19.05.:** Vormittags Gasübungen, Chefunterricht, nachmittags Tarnen, mittags Verleihung von Auszeichnungen

**20.05.:** Tarnen, Packen für Abmarsch zur Aufstiegsstelle von Ballon

**21.05.:** Vormittags Tarnen, nachmittags Vorbereitungen zum Abmarsch, geschrieben

**22.05.:** 7 Uhr Abmarsch alte Erdstelle, Fahrt zur neuen Erdstelle bei Uljanowo, Zeltbau, Regenwetter

**23.05.:** Sehr kalte Nacht, 9 Uhr Antreten, Arbeitsdienst, Tarnen, Kaffeekochen, schlechtes Wetter, oft Regen

**24.05.:** Um 5.30 Uhr Wecken, 7 Uhr Arbeitsdienst, Deckungslöcher, nachmittags Teekochen, Regenwetter

**25.05.:** 3. Batterie/Beob.-Abt. 1, Ballonzug, vormittags sehr schlechtes Wetter, viel Regen, kein Arbeitsdienst, nachmittags 2. Bunker eingesetzt und abgedeckt

**26.05.:** 5.30 Uhr Wecken, Arbeitsdienst an den Bunkern, wieder Regen, nachmittags Bunker zugedeckt

**27.05.:** 5.30 Uhr Wecken, Wetter schön, Frühnebel, neues Zelt gebaut, für 4 Mann, abends fertig, 20-22 Uhr Wache

**28.05.:** Splittergraben gemacht, nachmittags Bunker vormittags zugedeckt und Kaffeekochen, Gaswagen kippt um am Berg

**29.05.:** Füllen des Ballons, nachmittags Arbeit am Bunker und Kaffeekochen, Impfen, geschrieben, der Ballonzug wurde von Lt. Fetzer geführt

**30.05.:** Vormittags Gasraumprobe, geschrieben, Wache am Ballon, geschrieben

**31.05.:** 5.30 Uhr Wecken, Arbeitsdienst, Tarnung der Bunker, Ballon zum Ankerplatz gebracht, Arbeitsdienst, sehr warm

**01.06.:** Vormittags Ballon für Aufstieg fertiggemacht, Zeit zum Waschen bekommen, um 17 Uhr Aufstieg, Ballon in Brand geschossen (von den Russen), beim Aufstieg starker Beschuss der russischen Jäger, kein Mann verloren, 2 Verbrannte, Wache von 21-23 Uhr, (Bemerkung: die Verbrannten, die später starben, waren Infanteristen von einer anderen Einheit; sie wollten den Ballonaufstieg miterleben - Führer des Ballonzuges war ein Leutnant Fetzer, ein Schwabe, der allein in der Gondel des Ballons war; im wahrsten Sinne des Wortes ein „Himmelfahrtskommando", bei dem russische Jäger sofort zur Stelle waren und die deutsche Gegenwehr durch deutsche Jagdflugzeuge fehlte; man stelle sich das Ungetüm von Ballon, ohne Schutz und so nahe an der Front vor, das musste schiefgehen)

**02.06.:** Vormittags Reste von Ballon vergraben, Uniform geflickt, nachmittags Besuch des Chefs, abends Pudding gekocht

**03.06.:** Tarnen, Arbeitsdienst, nachmittags zum Variété nach Uljanowo

**04.06.:** 5.30 Uhr Wecken, 6.30 Uhr Antreten, Rasenstechen für Tarnung, dasselbe nachmittags

**05.06.:** 5.30 Uhr Wecken, Tarnen, nachmittags mit LKW im Wald und Tarnzeug geholt, ganze Woche schönes Wetter

**06.06.:** Vorm. Verteilung von Marketenderwaren, 5 russische und 2 deutsche Jäger im Luftkampf, abends Gewitter und Regen

**07.06.:** 5.30 Uhr Wecken, Arbeitsdienst, neue Splittergraben, nachmittags Gasschutzunterricht und Impfen

**08.06.:** Von 4-6 Uhr Wache, Kaffeekochen, Arbeitsdienst, Tarnen, nachmittags Kaffee gekocht, regnet den ganzen Tag

**09.06.:** Morgens starker Regen, Antreten fällt aus, Mittag in Dolgaja geholt, Regenwetter

**10.06.:** 6.30 Uhr Wecken, vorm. Tarnen, nachm. Holz für Küche zusammengefahren, Zeltplatz getarnt

**11.06.:** Weiter Tarnen, nachm. frei und Brunnen gegraben, Gaswagen eingetroffen

**12.06.:** Gasflaschen abladen, nachmittags zum Baden im Wytebet, sehrwarmes Wasser und Sand, es gibt Wurst und Fleisch zu Pfingsten, höchste Alarmbereitschaft, von 20-22 Uhr Wache

**13.06.:** Um 7.30 Uhr aufgestanden, dienstfrei, nachmittags geschrieben

**14.06.:** Pfingstmontag, 6 Uhr Wecken, 8 Uhr Besuch des Chefs und des Arztes, Beförderungen, Untersuchung, sonst dienstfrei

**15.06.:** 6 Uhr Wecken, 7 Uhr Antreten, Arbeitsdienst, mittags in Dolgaja zum Impfen

**16.06.:** Von 2-4 Uhr Wache, Be-

**17.06.:** kleidung in Ordnung gebracht, Unterricht, Waffenreinigen und Appell, 3 Mann kommen von A.-Stelle zurück, Kartoffeln gebraten

**17.06.:** Ganzen Vormittag Regenwetter, kein Arbeitsdienst, nachmittags Holzsägen, starke Gewitter

**18.06.:** Waffen- und Gasunterricht, Arbeitsdienst, Wagenwaschen

**19.06.:** Von 4-6 Uhr Wache, Kaffeekochen, ganzer Tag Instandsetzung der Bekleidung, Waffen- und Bekleidungsappell

**20.06.:** 10 Uhr Antreten, Packen zum Abmarsch zur Batterie, um 20 Uhr bei der Batterie, in Bunker 18 gezogen

**21.06.:** 6 Uhr Wecken, 7 Uhr Antreten, Arbeitsdienst. Stellungsbau, Impfen, Stellungsbau bis 17 Uhr

**22.06.:** Um 5 Uhr zum Stellungsbau bis 11 Uhr, nachmittags frei, von 1-3 Uhr Wache (23.6.)

**23.06.:** 4 Uhr Wecken, Fortführung des Stellungsbaues, um 10 Uhr fertig, nachmittags frei und Gewehrappell

**24.06.:** 5 Uhr Wecken, Arbeitsdienst, von 9-10 Uhr beim Arzt zur Vorstellung, Vorbereitung zum Abmarsch nach Vermittlung 2

**25.06.:** 3.30 Uhr Wecken, 4.30 Uhr Abfahrt zur Vermittlung, Telefonwache und Kaffeekochen, sehr ruhig

**26.06.:** Um 4.30 Uhr aufgestanden, Kaffee gekocht, alle anderen nach Stariza, Päckchen gemacht, mittags gekocht, Wagen von der Batterie

**27.06.:** Um 1 Uhr kommen 2 Mann von der Batterie an zum Übernachten, 7.30 Uhr aufgestanden, Kaffee gekocht, geschrieben, Volkswagen bringt Essen und 1 Mann zum Übernachten

**28.06.:** Um 7.30 Uhr aufgestanden, Mittag selbst gekocht, gelesen, zum Übernachten kommt niemand, russischer Ballon abgeschossen

**29.06.:** Um 8 Uhr aufgestanden, Frühstück gemacht, gelesen, mit A.-Stelle gesprochen, Mittag kommt von A.-Stelle, Nacht allein

**30.06.:** Mittags kommt Bautrupp zurück, Kaffee gekocht

**01.07.:** 6 Uhr aufgestanden, Bunker in Ordnung gebracht, alle Mann zum Leitungsbau, nachmittags Leitungen im Bunker gelegt

**02.07.:** 6 Uhr aufstehen, zur Batterie, Bunte Bühne, Unterricht (Chef, Gas, Ballon), um 18 Uhr zurück

**03.07.:** Bei der Batterie Mittag geholt, Baden und Frisör, nachmittags Essen gemacht für Abend, Kartoffeln und Pudding, Schachspiel, 23 Uhr ins Bett

**04.07.:** Nachmittags geschrieben

**05.07.:** Zur Batterie Mittag holen, nachmittags verschiedene Arbeiten, geschrieben, zur Telefonwache bis 24 Uhr

**06.07.:** Zusammenpacken, zur Batterie, vom Chef 3. Batterie verabschiedet, zur 1. Batterie zurück, vorgestellt beim Chef

**07.07.:** 5 Uhr morgens Alarm, ganzen Tag im Wald, Tarnung, ins Zelt gezogen, Marketenderwarenempfang

**08.07.:** 6 Uhr Wecken, 7 Uhr Antreten, Entlausung, Arbeitsdienst, nachmittags Bunker ausgehoben, Gewehr gereinigt

**09.07.:** Gewehrappell, Bunker ausgeschachtet, Tannenreisig geholt und Rasen gestochen, bis 22 Uhr gearbeitet

**10.07.:** Am Bunker weitergearbeitet bis 15 Uhr, nachmittags geschrieben

**11.07.:** Dienstfrei (Urlaub), nachts starker Angriff des Russen mit Flieger und Artillerie

**12.07.:** Zusammenpacken für Rückzug, vormittags im Graben, nachmittags Leitung abgebaut, nachts zurückmarschiert

**13.07.:** Bei Suseja im Wald gelegen, Verpacken, abends wieder Abmarsch, Einbruch der Russen

**14.07.:** Um 4 Uhr Abmarsch nach Tupik, Lowat, Verladen, abends in der Nähe übernachtet, Abladen, übernachtet im Freien, Regen

**15.07.:** Vormittags beim Arzt, dienstbefreit, Verpacken des Wagens, geschrieben, Zelt aufgebaut (Bemerkung: in den Juni- und Julitagen: eine verhältnismäßig lange Zeit befanden wir uns in dieser Gegend; zur Orientierung sind der Fluß Wytebet und der Ort Dolgaja genannt; man spürte, dass etwas geschehen musste, ein eventueller Rückzug; noch war der Druck der Russen nicht sehr stark, noch hatte er nicht seine Massen organisiert wie dann später im Januar 1945)

**16.07.:** In anderen Funkwagen gezogen, Geräte Arbeitsdienst

**17.07.:** Um 3 Uhr Wecken, Abmarsch nach Sudimir, Bereitstellung in Nähe der Bahn, geschrieben

**18.07.:** Von 1-3 und 6-7 Uhr Wache, Antreten, Gerätereinigen, Revier, zur 3. Batterie Post abgeholt, umgezogen

**19.07.:** Vormittags Wagen verpacken, von 13-15 Uhr Posten, gelesen, im Wagen geschlafen

**20.07.:** Von 9-11 Uhr Posten, Gewehrappell, nachmittags Splittergrabenbau

**21.07.:** Von 1-3 Uhr Wache, Umziehen auf LKW, 5-Watt-Sender mit Wolfsgruber, Stellungswechsel, Gerät aufgebaut, keine Verbindung

**22.07.:** Verbindung mit leichter Staffel hergestellt, bis 23 Uhr Funkbetrieb, von 23-1 Uhr Wache

**23.07.:** Um 7 Uhr erste Verbindung, regelmäßig weiter bis abends, Abfahrt in neue Stellung, Verbindung mit 2 Stellen

**24.07.:** Um 3 Uhr aufgestanden, Funkverbindung, Ab- und Aufbauen, Rückzug

**25.07.:** Um 5 Uhr abgebaut und zurückgefahren, wird aufgebaut an alter Stelle, beim Regiment eingesetzt, dies macht Stellungswechsel

**26.07.:** Funkstelle beim Regiment am neuen Ort in Ordnung gebracht, Splitterschutz für Wagen, nachts keine Funkverbindung

**27.07.:** Um 8 Uhr aufgestanden, gewaschen, Mittagessen abgeholt, es gibt Zusatzportionen, ruhige Stellung

**28.07.:** 8 Uhr aufgestanden, Päckchen gemacht, Pilze gesammelt und gebraten, Gewitter, starker Regen

**29.07.:** 7 Uhr aufgestanden, noch immer Abstellung beimb Regiment, abends mit Kabel zur Brücke, Leitung zerstört, ab Mittag Regenwetter

**30.07.:** Vormittags auf Störungssuche, mittags starker Regen, geschrieben, Front beruhigt

**31.07.:** Ganzen Tag Ruhe, geschrieben, von 10-12 Uhr starkes russisches Artillerie-Feuer an der vorderen Linie

**01.08.:** Schönes Wetter, sonst wieder Ruhe, Leitung gestört, Zusammenpacken für Abmarsch zur schweren Staffel, mit Hauptwm. zur schweren Staffel

**02.08.:** Bei der schweren Staffel, 6 Uhr Wecken, Wegbau und Waffenreinigen, Appell, Tagesposten, von 23-1 Uhr Wache

**03.08.:** 6 Uhr Wecken, weiter Wegbau, Gasmaskenappell, Wasser- und Holzfahren für Küche

**04.08.:** Von 5-7 Uhr Wache, Räder gereinigt, Vorbereitung zum Abmarsch

**05.08.:** 4 Uhr Wecken, zur leichten Staffel gefahren, gewaschen, zur 3. Batterie Küche, Antreten um 19 Uhr

**06.08.:** Von 0.30-1.30 Uhr Wache, 6 Uhr Wecken, vormittags starkes Gewitter, um 12 Uhr Abmarsch in Dorf für Bunkerbaustelle, abends zurück, Marketenderwaren, geschrieben, die Dörfer werden niedergebrannt

**07.08.:** Von 2.30-4.30 Uhr Wache, gewaschen, Gewehrreinigen, wieder zum Regiment, versetzt, Wolfsgruber zum Regiment (Bemerkung: Wolfsgruber war ein Österreicher, ich glaube ein Wiener, mit dem ich mich recht gut verstand; wir schrieben uns noch länger nach der Trennung; bei der Post vermerkt)

**08.08.:** 8 Uhr aufgestanden, Funkverkehr wegen gestörter Leitung, Kartoffeln gegraben und gebraten, geschrieben

**09.08.:** 7 Uhr aufgestanden, gebraten, um 10 Verbindung, auf Störungssuche, geschrieben

**10.08.:** Um 11 Uhr Verbindung, ganzen Tag Ruhe, geschrieben

**11.08.:** 7 Uhr Wecken, ab 18 Uhr ständig Funkverbindung mit Batterie, mit Franz Wolfsgruber letztes Mal unterhalten (Fpn 38031)

**12.08.:** Großer Funkbetrieb, die schöne Gegend (Stellung) beim Regiment verlassen, zur Batterie zurück, um 17 Uhr dort eingetroffen, von 22-24 Uhr Wache

**13.08.:** 7 Uhr Wecken, Aufräumen, Verschiedenes, Wache, Kartoffeln graben

**14.08.:** Abmarsch zur schweren Staffel, von dort zum neuen Einsatzort nördlich Brjansk, Bereitstellung, Lichtinger getroffen, Wache

**15.08.:** 4 Uhr Wecken, Abmarsch zum Einsatz, Stellung in Ordnung gebracht, geschrieben, zum Gefechtsstand umgezogen

**16.08.:** 7 Uhr Wecken, beim Fernsprechtrupp eingeteilt, Leitung hochgelegt, wieder zum Funktrupp

**17.08.:** Von 2-4 Uhr Wache, zur Messstelle Blau kommandiert, Oblt. Imlau, Funkstelle in Bunker eingerichtet, sehr starker Regen

**18.08.:** Funkverkehr mit 3. Batterie von Messstelle Blau, 2 Hühner am Abend gemacht

**19.08.:** Nacht Funkverbindung mit 3., links Angriff der Russen, 75 Bomber, Grube für Wagen, abends Funkverkehr von 21-24 Uhr, nachm. geht Munition und Benzin hoch durch Bomben, riesige Wolke

**20.08.:** 10 Uhr aufgestanden, im Abschnitt von allgemeiner Ruhe, gekocht, ab 19 Uhr auf 5. W. (oder 5 Watt?)

**21.08.:** von 24-2 Uhr am Gerät, auch tagsüber, geschrieben, Vorbereitung zum Stellungswechsel, zur Batterie zurück

**22.08.:** Noch auf Messstelle geblieben, 10 Uhr abgefahren, zur Batterie, geschrieben

**23.08.:** 7 Uhr Wecken, in anderen Wagen gezogen, zur 3./Küche. Funkunterricht, Zusammenpacken für Abmarsch

**24.08.:** Von 2-4 Uhr Wache, Abfahrt in neue Stellung, dort Wasser und Stroh holen, dort Zeltbau

**25.08.:** Von 5-7 Uhr Wache, 7 Uhr Antreten, Kartoffeln, bei 3., verschiedene Arbeiten

**26.08.:** 5 Uhr Wecken, Einteilung zur Arbeit, Roden und Ausgraben, Kartoffeln für Küche, Antreten, von 22-24 Uhr Wache

**27.08.:** 5 Uhr morgens Wache Ausschachten für Doppelblockhaus

**28.08.:** Beim Holzkommando

**29.08.:** Stämme herangetragen, nachm.
frei, Tisch gemacht, geschrieben, verschiedene Arbeiten

**30.08.:** 6 Uhr Wecken, Blockhausbau,
nachmittags zur 2. Batterie
kommandiert

**31.08.:** Zur 2. Batterie abgestellt,
mit 4 Mann abgestellt zum
Bewachungskommando

**01.09.:** 4.30 Uhr abgefahren 30 km
weit mit übrigem Gerät, Heu
abladen

**02.09.:** 7.30 Uhr aufgestanden,
Heu abladen

**03.09.:** Von 5-7 Uhr Wache, Milch
abgekocht, Haus gebaut und
verschiedene Arbeiten

**04.09.:** Ruhe, nachmittags trifft
schwere Staffel ein, ging wegen
vermutetem russischem An-
griff zurück

**05.09.:** 6.30 Uhr Wecken, verschie-
dene Arbeiten, nachts zum 1.
Mal Reif und Frost, herrliches
Wetter tagsüber, geschrieben

**06.09.:** 2-4 Uhr Wache, 6 Uhr nach
d. V.A. (?) bei Kretsowka,
um 19 Uhr zurück

**07.09.:** Zusammenpacken, zurück
zur leichten Staffel mittags,
viele russische Schlachtflieger,
Unterstand gebaut, russischer
Angriff links und von 22-24
Uhr Wache,
Einbruch

**08.09.:** Vorbereitung für Stellungswechsel, um 8 Uhr Abfahrt
in Nähe …unowo (? = kann
Ljudinowo siehe Karte),
Bereitstellung, um 17 Uhr abgefahren, in Richtung Bytosch,
dort im Wald übernachtet

**09.09.:** Um 5 Uhr weitergefahren
nach Kamenka, Rast im Wald,
mittags weiter, Schaden am
Wagen, wird abgeschleppt,
16 Uhr Stellung bezogen auf
Wiese, von 21-23 Uhr Wache,

7 Uhr Italien hat kapituliert

**10.09.:** 7 Uhr Wecken, Wagen mit Heu
bedeckt, Tiefflieger, 20.30 Uhr
Führerrede gehört, um 23 Uhr
Antreten, mehrere Posten wer-
den gestellt wegen russischem
Einbruch

**11.09.:** Von 22-24, 2-4 und 6-8 Uhr
Posten auf Höhe Tiefflieger,
nachts frei

**12.09.:** Ganzer Tag Ruhe, abends wird
Feldwache gestellt, mit Birkhahn von 18-20 Uhr Posten

**13.09.:** Von 24-2 Uhr Wache, 9 Uhr
aufgestanden

**14.09.:** Von 4-6 Uhr Pendelposten,
Zusammenpacken für Urlaub,
zu Fuß zur schweren Staffel,
von dort mit LKW nach
Roslawl, Übernachten beim
Restkommando
(Bemerkung: die Tage davor
scheinen mit weiträumigen
Stellungswechseln ausgefüllt
gewesen zu sein; genannt
sind die Orte Bytosch, ca. 60
km nördlich von Brjansk und
Kamenka, das innerhalb des
markierten Vierecks liegt, in
der Nähe von Suchinici, ein
Eisenbahnknotenpunkt; die
Rückzugsbewegungen
nahmen immer größere
Ausmaße an, so ist es anzunehmen)

**15.09.:** In Roslawl, umgezogen in
Urlauberunterkunft

**16.09.:** Noch in Roslawl

**17.09.:** 6 Uhr zur Entlausung und
Bahnhof, nachmittags von
Restkommando weg, von
13-22 Uhr warten am Bahnhof
Roslawl

**18.09.:** Um 2 Uhr fährt Zug ab,
um 8 Uhr in Smolensk

**19.09.:** Zwischen Borissow und .....
(?) (Bemerkung: wird Minsk
heißen) wird Zug von Partisanen überfallen, zahlreiche
Sprengungen an den Schienen
auf 2-3 km

**20.09.:** Um 9 Uhr in Brest-Litowsk, Entlausung, um 19 Uhr weitergefahren in Richtung Frankfurt/Oder bis Weißenfels

**21.09.:** Weißenfels - Nürnberg, um 3 Uhr in Nürnberg, 6 Uhr in Nürnberg abgefahren

**22.09.:** Aufenthalt in Pleinfeld, 15 Uhr in Nördlingen eingetroffen, Eltern am Bahnhof

**23.09.:** Anmeldung, Baden, herrliches Wetter, 3 Klassenkameraden getroffen, im Kino

**24.09.:** 8 Uhr aufgestanden, nachmittags kleiner Spaziergang nach Möttingen, herrliches Wetter

**25.09.:** Nachmittags in Trochtelfingen, Hohlheim per Rad, Regen

**26.09.:** Mittags nach Augsburg, Besuche bei Ströbel, Arnold und Haunstetten, bei Ströbel übernachtet

**27.09.:** Am Stadttheater, zu Mittag bei Arnold, um 15 Uhr zurück

**28.09.:** Abends mit den Eltern im Kino: Liebesgeschichten

**29.09.:** Mit dem Rad nach Wallerstein, Fremdingen, Regenwetter

**30.09.:** Nachmittags mit dem Rad in Wemding, am Lohweier, um 18 Uhr zurück

**01.10.:** Urlaub Nördlingen

**02.10.:** Um 6.30 Uhr mit Mutter nach Augsburg, Arnold besucht, 14 Uhr Bahnhof, Ströbel besucht, abends zu Herrmann nach Haunstetten und dort geschlafen

**03.10.:** Vormittags Besuche in Augsburg, mittags in Haunstetten, abends im Apollotheater, Haunstetten übernachtet

**04.10.:** Vorm. Besuch Arnold, nachmittags bei Familie Welter, um 18 Uhr ins Stadttheater: Don Giovanni, Ströbel übernachtet

**05.10.:** 7 Uhr nach Riederau, eingetroffen um 8.30 Uhr, nachmittags Spaziergang nach Holzhausen, abends am See

**06.10.:** Um 8.30 Uhr nach Weilheim und Farchant bei Garmisch, Spaziergang auf Höhe, um 20 Uhr zurück

**07.10.:** Um 11 Uhr in Riederau abgefahren, mittags in Augsburg, Verabschiedung von Arnold, Ströbel, Herrmann, 17.30 Uhr abgefahren, Aufenthalt in Donauwörth, um 23 Uhr in Nördlingen

**08.10.:** Vormittags beim Zahnarzt, nachm. kleine Spazierfahrt mit Rad nach Reimlingen

**09.10.:** Zahnarzt, Baden, abends mit Mutter im Kino, Greiner getroffen

**10.10.:** Um 9 Uhr an der Bahn, Leo gekommen, auf dem Daniel, in Christgarten, um 19 Uhr abgefahren

**11.10.:** Noch verschiedene Besorgungen, nachm. Besuch bei Grimm, Heini getroffen

**12.10.:** Packen, um 19.46 Uhr nach Donauwörth mit Eltern, dort verabschiedet, in Nürnberg Platz bekommen

**13.10.:** Um 13 Uhr in Breslau, Wehrmachtbetreuungsstelle, um 24 Uhr geht es weiter, 3 Stunden Verspätung

**14.10.:** Um 10 Uhr in Warschau, um 15 Uhr in Brest-Litowsk. Frontleitstelle, 17 Uhr weitergefahren, Strecke gesprengt 60 km nach Brest-Litowsk.

**15.10.:** Um 23 Uhr in Minsk, Kameraden getroffen, Hochhaus übernachtet

**16.10.:** 6 Uhr Wecken, zum Bahnhof, mit Dienstzug nach Bobruisk, Übernachtung

**17.10.:** Einteilung, mit Autos nach Teluscha (Restkommando), 7 km zu Fuß

**18.10.:** Um 8 Uhr mit Auto zur Batterie bei Gomel, Anmeldung Chef, bei Funkern eingezogen

**19.10.:** 5 Uhr Wecken, Arbeitsdienst, Kartoffeln gegraben, Wache

**20.10.:** Wie vor

**21.10.:** Umgezogen nach Pychan, 10 km, dort Säuberung (Bemerkung: wenn ich mich recht entsinne, haben wir in dem Ort alte, leerstehende Häuser abgerissen und Teile davon in neue Bunker eingebaut; allmählich lernten wir die Holzbearbeitungsmethoden der Russen, das Umgehen mit dem Beil, etc.)

**22.10.:** Einrichten der Quartiere

**23.10.:** Wie vor

**24.10.:** Wie vor (in Pychan)

**25.10.:** Beaufsichtigung von Frauen beim Kartoffelgraben, Einrichten der Quartiere

**26.10.:** Russen werden als Hilfskräfte eingeteilt

**27.10.:** 3 Häuser werden errichtet, eingelassen in die Erde

**28.10.:** Bau von Schützengräben nachts, bei Ballonzug

**29.10.:** Holzfahren in Pychan

**30.10.:** Graben

**01.11.:** Ausheben des Bunkers

**01.11.:** Abbruch einer Schule, für Türen und Fenster, nachts 2 mal auf Wache (Bemerkung: unsere Offiziere stellten hohe Ansprüche an ihre Unterkünfte, wir mussten schon viel für sie arbeiten, es wurmte einen schon)

**02.11.:** An der Schule, nachmittags Entlausung

**03.11.:** 4 Russen entflohen

**04.11.:** An der Schule Bretter abgefahren

**05.11.:** Abbruch an der Schule, nachmittags Ballon geht hoch

**06.11.:** Abfahren der alten Scheune, nachmittags Graben

**07.11.:** Krankmeldung, ganzen Tag gelegen

**08.11.:** Ins Revier gezogen, revierkrank, Rheuma im Rücken, 20 Uhr Führerrede gehört

**09.11.:** Im Revier, innendienstkrank, im Revier geholfen

**10.11.:** Wie vor (Bemerkung: im Revier war ein Unteroffizier, der später wegen einer Verfehlung schwer bestraft wurde; die Verfehlung bestand in dem Versuch einer gleichgeschlechtlichen Betätigung mit einem anderen Soldaten; solches Verhalten wurde damals schwer geahndet, indem Soldaten mit derartigen Neigungen, wenn sie sie ausführten, und erwischt wurden, in Strafbataillone versetzt wurden; was für viele den Tod bedeutetet; und wie ist es heute?)

**11.11.:** Wie vor

**12.11.:** Innendienstkrank im Revier, beim Baden, Ballon geht mehrmals hoch, wird von Jägern angegriffen

**13.11.:** Dienstfähig gemeldet, vormittags Graben, nachmittags Holz von alter Scheune abgefahren, weiter im Revier geschlafen

**14.11.:** Holz abgefahren, mittags Befehl zum Packen für Abmarsch, noch eine Nacht in Pychan, Revier verpackt

**15.11.:** Vormittags als Funker zur leichten Staffel gekommen, 5 W aufgebaut, abends bei der 3. nach Kaffee

**16.11.:** abgeholt zum Funktrupp beim Arko, zurück nach Essen und Verpflegung, Verbindung mit schwerer Staffel

**17.11.:** Ständig Funkverbindung mit schwerer Staffel

**18.11.:** Auf Funkstelle in Ossobin, abends Chef hier, Ordensverleihung, in Pychan Essen abgeholt

**19.11.:** Starke russische Bomberverbände (eine Seltenheit) bombardieren unsere Linien, über 100 Flugzeuge, nachmittags Wegebau

**20.11.:** Um 6 Uhr aufgestanden, Bau von Splittergraben

**21.11.:** Weiter auf Funkstelle

**22.11.:** In Pychan am Vormittag
mit Wagen

**23.11.:** Umbesetzung der Funkstellen,
Gundlak kommt weg

**24.11.:** Alles muss Baden, Chef hier,
mit anderem Gerät

**25.11.:** Abrücken von Ossobin nach
Quartiers, Wache

**26.11.:** um 5 Uhr zur Erkundung
abgefahren, 100 km, in neuem
Dorf übernachtet, (Bemerkung:
wir waren auf der Suche nach
einem günstigen Ort, um den
Winter zu überstehen)

**27.11.:** Wagen in Ordnung gebracht

**28.11.:** Um 7 Uhr Abmarsch in Richtung Rogatschew, übernachtet.
in der Nähe bei Chef, Regen
und Schlamm

**29.11.:** In neues Dorf gezogen,
20 km weiter, 10 Mann in
einem Haus

**30.11.:** Aus altem Wagen Fälber
gezogen; Packen für Abmarsch,
bei Chef übernachtet

**01.12.:** Mit Kommando in die Nähe
von Slobin gefahren zum
Einsatz, sehr schlechte Wege,
in A-Stelle 2. aufgebaut,
bis 21 Uhr Funkverbindung
(Bemerkung: Rogatschew
und Slobin liegen einige km
östlich von Bobruisk)

**02.12.:** Bei der 2. kein
Funkverkehr, Ruhe

**03.12.:** Bei der 2., Eisenberg in Urlaub,
Lankeit nach hier,
es gibt Schnee, Frost den
ganzen Tag, Ruhe,
geschrieben

**04.12.:** Es gibt Post, sonst nichts
Besonderes, abends Wache

**05.12.:** Die ersten Weihnachts-
päckchen kommen

**06.12.:** Vorbereitung zum Stellungswechsel, um 21 Uhr auf Funk

**07.12.:** Ab 2 Uhr Funk mit Abteilung,
um 5 Uhr Stellungswechsel,
Wagen springt
nicht an

**08.12.:** Weiter als Funkstelle bei
der 2., nachts Bunkerbau

**09.12.:** Um 3 Uhr fertig,
tagsüber weitergebaut

**10.12.:** Bunkerbau bei der 1.Batterie

**11.12.:** Wie vor

**12.12.:** Zurück zur leichten Staffel
abends, in Zelten

**13.12.:** In Waldstellung Bau von neuen
Bunkern (Bemerkung: die
Waldstellung mit Bunkern
sollte für Weihnachten unsere
Behausung werden; es waren
wieder Tage mit pausenlosem
Graben und Schaufeln; noch
gab es wenig Schnee)

**14.12.:** Wie vor und Holzkommando

**15.12.:** Wie vor, zur Vermittlung
gezogen

**16.12.:** Waldstellung, eine Bombe geht
15 m von Fernsprech-Bunker
nieder

**17.12.:** Waldstellung, Bunkerbau

**18.12.:** Wie vor

**19.12.:** Ausheben der Bunker

**20.12.:** Wie vor, vom St.-Punkt
treffen Leute ein

**21.12.:** Ausheben des Pferdestalls

**22.12.:** Ausheben weiterer Bunker,
8 fertiggestellt

**23.12.:** Bunkerbau

**24.12.:** Am Vormittag Fertigstellen
eines ganzen Bunkers, nachmittags frei, hl. Abend Sonder-
zulagen: Schnaps, Wurst und
Kuchen (allgem.: immer wieder
war eine vorgesehene Stellung
mit einer Anzahl Bunker
gebaut, umsonst, weil es weiterging; dann die Waldstellung
Weihnachten 1943, die wir
mehrere Tage bewohnten und
ruhiges Weihnachten begehen
konnten)

**25.12.:** Ganzen Tag frei, geschrieben

**26.12.:** Antreten, Zuschütten eines
Bunkers, freier Tag

**27.12.:** Ausschachten

**28.12.:** Wie vor

**29.12.:** Ins Zelt gezogen

**30.12.:** Chef zurück
**31.12.:** Bunkerbau bis Mittag,
Gesundheitsbesichtigung
(Bemerkung: Hauptmann
Seidenschnur, eine Erinnerung:
er war unser Batterie-Chef in
diesen Tagen, ein feiner und
gebildeter Mann, der eigentlich
nicht dorthin passte; der meinte, wir dürften den russischen
Bauern keine Kühe weg-
nehmen, also klauen, wir
müssten sie ihnen bezahlen;
wir verstanden das nicht,
es war Krieg, übrigens, Geld
hatten wir genug in diesen
Tagen, wo sollte man es aus-
geben? Russland war nicht
Frankreich)

**Ende der Tagebuchaufzeichnungen**

Das Tagebuch von 1944 nahmen mir die Russen bei der Gefangennahme am 17. Januar 1945 ab. Die in Stichworten in den Tagebüchern
festgehaltenen Vorkommnisse, Erlebnisse, Kommandos, Einsätze und
vieles mehr sind ab Kapitel 1 umschrieben; daraus ist der viele Seiten
umfassende Bericht geworden, in die ich die russische Kriegsgefangenschaft mit einbezogen habe; man könnte es auch Dokumentation
nennen.

# 1. Die Feldpost: Eine eigene Betrachtung

Meine Korrespondenz in den Jahren 1941-1943, die ich in den Kalendern immer sehr genau vermerkt habe, das heißt aus- und eingehende Post, sah etwas so aus:

In der Hauptsache waren es Briefe, auch wenige Päckchen und Geldüberweisungen gingen in die Heimat; die abgesandten Briefe und Päckchen, die den empfangenen entsprechen, nach Jahren und Anzahl:

| 1941 | 1942 | 1943 | Gesamt |
|------|------|------|--------|
| 175 | 211 | 133 | 519 |

Rechnet man für 1944 nochmal ca. 180 Briefe hinzu, komme ich auf ca. 700 Briefe, die geschrieben Briefe sein wollten unter diesen Umständen. Leider ist keiner dieser Briefe mehr vorhanden, denn es wäre interessant, was es damals zu berichten gab. In einer Übersicht hinten im Kalender sind Tag und Namen verzeichnet, von wem ich Post bekam und an wen ich Briefe schrieb. Es dürften gerade diese Briefe, ob nun abgesandt oder erhalten, gewesen sein, die uns das Rückgrat stärkten und moralischen Halt gaben. Ich nahm die Pflicht zu antworten sehr genau. Die Feldpost funktionierte ausgezeichnet, sie war unverzichtbar und ihre Organisation ist heute noch bewundernswert.

# 2. Zu meiner Art von Tagebuch

Wie schon erwähnt, waren es Truppenteil und dessen Charakter, die es mir überhaupt erlaubten, eine so zivile Tätigkeit, ein Tagebuch zu führen, auszuüben. Ja, man konnte an vielen Tagen des Fronteinsatzes, in einer gewissen Ungebundenheit, sich fast als Zivilist fühlen; im Gegensatz zu den Helden, echten am liebsten im Tag- und Nachteinsatz und unechten, immerzu Hochleistungen vollbringen wollten, worunter dann der kleine Landser zu leiden hatte. Unendlich viel stilles und zahlloses Heldentum im Osten hat mehr bewirkt zur Aufrechterhaltung einer tausende von Kilometer langen Front, als forsches und manchmal unüberlegtes Heldentum. Natürlich musste es Vorbilder geben.

# 3. Was ist eine Beobachtungsabteilung

Die Beobachtungsabteilung gehört zur Artillerie einer Division. Die aufklärende Artillerie, wozu die Beobachtungs-Abteilungen bzw. Batterien *(die später gebildet wurden)* gehörten, gliedert sich in

a) Stab mit Nachrichtenzug, Wetterzug und Druckereitrupp
b) Vermessungsbatterie *(1. Batterie)*
c) Schallmessbatterie *(2. Batterie)*
d) Lichtmessbatterie *(3. Batterie)*

## 3.1 Hauptaufgaben der 1. Batterie
Vermessen von

a) Schallmess-Stellen
b) Lichtmess-Stellen
c) Feuerstellen der Artillerie

Mit Hilfe von Theodoliten und Messlatten *(Winkelmessungen)*

## 3.2 Hauptaufgaben der 2. Und 3. Batterie

a) Aufklären der feindlichen Artillerie (Mündungsknall bzw. Mündungsfeuer
b) Einschießen der eigenen Artillerie (Detonationsknall bzw. Sprengpunkt)

mit Hilfe mehrerer Schallmess- bzw. Lichtmessstellen.
Der Wetterzug hat Wettermeldungen für die Artillerie *(Barbarameldungen)* und für die Schallmess-Stellen zu machen.

# 4. Beispiel einer Ausrüstung

Unsere Tropenbekleidung und -Ausrüstung:

| | |
|---|---|
| 1 Stiefelhose | 6 Taschentücher |
| 1 lange Hose | 2 Handtücher |
| 1 Feldmütze mit Schirm | 1 Rucksack |
| 2 Feldblusen | 1 Bekleidungssack |
| 1 kurze Hose | 1 Zeltausrüstung |
| 2 kurze Unterhosen | 1 Zelt mit Moskitonetz |
| 2 lange Unterhosen | 1 Schlafsack |
| 1 Mantel | 1 Mückenschleier |
| 3 Hemden mit Kragen | 1 Leibgurt mit Seitengewehrtasche |
| 3 Netzhemden | 3 Mantelriemen |
| 2 Nachthemden | 1 Brotbeutel mit Band |
| 1 Halstuch | 1 Feldflache, groß |
| 1 Schlips | 1 Feldflasche, 32 |
| 1 Paar Fingerhandschuhe | 1 Kochgeschirr |
| 1 Unterjacke | 1 Essbesteck |
| 7 Paar Socken | 1 Fettbüchse |
| 1 Paar Wadenstrümpfe | 1 Erkennungsmarke |
| 1 Paar Schnürstiefel | 2 Staubbrillen |
| 1 Paar Schnürschuhe | 1 Waschbecken aus Segeltuch |
| 1 Leibbinde | 1 Satz Reinigungsbürsten |
| 1 Paar Hosenträger | 2 Patronentaschen |
| 1 Tropenhelm | 1 Sportgarnitur |
| 3 Wolldecken | 1 Badehose |

Ferner: 1 Karabiner, 1 Seitengewehr, 1 Gasmaske 38

Bemerkung: die Tropenbekleidung der Deutschen war besser als die der Italiener, die es besser hätten wissen müssen; bei den Waffen war es genauso.

# 5. Urkunden und Dokumente

## 5.1 Urkunden

a) Ostmedaille

b) Kriegsverdienstkreuz 2. Klasse

c) Ärmelband Afrika

d) Verwundetenabzeichen *(Schwarz)*

*a)*

IM NAMEN DES FÜHRERS
UND
OBERSTEN BEFEHLSHABERS
DER WEHRMACHT

IST DEM

Gefreiten Hans H e u e r
1./le.Beob.Abt.(mot)1

AM 22.August 1942

DIE MEDAILLE
WINTERSCHLACHT IM OSTEN
1941/42
(OSTMEDAILLE)

VERLIEHEN WORDEN.

Abt.Gef.Std., den 20.Mai 1944
FÜR DIE RICHTIGKEIT:
le.Beob,Abt.(mot)1

IM NAMEN DES FÜHRERS

VERLEIHE ICH
DEM

Obergefreiten

Hans H e u e r
1./le.Beob.Abt.(mot)1

DAS

KRIEGSVERDIENSTKREUZ
2. KLASSE
MIT SCHWERTERN

In Rußland , DEN 30. 1.1944

Der Kommandierende Gene
des XXXV.A.K.
I.V.

*c)*

B E S I T Z Z E U G N I S

DER OBERBEFEHLSHABER

DER Heeresgruppe A f r i k a

VERLEIHT DEM

Obergefreiten
(DIENSTGRAD)

H a n s  H e u e r ,
(VOR- UND ZUNAME)

1./le. Beob. Abt. (mot) 1
(TRUPPENTEIL)

DAS ÄRMELBAND »AFRIKA«

Abt.Gef.Std., den 22. 8. 1944
le.Beob.Abt.(mot)1
(UNTERSCHRIFT)
(STEMPEL)

BESITZZEUGNIS

DEM

Obergefr. Hans H e u e r
(NAME, DIENSTGRAD)

1. l. Beob.A. mot. 1
(TRUPPENTEIL, DIENSTSTELLE)

IST AUF GRUND

SEINER AM 25. Juni 1944 ERLITTENEN

ein MALIGEN VERWUNDUNG – BESCHÄDIGUNG

DAS

VERWUNDETENABZEICHEN

IN S c h w a r z

VERLIEHEN WORDEN.

Ohrdruf/Thür. , DEN 20. Juli 1944

Der Chefarzt:

(UNTERSCHRIFT)
Stabsarzt,

## 5.2 Dokumente/Erinnerungsstücke

a) Russischer Entlassungsschein Vorderseite
b) Russischer Entlassungsschein Rückseite
c) Private Glückwunschkarte
d) Entlassungsschein Durchgangslager Hof Nr. 71655

*a)*

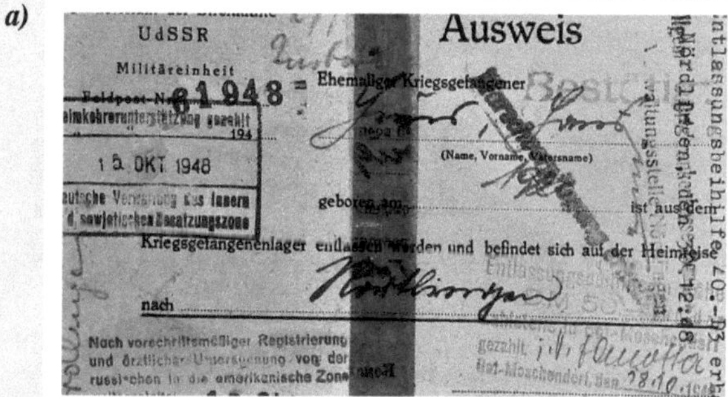

*b)*

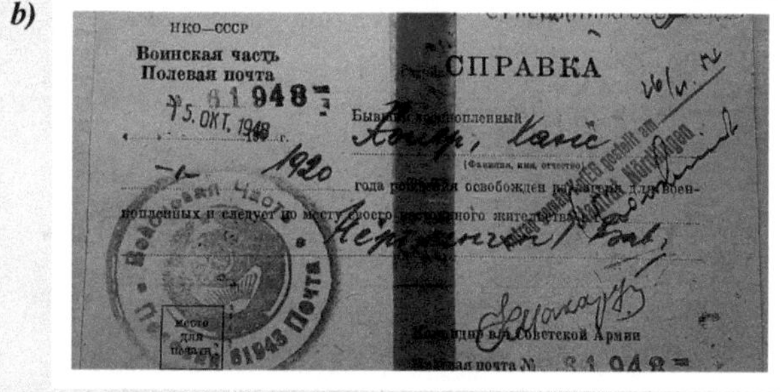

*c)*

*d)*

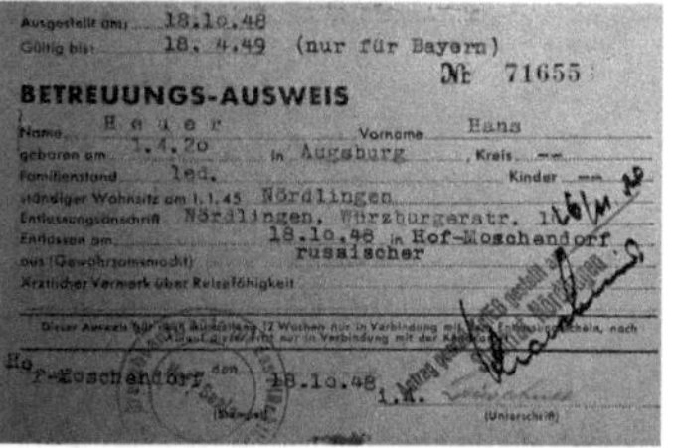

# Ihre Zufriedenheit ist unser Ziel!

Liebe Leser, liebe Leserinnen,

hat Ihnen unser Buch gefallen? Haben Sie Anmerkungen für uns?
Kritik? Bitte zögern Sie nicht, uns zu schreiben.
Wir werden jede Nachricht persönlich lesen und beantworten.

Schreiben Sie uns: **info@ek2-publishing.com**

Wussten Sie schon, dass Sie uns dabei unterstützen können,
deutsche Militärliteratur sichtbarer zu machen? Bitte nehmen
Sie sich einen Moment Zeit
und bewerten Sie dieses Buch auf Amazon. Viele positive
Rezensionen führen dazu, dass das Buch mehr Menschen
angezeigt wird.

Sie können somit mit wenigen Minuten Zeitaufwand unserem
kleinen Familienunternehmen einen großen Gefallen tun.
Vielen Dank für Ihre Unterstützung!

PS: In seltenen Fällen kommt ein Buch beschädigt beim Kunden an.
Bitte zögern Sie in diesem Fall nicht, uns zu kontaktieren.
Selbstverständlich ersetzen wir Ihnen das Buch kostenlos.

## Verpassen Sie keine Neuerscheinung mehr!

Tragen Sie sich in den Newsletter von EK-2 Militär ein,
um über aktuelle Angebote und Neuerscheinungen
informiert zu werden und an exklusiven
Leser-Aktionen teilzunehmen.

Als besonderes Dankeschön erhalten Sie **kostenlos** das E-Book
»Die Weltenkrieg Saga« von Tom Zola.
Enthalten sind alle drei Teile der Trilogie.

### Über unsere Homepage:
www.ek2-publishing.com
Klick auf Newsletter rechts oben

Via Google-Suche: EK-2 Verlag

**Link zum Newsletter:**
https://ek2-publishing.aweb.page

Druckhinweis:

Libri Plureos GmbH

Friedensallee 273

22763 Hamburg